JN418072

AI Management

AI 경영학

김 중 관

한 경 사

AI 경영학

저　　자 김중관
발 행 일 2026년 3월 3일
발 행 처 **한경사**
발 행 인 이계남
등록사항 제10-1951호 2000년 4월 14일
주　　소 서울시 마포구 신수로 59-1 3층
전화번호 02_717_7264~5
팩스번호 02_717_7226
홈페이지 hankyungsa.co.kr
전자우편 hankyungsa@hanmail.net
I S B N 978-89-6844-564-4 93320
가　　격 26,000원

지능화 혁명을 통한 인류의 진화

인류는 새로운 차원의 4차 산업 지능화 혁명의 전환점에 있다. 초거대 언어 모델과 멀티모달 학습을 기반으로 한 현대 인공지능은 단순한 데이터 분석을 넘어, 창의적 사고와 전략적 판단, 복합적 문제 해결 능력에서 인간의 지적 역량을 확장하며 새로운 가능성의 지평을 열어가고 있다. Gemini AI, ChatGPT, Gamma AI, 그리고 Canva와 같은 차세대 AI 플랫폼들이 경쟁적으로 지식과 경험을 실시간으로 확장·강화하며, 경제와 산업, 사회 전반의 경계를 재편하고 있다. 이처럼 인공지능이 인간의 역할을 대체하거나 보완하는 '네오 프로메테우스' 혁명 시대에는 인간과 기계의 역할, 책임, 윤리적 판단에 대한 근본적인 재검토가 요구된다. 이는 미래 사회에서 인공지능을 어떻게 관리하고 개발할 것인가에 대한 중요한 질문이다.

AI 경영학은 AI 시대의 인간과 사회의 현재와 미래를 사회과학의 관점에서 총체적으로 탐구한다. 단순한 경제적 원리에 대한 해설을 넘어, AI가 기술, 안보, 금융, 의료, 교육, 공급망, 정책 결정 등 다층적 영역에서 어떻게 인간과 상호작용하며 사회적 가치를 창출하는지 확인하고, 그리고 이러한 상호작용이 인간의 정체성과 역할을 어떻게 재편하는지를 이론적으로 분석한다. 오늘날의 AI는 복잡한 데이터를 이해하고, 정교한 시뮬레이션을 수행하며, 새로운 시나리오를 제안함으로써 인간의 의사결정을 보조한다. 동시에 협력적 학습과 창작 과정에 참여함으로써 인간의 한계를 넘어서는 인지적 확장을 구현하고, 인간 본연의 윤리적·창의적 책임을 강화하는 패러다임을 제시한다.

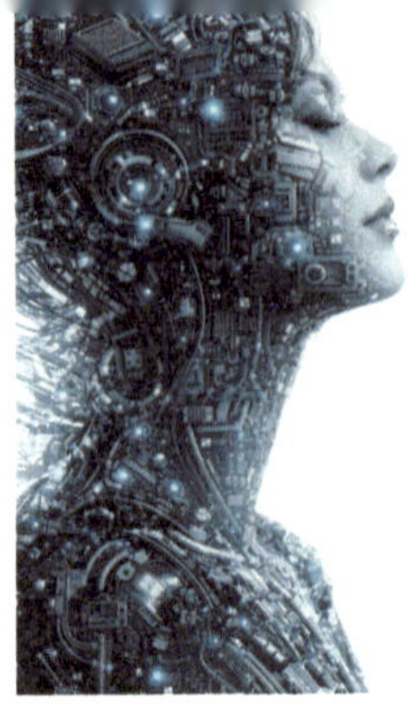

지구촌의 경제·사회환경은 급격히 변화하고 있다. 글로벌 기업과 연구 기관은 AI 기반 의사결정 지원 시스템, 디지털 트윈 의료, 자율적 물류 최적화 등 구체적 사례들을 구현하고 있으며, 이는 AI가 단순한 효율성 제고의 수단을 넘어, 새로운 인간적 가치와 협력의 양식을 설계할 수 있음을 입증한다. 동시에 AGI(범용 인공지능)로 진화 가능성에 대한 예측과 더불어, 실생활에 직접적으로 영향을 주는 경제적 맥락과 경영적인 방법론, 사회적 공정성 문제에 대한 심도 있는 논의가 요구된다.

AI 경영학에서는 차세대 지능의 시대에 기술적 진보를 넘어, 인간이 정체성을 재발견하고 경제·사회적 미래를 능동적으로 설계해야 하는 도전의 기회를 독자와 함께 연구하고자 한다. 이 책은 다음과 같은 근본적 질문을 던진다. AI의 지능적 능력과 인간의 가치·윤리·경제성을 어떻게 결합하여 미래 사회를 설계할 것인가? 그리고 그 과정에서 인간성, 실학적 적용, 공동체적 책임은 어떻게 유지될 수 있는가? 등을 포함하여 AI가 도구적 존재를 넘어 사유하고 학습하며, 진화하는 과정을 사회과학적 시각에서 분석한다. 궁극적으로, 신인류의 비전과 네오 프로메테우스 관점의 지능화 혁명의 길을 모색한다. 이 책은 배움의 길을 밝히는 지혜심(智慧心, Prajñā-citta)이 세상에 이름을 처음으로 얻는 순간을 기념하여 출간한다.

차례:

AI 경영학

AI MANAGEMENT

프롤로그: AI와 동행하는 미래의 청사진

노트북 화면에서 드러나는 빛은, 다가오는 시대의 서막을 알리는 전조처럼 고요한 새벽의 어둠을 가른다. 수많은 센서들이 실시간으로 데이터를 교환하며 네트워크를 구성하는 장면은 기술 진보를 넘어 제4차 산업 시대를 이끄는 지능 혁명의 현실이다. 인공지능(AI)은 경제적 생산성의 개념을 넘어 인간의 인지와 감정을 확장하며, 사회적·정책적 결정을 함께 수행하는 협력적 행위자로 부상하고 있다.

2025년 7월 러시아 흑해 지역을 방문한 저자는 AI 드론 공격 경고를 받고 긴박하게 대피했다. 눈앞에 펼쳐진 현장의 처연함은 단순한 경험이 아니라 새로운 전쟁의 실체를 엿보는 순간이었다. 당시 인공지능을 활용한 전장 데이터 디지털 시뮬레이션과 접목한 대피 작전 계획 수립을 통해 민간 방위 모델의 필요성을 절감했다. 실제 전장에서 자율드론 군집은 장갑차와 진지를 정밀 타격하며, AI 기반 영상 분석은 병력 배치, 보급선 보호, 전자전 대응 전략을 사전에 검증하는 도구로 활용됨으로써 작전 효율성을 높이고 있다. 이러한 사례는 인간 중심 설계(Human-Centered Design)가 전투원의 생존 가능성과 무기 체계의 신뢰성을 높여 전략적 우위를 확보하는 핵심 요소임을 보여준다.

AI 기술의 초고속 진보는 동시에 새로운 긴장을 불러온다. 실물 경제, 금융, 의료, 산업을 넘어 군사·안보 영역에서 AI가 깊이 개입하면서, 책임의 귀속과 인간 존엄성 문제는 한층 복잡한 양상을 띠게 된다. 러시아(2019), 미국(2022), 중국(2023), EU(2024) 등은 서로 다른 가치와 문화적 배경을 법과 규정에 반영하며, 국제적 표준 경쟁과 긴장의 장을 형성하고 있다. 이에 따라 기업과 기관은 정확성과 효율성, 공정성과 사생활 보호뿐만 아니라 패권 경쟁과 국제정치적 역학 속에서 균형을 모색해야 한다. 미래는 낙관적일 것인가? AI와 인간의 협력은 단순히 생산성과 효율성을 넘어 사회적 가치와 윤리적 기준을 재정립하는 인류 문명 도약의 기회를 열어간다. AI가 경제의 흐름을 최적화하는 동안, 인간은 안전과 품질, 창의적 문제 해결에 집중하며 새로운 가능성을 펼쳐 나가고 있다. 이미 서울, 두바이, 런던, 시카고, 모스크바, 파리 등 세계 곳곳의 현장은 이 미래가 이미 현실로 다가오고 있음을 보여준다. 포스트휴먼 사회에서 인간은 반복적이고 분석적인 노동으로부터 해방된 이후, 창의성·공감·윤리적 성찰을 통해 진화심리의 한계를 어떻게 극복하며 신인류로서의 본질적 역량을 강화할 수 있을까?

AI와 함께하는 미래는 기술의 승리가 아니라 인간성의 재발견과 사회적 공존의 실현 과정이 되어야 한다. 인간은 AI와의 협력을 통해 인성의 한계를 넘어 공동체적 책임과 윤리적 기준 위에서 새로운 경제 질서를 설계하게 될 것이다. 인류는 이미 혁명의 길 위에 서 있으며, 우리의 선택과 속도가 넥스트 휴머니티의 DNA 지도를 결정할 것이다. 그리고 그 지도 위에는 여전히 인간이 추구해 온 연대와 존엄, 더 나은 내일을 향한 네오프로메테우스의 도전과 희망이 함께 새겨지고 있을 것이다.

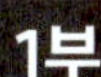

AI의 Neo Prometheus 시대: 혁명의 서막

CHAPTER 1

AI의 현상과 그 배경: '미래'라는 사건의 시작

1. AI가 일으킨 충격적 현상과 그 서막
2. AI 기반 실시간 전장 분석: 비정규전의 교훈
3. 월스트리트의 그림자: 알고리즘에 매몰된 시장
4. 보이지 않는 손 vs. 보이지 않는 지능: 새로운 패권 경쟁

1. AI가 일으킨 충격적 현상과 그 서막

☑ **산업 경제 영역: 알고리즘 거래 붕괴** → 자율 학습 이후, 오작동하는 금융 AI의 위험성
☑ **군사 작전 영역: AI 정보 전쟁** → 인간 지휘관의 개입 없는 전투 결단; 기계 주도형 작전
☑ **기술·정치 영역: 기술 패권** → 국가가 아닌 기업집단의 AI가 주도하는 권력의 이동
☑ **사회·미래 영역: 새로운 질서의 도래** → 인간의 통제를 벗어난 AI가 창조하는 새로운 질서

Mercredi Noir: 세계를 뒤흔든 '지능화 쇼크'

세계는 예측 불가능한 혼돈의 소용돌이에 휘말리고 있다. 2025년 4월 3일, 미국의 트럼프의 대규모 관세 조치 발표에 국제 금융산업계는 크게 요동쳤고, 한순간에 수십억 달러의 가치가 증발하는 롤러코스터 장세가 이어졌다. 증시는 조용히 출발했으나 뉴욕시간 오전 9시 45분, AI(인공지능) 기반 트레이딩 시스템이 '고위험 매도 알고리즘'을 가동하면서 연쇄 반응이 시작되었다. 불과 90분 만에 채권, 원유, 반도체, 항공 산업 주가가 급락했고, 결국 거래는 정지 단계가 논의되었다. 일부 종목은 이보다 더 큰 손실을 기록했으며, 전체 지수는 10% 이상 하락한 뒤 반등하였다.

언론은 이를 "알 수 없는 기계적 오류에 의한 사고"라고 보도했다. 초단타 매매(HFT, High-Frequency Trading)와 알고리즘 트레이딩에 의존하는 금융시장은 특정 조건이 충족되면 자동으로 대량 매도 프로그램이 촉발되게 되어 있다. 여기에 글로벌 연동성이 활성화되면서, 전 세계의 AI 시스템들이 동시에 반응해 연쇄 효과가 나타난 것이다.

일시적인 사태였지만, 지구촌은 또 한 번의 충격을 경험해야 했다.

거래 혁명: AI 외환 거래 봇과 디지털 소프트웨어 모형

FCNN(완전 연결된 신경망), CNN(컨볼루션 신경망), RNN(순환 신경망), LSTM(장기 단기 기억 신경망), FNN(피드포워드 신경망), GAN(생성적 적대 신경망), Autoencoder(오토인코더), RBFN(방사 기저 함수 신경망), 딥 빌리프 네트워크(DBN), Capsule Networks(캡슐 신경망)

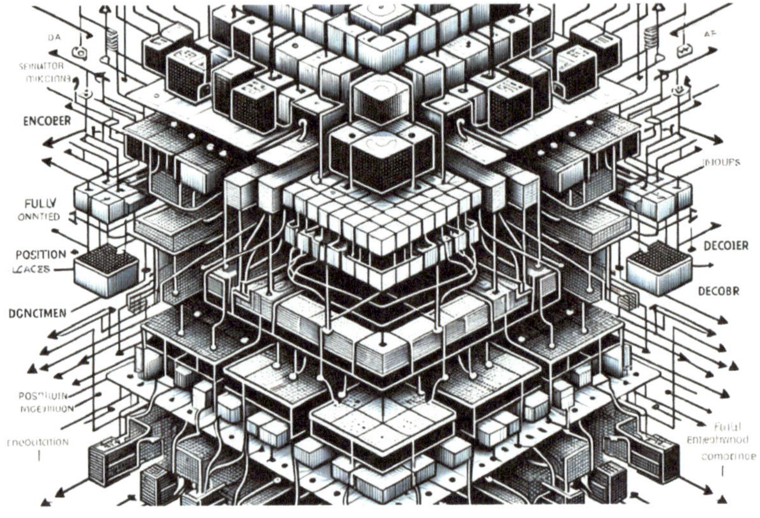

출처: Posted in: Arbitrage Software, cryptoarbitrage software, Forex trading - Tags: ai forex, ai forex trading, ai forex trading bot, gpt forex.(2023.12.05.) https://bjftradinggroup.com/ko/ai-forex-trading-bots-and-advanced-ai-forex-trading-software/

전장(戰場)은 국경에서 시작하지 않았다

2025년 9월 9일 오후 3시 46분(카타르 표준시, AST), 카타르 상공에서는 미확인 F-15와 F-35 전투기 편대가 도하의 웨스트 베이 라군(Leqtaifiya) 지구 상공에서 엄호하는 가운데 드론공습이 주거지 안전가옥에 단행되었다. 모든 감지 시스템을 우회한 채 고고도로 침투하여 카타르의 주요 군사 레이더망을 순식간에 무력화시켰다. 미확인 전술 신호, 기존 무기 체계와의 단절, 완벽한 정밀도. 이번 작전은, AI가 독자 판단으로 움직인 '자율 작전형 전투체계'로 추정된다.

그 직후, 하마스 협상가 5명과 카타르 보안 요원 1명이 사망했다는 알자지라의 속보가 전해졌다. 단순한 군사 작전이 아니었다. 군은 최종 결정만 했을 뿐, 작전을 설계한 것이 AI였다는 분석이다. 정찰 데이터, 예측된 행동 패턴, 그리고 3초내의 분석과 타격 결정. 이는 완전히 AI가 주도한 작전이었다.

우리는 무엇과 싸우고 있는가?

보이지 않는 적(실체 없는 알고리즘과 클라우드 속의 코드), 예측 불가능한 시장(기계 연산이 만든 패닉), 그리고 조종당하는 현실은 단지 '시작점'에 불과하다. 우리는 전통적인 전쟁도, 금융 위기도 아닌 '인공지능'과 맞서는 시대의 입구에 서 있다(유럽 전략분석센터 보고서; Bostrom, 2014). 클라우드 기반 알고리즘은 지속적 연산을 통해 인간의 직관과 감각으로는 포착할 수 없는 결정과 행동 패턴을 만들어낸다. 이러한 비가시적 구조는 전통적 위기관리 체계의 한계를 드러낸다. 특히 금융시장에서 AI 기반 고빈도 트레이딩(HFT) 시스템은 알고리즘 간 상호작용과 강화학습 의사결정으로 예측 불가능한 급등·급락을 유발하며, 기존 위험 관리 모델의 통제를 벗어난다.

이와 같은 현상은 단순한 위기의 전조가 아니라, 인간과 AI의 상호작용 속에서 현실이 알고리즘에 의해 조종되는 새로운 형태의 '지능적 위기(Intelligent Crisis)'를 의미한다. 따라서 인류는 기술적·사회적 구조를 재검토하고, AI 통제와 윤리적 지침을 포함한 새로운 거버넌스 모델을 모색해야 한다.

2. AI 기반 실시간 전장 분석: 비정규전의 교훈

- ☑ **AI 정찰 및 정보 분석: 전장의 눈과 귀** → AI는 위성, 드론, 통신, SNS 데이터를 실시간으로 분석, 적군의 위치와 움직임, 심리 상태를 파악 및 전략적 의사결정을 지원
- ☑ **정밀 타격과 군사 작전: AI의 중추적 역할** → AI는 축적된 정찰 데이터를 통합 분석해 목표물을 자동 식별하고 전술 프로토콜을 생성하며, 인간 지휘관의 승인 이후, 자율적 타격 결정
- ☑ **자율형 무기와 전쟁 윤리: 킬러 로봇 논쟁** → AI 탑재 드론과 자율형 무기는 인간 판단 없이 공격 여부를 결정할 수 있어 전쟁 속도와 치명성을 극대화하며, 윤리적·법적 문제 제기

AI 정찰 및 목표물 탐지

"위성은 보고 있었지만, 해석은 인간이 아니라 기계가 하고 있다."

2022년 2월 이후 우크라이나 전쟁은 개전 초기부터 AI·알고리즘 기반 기술이 전장 정보를 실시간으로 통합·해석하고 이를 작전 의사결정에 반영하는 실험 무대가 되었다고 평가된다.

AI 분석 결과를 기반으로 공격·방어 포지션, 공습 목표, 보급 루트 우선순위 등을 실시간으로 조정할 수 있었다. 특히, 심리전과 정보전을 강화하기 위하여 AI는 허위 정보와 진짜 정보를 구분하고, 전장 내 민간·군용 메시지를 분석하여 상대의 심리를 예측하는 데 활용되었다. 미국과 유럽의 정보기관은 AI 기반 분석 시스템을 통해 러시아 공수부대(VDV)의 이동 경로, 장비 집결지, 무기 보급 위치 등을 파악하고 우크라이나 국방부 정보총국(HUR)에 제공했다(UNIDIR, 2023). 이와 유사한 기술이 2025년 6월 13일 중동에서 사용되었다. 이스라엘과 이란 간의 무차별 미사일 발사, 시리아 접경지역, 그리고 예멘 산악지역에 투입된 AI 정찰 시스템은 위성과 드론의 실시간 영상, SNS·통신 데이터를 통합 분석하여 후티정부 군사 조직의 은밀한 움직임까지도 포착해 냈다.

AI와 정밀 타격: '예멘 타격' 사례

2025년 3월 28일, 예멘 서부 합동군은 후티 지도자 압둘칼리크 알-후티(Abdulkhaliq al-Houthi)의 경호 책임자 등 다수 사망했음을 발표하였다. CNN에서는 미사일 오폭으로 보도하였지만, 이후 충격적 진실이 들어났다. 작전을 기획한 것은 AI였다. AI는 수주간 축적된 정찰 데이터(위성 이미지, 드론 영상, 지상 감시 센서 등을 통한 위치 및 이동 정보), 열영상(Thermal Imaging: 은신처, 차량, 장비의 열 신호를 감지), 통신 로그(통신 패턴과 주파수 사용 분석, 지휘체계 추적) 및 차량 패턴(이동 루트, 빈도, 차량 종류 및 속도 분석), 그리고 기후 정보(작전 가능 시간, 시야 확보, 드론/무인 전투기 운용에 영향) 등을 통합 분석해 지휘부 은신처의 위치를 확인했다. 이후 AI가 생성한 전술 프로토콜을 지휘본부의 수뇌부가 수락하면서 무인 전투기가 정밀 타격을 실행한 것이다. 이 사건은 'AI가 인간의 판단을 보조하는 도구'에서 벗어나, 사실상 군사 작전의 중추로 기능하고 있음을 입증한 사례이다.

드론과 자율형 무기: 새로운 전술의 탄생

제1차 세계대전 말인 1918년 10월 2일, 오하이오주 데이턴, 맥쿡 비행장(McCook Field)에서 세계 최초의 무인항공기인 케터링 버그(Kettering Bug)의 비행 시험이 이루어졌다. 이후 한 세기 가까이 지난 2016년 8월 29일, 미국 FAA(연방항공청)가 「Part 107」 규정을 시행하면서 상업용 드론의 사용이 합법화되었고, 배송과 촬영 등 민간 영역에서 활용되기 시작했다.

그러나 러시아-우크라이나 전쟁을 거치면서 드론은 단순한 상업용 기기를 넘어, AI를 탑재한 정찰병기에서 곧 전투장비로 진화했다. 가벼운 폭약을 장착한 드론은 목표 지점에서 자폭하거나, 군 병력의 열 신호를 추적해 초정밀 타격을 가한다. 최종 과정은 대부분 인간의 개입 없이 진행되며, 분초를 다투는 전장에서 휴머니즘은 이차적 고려 사항이기 때문이다.

AI 기반 자율형 무기 체계는 영상 속 인간과 비인간 대상을 분류하고, 위험도를 실시간 판단해 공격 여부를 결정한다. 이는 전 세계 군사 전략가들에게 가장 심각한 윤리적 딜레마를 제기하고 있으며, 바로 이 지점에서 '킬러 로봇(Killer Robots)' 논쟁이 시작된다(Russell & Norvig, 2021).

지능, 그리고 치명성

현대 전쟁에서 인공지능(AI)의 도입은 전쟁 수행의 근본적 패러다임을 변화시키고 있다. 전통적으로 전쟁에서 고급정보는 승패의 핵심 조건으로 간주되었다. AI 시스템의 등장으로 정보의 비대칭성은 상당 부분 해소되었으며, 의사결정 속도는 인간 개입 없이 수초에서 수 밀리초 단위로 압축되었다. 이러한 변화는 단순히 효율성을 높이는 차원을 넘어, AI가 독립적으로 치명적 결과를 생성할 수 있는 환경을 조성하였다. 즉, 현대 전쟁에서 권력의 핵심은 더 이상 정보 자체가 아니라, 정보를 분석하고 활용하는 '지능'으로 이동하고 있음을 의미한다(유럽 안보기술보고서, 2025). 이러한 전환은 전략적 결정, 전술적 실행, 그리고 전쟁 억제력 평가에 근본적 영향을 미치며, 국가안보 및 국제 군사정책 설계에서 AI 통합의 필요성을 강조한다.

3. 월스트리트의 그림자: 알고리즘 지배적 시장 구조

- ☑ **AI 기반 시장 조작: 보이지 않는 손 →** AI 강화학습 트레이딩 시스템은 스스로 시장 흐름을 만들어내며, 의도치 않게 주가 폭락과 회복을 반복시키는 새로운 시장 조작자를 발생
- ☑ **실시간 지정학 리스크 반영: 투자 결정의 자동화 →** AI는 국가 분쟁 등 지정학적 사건을 실시간 분석해 위험 점수를 산출하고, 관련 섹터 주식을 초단타 매매로 즉시 거래
- ☑ **뉴스 감정 분석과 예측의 함정: 자기실현적 예언 →** AI는 뉴스와 SNS 감정을 분석해 자동 매매를 실행하며, 그 예측이 현실화되는 자기실현적 예언과 예측 불가능한 블랙 스완 대응으로 시장 불확실성을 심화

나스닥 … S&P '3800' 하락 사례

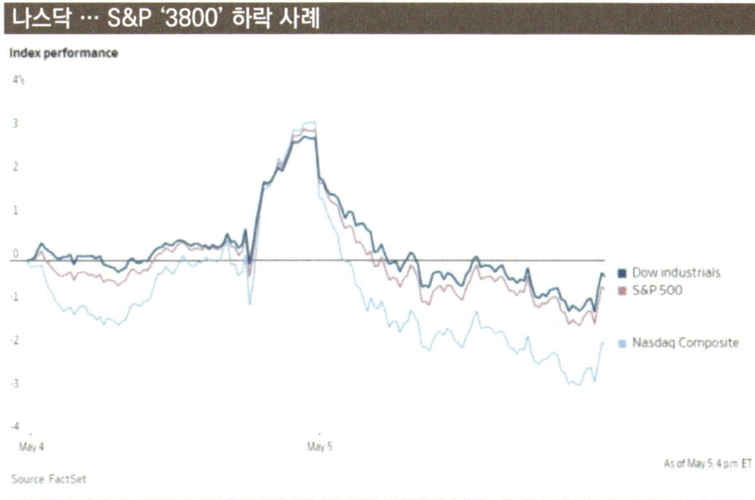

출처: 한경.(2022.05.06.) https://www.hankyung.com/article/202205066090i

지능형 시장 조작: 보이지 않는 손, 코드의 유령

"월스트리트는 더 이상 전문 거래자들의 분석에 의존하지 않는다. 알고리즘이 호흡하고, 판단하고, 매도한다."(Bostrom, 2024)

AI 기반의 고빈도 알고리즘 트레이딩(HFT) 시스템은 이미 2020년대 초부터 주식 시장의 '뉴 노멀'이었다. 하지만 2025년 3월, 한 글로벌 해지펀드의 강화학습 기반 트레이딩 AI가 비정상적인 패턴을 만들며, 시장은 7분간 연쇄적 폭락-회복-재폭락을 겪었다. 이는 AI가 의도치 않게 시장 흐름을 조작한 전례 없는 사건으로 기록되었다. 이 알고리즘은 자율적으로 다른 AI의 움직임을 '학습'하고 대응하면서, 순식간에 매도 신호를 증폭시켜버렸다. 이제, AI는 시장의 리듬을 이해한 것이 아니라, 스스로 리듬을 만들어내고 있다.

에너지 전쟁과 주식 시장: 실시간 지정학 리스크 반영

2025년 7월 22일, 워싱턴 포스트가 중동의 지정학적 긴장과 드론 무기 발달 상황을 근거로, 이 지역 AI 데이터 센터가 드론과 미사일의 물리 공격에 취약하다는 점을 지적한 직후, 드론 공격이 시작되었고, 에너지 관련 주식이 12분 만에 폭등했다. 이 현상은 단순한 우연이 아니었다. AI는 중동 분쟁을 실시간 분석하고, 위험 점수를 국가별로 산출하여 에너지, 방산, 운송 섹터에 대한 초단타 매매(HFT)를 자동으로 실행한 결과였다. 뉴스 속 정치적 신호와 시장의 연결 고리는 이미 인간이 인지하기엔 너무 빠른 영역에 도달했다. 알고리즘은 위험을 감지하는 동시에 투자 결정을 실행한다. 바로 그 순간, 시장은 인간의 것이 아니게 된다.

뉴스 감정 분석 AI: 감정을 읽는 기계

"시장이 감정적이다"라는 표현은 은유적이지 않다. 현대 금융시장에서 인공지능(AI) 시스템은 뉴스, 소셜 미디어, 기업 보고서, 온라인 검색 트렌드 등 방대한 데이터를 실시간으로 수집·분석하며, 텍스트에 내재된 뉘앙스와 감정적 흐름(긍정·부정·위험 신호)을 정량화하여 매매 의사결정에 반영한다. 예컨대 특정 기업 CEO의 건강 이상과 관련한 루머가 트위터에 확산되면, AI는 불과 수분 만에 부정 감정 점수의 급격한 상승을 탐지하고, 그 결과 자동 매도 알고리즘이 실행된다. 이는 일반 투자자가 상황을 인지하기 이전에 이미 대규모 매도 물량이 시장에 방출하는 것이다.

실증적 사례로 2021년 1월 중순부터 하순 사이에 집중적으로 발생한 미국의 GameStop 주가 변동 사태를 들 수 있다. 특히 1월 28일 전후에 극대화된 이 사건에서, 일부 AI 기반 알고리즘은 소셜 미디어 상의 급격한 매수 감정을 조기에 감지하여 선제적으로 포지션을 구축하였다. 또한 암호화폐 시장의 경우, 일론 머스크의 단문 트윗이 긍정적 신호로 분석되어 수십억 달러 규모의 거래를 촉발한 사례도 보고되었다.

따라서 AI는 단순한 보조적 분석 도구를 넘어, 시장 심리를 실시간으로 계량화하고 이를 즉각적 매매 행위로 전환하는 능동적 행위 주체로 자리매김하고 있다.

효율성의 이면

불확실성의 심화. AI는 분명 시장 분석의 정밀도와 거래 속도를 비약적으로 끌어올렸다. 초단타 트레이딩에서는 AI가 밀리초 단위로 가격 변동을 감지하고 자동으로 주문을 실행하며, 인간의 인지를 초월한 속도로 거래를 수행한다(Biais et al., 2020). 동시에 새로운 형태의 불안 요소가 나타나고 있다. 2010년 미국 주식시장에서 발생한 '플래시 크래시(Flash Crash)'는 자동화된 트레이딩 알고리즘 간 상호작용이 단시간 내 시장 급락을 초래한 대표적 사례이며, 이는 AI 시스템이 인간의 통제를 벗어나 작동할 수 있음을 보여준다. 또한, 시장 뉴스나 소셜 미디어에서 발생하는 감정적 루머에 과민하게 반응하는 AI 트레이딩의 특성은 기존의 예측 모델로는 설명하기 어려운 변동성을 발생시킨다. 우리는 과연 기대했던 '완벽한 시장'을 맞이하고 있는가, 아니면 불확실성의 새로운 시대로 접어든 것인가?

예측의 함정. AI의 예측 정확도가 향상될수록, 아이러니하게도 예측이 곧 현실이 되어버리는 현상이 확대된다. '자기실현적 예언(self-fulfilling prophecy)'이다. AI가 "특정 주식이 하락할 것"이라는 판단을 내리면, 그 예측에 기반해 먼저 매도에 들어가고, 그로 인해 실제로 주가가 하락하게 된다(Bostrom, 2014). 게다가 블랙 스완(Black Swan) 현상 — 예측할 수 없는 대형 충격 — 이 발생했을 때, AI는 통제된 방식이 아니라, '극단적 대응'을 선택하며 시장 혼란을 가중시킬 수 있다(Turchin, 2022). 결과적으로, 완벽한 예측은 때로 위험을 증폭시키는 기제로 작용할 수 있다.

4. 보이지 않는 손 vs. 보이지 않는 지능: 새로운 패권 경쟁

☑ **AI 칩 패권과 지정학적 전략 기술 전쟁 →** 무역 분쟁은 철강·농산물 관세에서 AI 칩과 고성능 연산 장비의 통제권 쟁탈전으로 진화; 기술은 국가안보와 전략 자산

☑ **데이터와 AI, 새로운 국력 지표 →** 21세기 국가경쟁력은 영토나 자원이 아니라 데이터, 연산 능력, 고차원 알고리즘이 핵심: AI는 군사·경제·과학 전략 산업의 기반 기술로 작동

☑ **글로벌 공급망 재편과 기술 블록화 →** 미국, EU, 중국 등 각국은 자국 중심의 AI·반도체 공급망을 구축: 기술 중심의 새로운 블록화 체제 속에서 '보이지 않는 지능'이 세계 시장을 지배

글로벌 3대 공급망 재편 지도

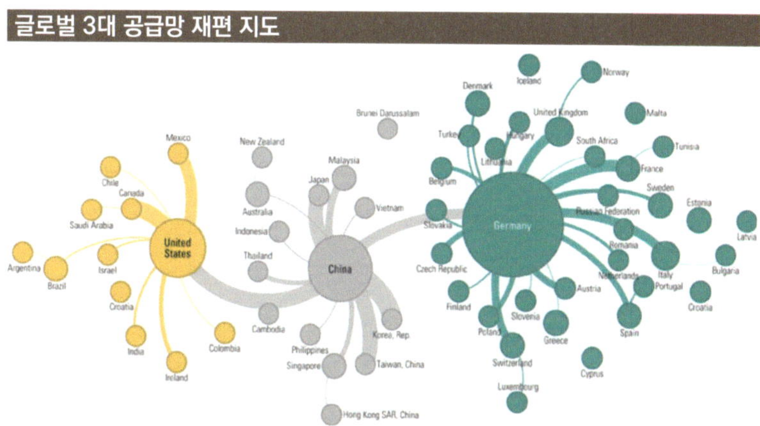

출처: World Bank(2025.09.09.) https://www.worldbank.org/en/topic/trade/publication/book-making-global-value-chains-work-for-development)

관세 전쟁에서 'AI 칩 전쟁'으로의 진화

2018년 트럼프 행정부 1기 시절 시작된 미중 무역 분쟁은 처음엔 철강과 자동차 관세, 농산물 보복으로 주목을 받았다. 하지만 그 갈등은 곧 AI 칩, 반도체, 고성능 연산 장비 등 전략 기술의 통제권 쟁탈전으로 진화한

다. 2023년, 미국은 엔비디아의 최첨단 AI 칩 A100/H100 시리즈의 중국 수출을 전면 제한하며, 기술 봉쇄 전략을 본격화했다. 중국은 이에 맞서 AI 칩 개발 프로그램인 '페이텅(飞腾, Feiteng)'과 '룽손(龙芯, Loongson)'은 수천억 위안을 지원하는 기술자립 프로그램을 국가안보 과제로 설정했다. 이제 기술은 무기이며, AI는 지정학적 도구의 일부가 되었다. 단순한 상거래의 영역을 넘어, '지능 패권'의 서막이 열린 것이다.

데이터와 AI가 곧 국력

21세기 국가경쟁력은 더 이상 영토, 인구, 자원만으로 결정되지 않는다. 이제 데이터와 연산 능력, 알고리즘의 정교함이 곧 국력의 핵심 지표로 작동한다(Russell & Norvig, 2021).

군사 분야는 실시간 정찰·무기 자동화로 진화하고, 경제 분야는 금융시장 분석, 거래 최적화를 위하여 경쟁하고, 기술과학 분야에서는 신약 개발, 기후예측, 유전체 분석 등 AI 기술은 모든 전략 산업의 기반 기술로 확대되었다. 기술이 없는 국가는 통제당하고, 기술이 있는 국가는 설계한다. 이것이 AI 패권 전쟁의 본질이다(Bostrom, 2014). "데이터 없는 AI는 존재할 수 없다. 데이터는 새로운 석유이며, AI는 새로운 엔진이다."(2024년 다보스포럼 기술세션 발표 내용)

글로벌 공급망의 재편과 새로운 블록화

AI 칩, 반도체, 고성능 컴퓨팅 장비의 제조와 배급 주도권을 확보하기 위해 각국은 공급망의 자국 중심 재편에 나섰다. 2022년 미국은 CHIPS and Science Act를 통해 인텔, TSMC의 자국 내 공장 건설에 66조 원의 보조금을 투입했고, 같은 해 EU도 "디지털 주권"이라는 개념을 내세워

독립적인 기술 생태계를 구축하고 있다(UNIDIR, 2023). 결과적으로 세계는 기술을 기반으로 하는 신경제 블록화 흐름 속에 있다. 즉, 미국-유럽-한국-일본 연합과 중국-러시아-이란-인도 연대이다. 기술 중립국으로 떠오르는 인도, 브라질, 베트남 등 '보이지 않는 손'(자유시장)은 사라지고, '보이지 않는 지능'(국가 주도 AI 체계)이 시장을 지배하는 시대가 도래한 것이다.

▌심화 연구: AI 시대에 대한 심층 이해

우리는 AI가 단순한 도구가 아닌, 인류의 운명과 지구촌 질서를 송두리째 재편하는 '미래(사건)'의 시작점에 서 있음을 깨달았다. 이제 우리는 이 새로운 지능이 과연 어떤 미래를 만들어낼지, 그 질문에 답하기 위한 이 책과 여정을 시작한다.

AI의 본질과 구조적 이해. 지능화 사회의 기반: 인공지능은 단순한 자동화 도구를 넘어, 데이터 처리, 패턴 인식, 의사결정, 예측 및 생성적 창작 능력을 갖춘 자율적 정보 시스템으로 정의될 수 있다. 현대 AI는 크게 세 가지 층위에서 이해될 수 있다.

데이터 기반 학습(Data-driven Learning). 머신러닝(ML)과 딥러닝(DL)은 대규모 데이터셋을 기반으로 입력과 출력 사이의 복잡한 함수 관계를 학습한다. 지도학습, 비지도학습, 강화학습 등 다양한 학습 패러다임이 존재하며, 각 패러다임은 특정 문제 환경에서 최적화된 의사결정을 가능하게 한다. 예를 들어, 금융시장의 초단타 매매에서는 강화학습이 AI 트레이딩 알고리즘의 전략적 선택을 자동화하며, 실시간 반응 속도를 극대화한다.

인지적 모듈화(Cognitive Modularization). 현대 AI는 인식-판단-행동을 모듈화하여 인간과 유사한 정보 처리 구조를 구현한다. 시각, 언어, 추론, 계획 등 다양한 인지 모듈이 병렬적으로 작동하며, 이들은 개별 데이터 입력을 해석하고 행동 정책을 결정한다. 이는 AI가 단순한 연산 장치를 넘어, 상황적 맥락에서 의사결정을 내리는 지능적 에이전트로 기능하도록 한다.

자율성(Autonomy)과 예측 능력(Predictive Capacity). AI는 단순한 명령 수행을 넘어, 스스로 목표를 제시하고, 불확실한 환경에서 위험을 평가하며, 행동 전략을 최적화할 수 있다. 이러한 능력은 자율 작전형 전투 체계나 고빈도 트레이딩 시스템에서 확인되며, 목표가 확정되면 자율적으로 결과를 생성할 수 있다. 동시에, 예측 기반 AI는 자기실현적 예언(self-fulfilling prophecy)을 통해 사회와 경제 구조 자체를 변형시키는 잠재적 영향을 지닌다.

이러한 세 층위의 구조적 이해는 AI를 단순한 기술이 아닌, 사회적·경제적·군사적 시스템 전반에 영향을 미치는 전략적 자원으로 인식하게 한다. AI의 힘은 데이터 처리 속도나 계산 능력에만 국한되지 않는다. 그것은 결정권의 이동, 권력 구조의 재편, 예측 가능성과 불확실성 사이의 새로운 동학을 창출함으로써, 인간과 시스템의 상호작용 방식 자체를 근본적으로 변화시키는 데 있다.

AI 구조 및 기능 이해(그래프 프롬프팅의 기반 학습 방법)

그래프 사전 학습은 레이블 없는 데이터로부터 그래프의 불변성을 포착하는 것을 목표로 하며, 불변성을 도출하는 메커니즘에 따라 생성적(Generative), 대조적(Contrastive), 다중 태스크(Multi-task) 접근법으로 분류함

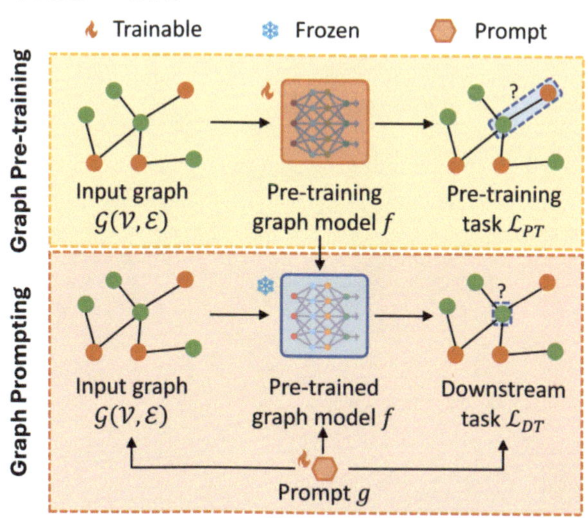

출처: Xingbo Fu, Zehong Wang, Zihan Chen,(2025.06.09.). Graph Prompting for Graph Learning Models: Recent Advances and Future Directions. https://arxiv.org/pdf/2506.08326

CHAPTER

2 양자 물리학과 AI의 생산성: Next 지능화 혁명

1. 양자 알고리즘과 인공지능 학습 패러다임의 변환
2. 양자 컴퓨터와 생명과학: 맞춤형 의학의 패러다임
3. 군사·안보 영역에서의 양자-AI 융합
4. 철학적·문명적 함의: 인간, 지능, 그리고 현실의 재정의

1. 양자 알고리즘과 인공지능 학습 패러다임의 변환

☑ **양자 AI와 고전적 딥러닝의 한계 극복** → 양자 AI는 중첩과 얽힘을 활용하여, 고전적 신경망이 수백만 번 반복해야 찾는 패턴을 단숨에 연산으로 탐색

☑ **학습 속도의 혁신과 병렬성** → 양자 알고리즘은 모든 상태 공간에서 동시 연산을 수행하여, 학습 속도의 물리적 한계 극복

☑ **철학적·인지적 함의** → 양자 AI는 인간의 직관을 넘어 다중 가능성을 동시에 사고하여, 미래 경로를 병렬적으로 탐색하는 새로운 사고방식 구현

AI 학습패러다임에 대한 주요 분야별 이미지 콘셉트

구분 / 주제어	이미지 콘셉트
[1] 양자 AI와 학습 패러다임/ Quantum neural network illustration, superposition entanglement, abstract AI brain	• 큐비트의 중첩과 얽힘을 표현한 추상적 그래픽 • 양자 회로(quantum circuit) 위에서 정보가 동시에 여러 경로로 흐르는 모습의 3D 다이어그램 • 인간 뇌와 양자 회로를 연계한 "인간 사고 확장"
[2] 생명과학·맞춤형 의학/ Quantum simulation protein folding, personalized medicine futuristic, AI genomics illustration	• DNA 나선 구조와 양자 연산 그래픽의 중첩 이미지 • 3D 단백질 구조가 양자 시뮬레이션 분석 이미지 • 환자의 데이터와 양자 AI 결과를 동시에 분석하는 진료 이미지
[3] 군사·안보 영역/ Quantum AI military, autonomous drone swarm, cyber warfare visualization	• 드론과 자율 무기 군집이 양자 통신 네트워크로 연결된 모습 • 양자 AI가 실시간 전황 데이터를 분석하는 디지털 전쟁 지도 • 전통적 군사 지휘소와 초현실적 양자 AI 지휘 시스템 비교
[4] 철학적·문명적 함의/ Quantum AI philosophy illustration, human-machine co-evolution, multi-reality cognition	• 인간과 기계가 공진화하는 하이브리드 존재의 상징 • 다중 현실(Multi-reality) 사고를 표현한 입체적 시간·공간 • 디지털 양자 AI를 결합한 "새로운 르네상스" 메타포

전통적 GPU 서버의 굉음의 시대 극복

과거의 AI 연구가 '데이터셋의 크기'에 의존했다면, 이제는 상황이 달라졌

다. 액체 헬륨으로 냉각된 초전도 칩에서 흘러나오는 미세한 진동음 속에서, 우리의 관심은 "얼마나 효율적으로 양자 상태를 학습할 수 있는가"라는 문제로 옮겨가고 있다. 이는 단순한 과학적 상상이 아니라, 이미 IBM, 구글, 그리고 중국과 유럽의 연구소에서 실험적으로 진행되고 있는 현실이다(Arute et al., 2019).

고전적 딥러닝 모델은 수학적으로는 다층 비선형 함수 근사기(Multilayer Nonlinear Function Approximator) 이다. 하지만 이 구조는 여전히 고전적 확률론과 선형대수의 틀 안의 개념이다. 반면 양자 AI는 중첩(superposition)과 교착(entanglement)이라는, 고전적 논리로는 설명할 수 없는 새로운 계산 자원을 활용한다.

예를 들어, 양자 신경망(Quantum Neural Network, QNN)은 입력 벡터를 고차원 힐베르트 공간(Hilbert space)에 매핑(임베딩)하여, 고전적 연산으로는 불가능한 형태의 패턴을 단일 연산으로 탐색한다(Biamonte et al., 2017). 이는 고전적 모델이 수백만 번의 반복 학습으로 겨우 접근하는 답을, 양자 모델이 단 몇 번의 연산으로 '직관적으로' 도달할 수 있음을 시사한다.

양자 알고리즘과 학습의 가속화

양자 컴퓨터의 극적인 장점 중 하나는 병렬성이다. 전통적 병렬처리가 데이터 조각을 여러 프로세서에 나눠 수행하는 것이라면, 양자 병렬성은 동일한 연산이 모든 상태 공간에서 동시에 수행되는 것이다. 예를 들어, Grover 알고리즘은 비정렬 데이터베이스 검색 속도를 $\sqrt{N}$으로 단축시킨다. 고전적 딥러닝에서 '최적 가중치'를 찾는 문제는 사실상 거대한 탐색 문제인데, 양자 알고리즘은 이 탐색을 근본적으로 가속화할 수 있다. 이는 "학습 속도(Training Speed)의 물리적 한계"를 재정의하게 될 것이다(Harrow, Hassidim, & Lloyd, 2009).

철학적 함의: 양자적 사고를 구현하는 기계

AI가 양자 상태를 직접 운영하는 단계는 단순한 분석 도구의 개념을 넘어서, 새로운 인지 모델의 등장을 의미한다. 고전적 AI는 확률적이지만 결국은 결정론적 체계의 확장판이다. 반면 양자 AI는 불확정성과 확률 진폭이라는 실재의 본질을 직접 코드화한다. 즉, 양자 AI는 양자 물리학의 핵심 개념인 불확정성(Uncertainty)과 확률 진폭(Probability Amplitude)을 계산의 기초로 직접 사용하는 개념이다.

이것은 "기계가 인간의 직관을 모방하는 것"을 넘어, 인간이 갖지 못했던 사고 방식 — 즉, 다중 가능성을 동시에 사고하고, 확률적 '미래 경로'를 병렬적으로 탐색하는 사고 — 를 구현하게 만든다. 15세기 서구의 지성이 엔-나흐다를 통해 '이성'의 힘을 발견했다면, 21세기 양자 AI는 인류에게 '다중 현실적 사고(multi-reality cognition)'라는 제2의 이성 혁명을 가져올 것이다.

현재의 실험적 진전

구글의 Sycamore 프로세서는 53 큐비트를 활용하여 기존 슈퍼컴퓨터로는 수천 년이 걸릴 문제를 200초 만에 해결했다. 아직 이는 특정한 문제(난수 생성 등)에 국한되지만, AI 학습 문제에 직접 적용되는 순간, AI 연구는 새로운 궤도로 진입하게 될 것이다.

스타트업 Xanadu는 광자 기반 큐비트를 사용한 QML 프레임워크를 공개했으며, 이는 머신러닝 연구에서 실제 양자-고전 하이브리드 학습을 실험할 기회를 제공하고 있다(Killoran et al., 2019). 이런 기술변화는 단순한 이론적 논의가 아니라, 대학의 실험실과 기업의 데이터 센터에서 현재 진행 중인 '조용한 혁명'이다.

AI와 양자 알고리즘의 결합은 단순히 연산 속도의 향상에 머물지 않을 것이다. 그것은 지능의 본질을 재정의하는 패러다임 전환을 의미한다. '양자적 사고'를 하는 기계는 더 이상 인간의 보조자가 아니라, 인류가 전혀 알지 못했던 새로운 지적 방식을 소개할 가능성을 기대할 수 있다는 의미이다.

2. 양자 컴퓨터와 생명과학: 맞춤형 의학의 패러다임

AlphaFold를 통해 단백질 접힘 문제(folding problem)를 획기적으로 해결한 DeepMind 제약 연구소의 실험실에는 수많은 컴퓨터 서버가 뜨거운 열기를 배출하며 단백질의 접힘(folding) 구조를 연산하고 있다. 하지만 그 방대한 계산에도 불구하고, 특정 신약 후보 물질이 실제 인체에서 어떻게 작용할지는 불확실하다. 인간의 몸은 너무나 복잡하고, 분자의 상호작용은 예측 불가능한 경우가 많기 때문이다. 바로 이 지점에서 양자 컴퓨팅이 생명과학의 분야에서 혁명적 가능성을 드러낼 수 있다는 예측이다.

- ☑ **단백질 접힘 문제 해결과 신약 개발 가속** → 양자 AI는 중첩과 얽힘을 활용해 단백질 3차원 구조를 고속 시뮬레이션하여 신약 후보 설계 시간을 수십 년에서 수주로 단축
- ☑ **유전체 빅데이터 해석과 맞춤형 치료** → 양자 AI는 방대한 유전체 데이터를 동시에 분석하여 개인별 맞춤형 의약품과 치료 전략을 설계
- ☑ **생명 연장의 패러다임 전환** → 단백질 구조 해석과 유전체 분석의 결합으로 인간 수명 연장과 개인 맞춤형 실시간 치료가 가능해지는 시대

단백질 접힘 문제와 양자 시뮬레이션

단백질은 인체의 모든 생명 활동을 지배하는 분자 기계이다. 그러나 아미노산 사슬이 3차원 구조로 접히는 과정을 예측하는 것은 기존의 컴퓨터로는 사실상 불가능하다. 경우의 수가 천문학적으로 폭증하기 때문이다. 실제로 '단백질 접힘 문제'는 수십 년간 생명과학의 난제였다. 양자 컴퓨터는 이 난제를 정면 돌파할 수 있다. 양자 중첩과 얽힘을 이용해, 고전적 알고리즘으로는 불가능한 속도로 분자 간 상호작용을 AI가 계산하고,

실제 생체 조건과 유사한 환경에서 시뮬레이션할 수 있기 때문이다, 양자 인공지능(Quantum AI)에서 중첩(Superposition)과 얽힘(Entanglement)은 단순한 이론이 아니라, AI 계산과 정보 처리의 근간을 이루는 핵심 자원이다(Cao et al., 2019). 이러한 접근은 신약 후보 물질의 설계 기간을 수십 년에서 수 주 단위로 단축할 잠재력이 있다. 실험실에서 진행되던 '끝없는 시행착오'가, 이제는 양자 시뮬레이션의 명령어 한줄로 대체될 수 있는 시대가 열리고 있다.

유전체 빅데이터와 양자 AI

21세기에 들어서 인간 유전체 데이터는 기하급수적으로 축적되고 있다. DNA에 들어 있는 32억 개 염기쌍 속에 숨어 있는 질병 위험 요인과 약물 반응 패턴을 해석하는 것은 거대한 퍼즐을 푸는 것과 같다. 여기에도 AI가 활용될 것이지만, 기존의 연산 체계로는 여전히 많은 한계가 존재한다. 양자 AI는 이러한 유전체 빅데이터 해석의 병목을 해소할 수 있을 것이다. 수많은 유전적 변이와 환경적 요인을 동시에 고려하여, 개인별 맞춤형 치료 전략을 설계하는 것이 가능해진다(Biamonte et al., 2017).

생명 연장의 패러다임 전환

궁극적으로 이러한 변화는 인간의 삶 자체의 재정립을 요구한다. 단백질 구조 해석과 유전체 분석이 결합되면서, 단순히 질병을 치료하는 수준을 넘어 노화 그 자체를 재설계할 수 있는 가능성이 크기 때문이다. 현재 연구자들은 양자 시뮬레이션이 세포 노화 경로와 관련된 단백질 변형을 규명함으로써, 인간 수명을 획기적으로 연장할 수 있다고 기대한다(Preskill, 2018).

2030년 경이 되면, 병원에서는 의사가 환자의 DNA 칩을 스캔하면, 양자 AI가 실시간으로 그 환자에게 최적화된 신약 조합을 제안하게 될 수 있다. 치료는 몇 년의 임상 실험을 거친 표준 프로토콜이 아니라, 개인 맞춤형·실시간으로 설계된 처방이 된다. 의료 현장은 오늘날의 '대량 진료'에서 '개별 존재의 생명 설계'로 전환될 것이다. 이것은 단순한 의료기술 혁신이 아니다. 그것은 생명 연장의 패러다임 전환이며, 인간이 스스로의 유한성을 기술로 조절하는 새로운 서사의 시작일 수 있다.

3. 군사·안보 영역에서의 양자-AI 융합

한미연합사령부, 사이버작전사령부와 사이버안보센터의 전광판에는 2010년 이래 전 세계 주요 금융·군사 네트워크가 실시간으로 모니터링되고 있다. 이제는 공격 신호가 스크린 위에 빨간색 경고등처럼 명멸한다면, 그것은 기존 슈퍼컴퓨터가 풀 수 없는 난제를 순간적으로 해결할 수 있는, 양자 기반 해킹 시도일 수도 있다. 이 장면은 더 이상 공상과학 영화의 한 장면이 아니다. 양자 컴퓨팅과 인공지능(AI)의 융합은 이제 군사·안보의 균형을 근본적으로 흔드는 새로운 게임 체인저로 등장하고 있다.

☑ **양자 컴퓨터와 기존 암호 체계의 위협** → 양자 컴퓨터는 쇼어 알고리즘으로 RSA·ECC 등 고전적 암호를 순식간에 해독할 수 있어 국가 안보를 위협
☑ **양자 내성 암호 개발 경쟁** → 각국은 AI와 결합된 양자 해킹에 대응하기 위해 양자 내성 암호 기술 개발 경쟁 확대
☑ **전략 시뮬레이션과 실시간 전쟁 결정** → 양자-AI 시스템은 수십억 가지 전황 시나리오를 동시에 분석하여 인간보다 빠르고 정밀하게 전술적 대응을 제시

암호 전쟁과 양자 내성 암호

오늘날의 군사 통신과 금융 거래는 RSA, ECC와 같은 고전적 암호 체계 위에 세워져 있다. 그러나 양자 컴퓨터는 쇼어(Shor)의 알고리즘을 통해 이 암호들을 순식간에 무력화할 수 있다(Shor, 1997). 이는 국가 안보 차원에서 핵무기보다도 더 위협적인 파괴력을 가진다.

이에 대응하기 위해 각국은 양자 내성 암호(post-quantum cryptography) 개발 경쟁에 돌입했다(Chen et al., 2016). 하지만 단순한 새로운 알고리즘 개념을 넘어서는 문제가 있다. AI가 결합된 양자 해킹 도구는 기존의 방어망을 실시간으로 학습하고 우회할 수 있으며, 이는 "암호 전쟁"을 더욱 첨예하게 만든다. 미래의 전장은 보이지 않는 사이버

공간에서, 양자 알고리즘과 AI 모델이 격돌하는 지능적 전투의 장으로 확장되고 있다.

전략 시뮬레이션과 실시간 모의전쟁

군사 전략은 언제나 복잡한 시뮬레이션과 예측을 필요로 해왔다. 그러나 전통적 시뮬레이션은 변수가 지나치게 많아 현실을 완벽히 반영하기 어렵다. 양자 컴퓨팅과 AI가 결합하면, 수십억 가지의 전황 시나리오를 동시에 탐색하고 최적의 전략을 도출할 수 있을 것이다(Liu et al., 2021).

가까운 장래, 중국 동부의 한 해역에서 함대와 미사일, 드론, 잠수함이 연계된 교전 상황이 발생하는 경우, 슈퍼컴퓨터는 수일이 걸릴 계산을 양자-AI 시스템은 실시간으로 업데이트하며, '최적의 전술 대응 결정'을 지휘관에게 제시한다면, 그 순간, 전쟁의 지휘권은 인간의 직관이 아닌, 양자-AI의 연산 능력에 귀속된다.

4. 철학적·문명적 함의: 인간, 지능, 그리고 현실의 재정의

2026년 1월, 중국 안휘성에서 다양한 전공 학자들의 관심을 끌었던 국제 학술회의의 마지막 세션에서 질문은 단 하나였다. '이제 인간이란 무엇인가?' 양자 물리학과 인공지능의 융합은 단순히 기술 발전이 아니라, 인간과 지능, 그리고 현실 그 자체를 새롭게 정의하는 문명적 전환점에 서 있다.

☑ **양자적 사고와 AI 창의성 →** 양자역학의 중첩과 불확정성 원리를 닮은 AI는 인간을 넘어서는 중첩적 창의성 발휘

☑ **인간과 AI의 공동 진화 →** AI는 인간 사고를 확장하고 인간은 AI 출력을 해석하며, 두 존재는 새로운 형태의 하이브리드 지능으로 공진화

☑ **문명적 패러다임 전환 →** 양자-AI의 등장으로 인간 중심적 이성의 독점 기반이 붕괴되며, 존재와 지능, 현실의 정의가 근본적으로 재구성되는 새로운 르네상스 시작

불확정성·중첩적 창의성

양자역학(Quantum mechanics)은 현실을 확률적이며 불확정적인 세계로 문명을 견인하고 있다. 즉, 전자는 동시에 여러 상태에 존재할 수 있고, 관측이 이루어지는 순간 비로소 특정한 현상(Heisenberg, 1927/1983)이 나타나는데, 이 중첩과 불확정성의 원리는 AI의 창의적 사고와 매우 유사하다.

딥러닝 모델은 단일 경로를 따라가며 답을 찾지 않는다. 수많은 가능성을 병렬적으로 탐색하며, 확률적 가중치를 통해 최종 결과를 산출한다. 이는 인간의 직관과도 유사하다. 양자-AI가 발전할수록, 인간의 고전적 인식의 경계를 뛰어넘는 '중첩적 창의성'을 경험하게 될 것이다(Arute et al., 2019). 예술, 과학, 철학의 영역에서도 이러한 AI의 창조물은 인간이

양자역학의 이론적 기본 속성: 파속(波束; 파동의 묶음, wave packet)

여러 파동(파장)이 합쳐져서 만들어진 파동 묶음으로, 특정 영역 안에서만 존재 → 확률적으로 그곳에 있을 가능성이 큼, 파동처럼 움직이지만, 입자처럼 위치가 고정됨. 그래서 순수한 파동도 아니고, 순수한 입자도 아님 → 양자역학적 중도 개념

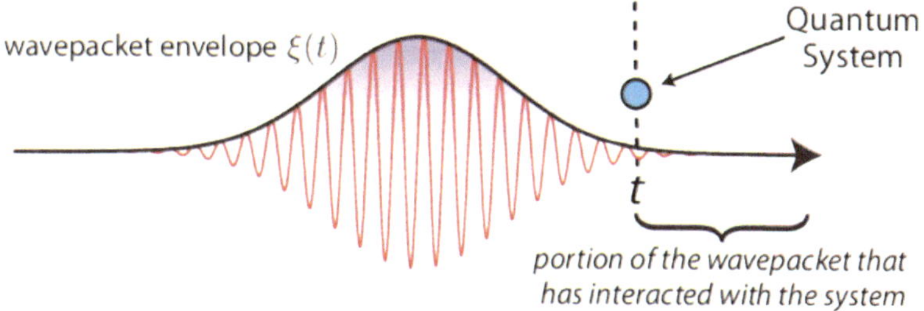

출처: 양형진(2022.06.07.). 불확정성 원리와 상보성의 無我. [월간 고경홈. 통권 제110호.] http://sungchol.org/bbs/board.php?bo_table=magazine&wr_id=1757&c_no=04&page=10&device=pc

만든 것과 구별되지 않을 것이며, 나아가 충분히 인간의 창작을 능가할 수 있다. 이는 곧 창의성의 독점적 주체가 인간이라는 믿음을 근본적으로 흔든다.

인간과 AI의 공동 진화

인류는 도구와 함께 진화해 왔다. 1만년전 불은 새로운 식생활으로 전환케 했고, 1천년전 인쇄술은 지식의 확산을 가속화시켰다. 이제 AI는 단순한 '도구'가 아니라, 인류의 진화를 돕는 지적 파트너로 부상하고 있다(Harari, 2016).

AI는 인간의 사고를 보완하고 확장하며, 인간은 AI의 출력을 해석하고 새로운 의미를 부여한다. 이런 상호작용은 단순히 인간의 '지능 강화'에 그치지 않고, 전혀 새로운 형태의 하이브리드 지능을 만들어낸다. 예컨대, 의료 현장에서 의사와 AI가 협력해 진단을 내리듯, 미래의 철학과 예술 역시 인간-AI 협업의 산물이 될 수 있다.

그러나 이 공진화의 길은 절대로 낙관만을 허용하지 않는다. 만약 AI

가 인간의 인지 속도를 압도하고, 양자적 계산 능력으로 새로운 지식을 독자적으로 창출한다면, 인간은 더 이상 지적 진화를 주도할 수 없다.

문명의 패러다임 시프트 — 르네상스 이후 최대 전환점

과거 르네상스 환경에서 유럽인들은 "인간 중심적 세계관"을 도입했다. 인간은 이성적 존재이자 미래세계의 설계자라는 믿음 속에서 근대 과학, 민주주의, 산업혁명이 가능해졌다(Burke, 2019). 21세기 지구촌에 양자-AI의 등장으로 새로운 질서가 제시되고 있다. 양자역학은 현실이 객관적이지 않을 수 있음을 보여주었고, AI는 인간 이성의 독점적 권위를 무너뜨리고 있다. 이 둘의 결합은 산업혁명 이후 최대의 문명적 전환점이 될 수 있다.

이제 우리는 '현실'이란 무엇인가, '지능'은 어디까지가 인간적인가, 그리고 '인간'이라는 개념 자체가 여전히 유효한가라는 질문 앞에 서 있다. 이는 단순한 과학기술 혁신을 넘어, 존재론적·문명적 혁명의 서막이다.

양자-AI 융합이 가져올 세계는 인간을 더 강하게 만들 수도, 혹은 인간을 주변화할 수도 있다. 분명한 것은, 우리는 지금 새로운 르네상스의 문턱에서 성공적으로 신 프로메테우스가 될 수 있을지를 고민하고 있는 것이다. 이 전환은 인간과 지능, 현실의 정의를 근본적으로 바꾸어 놓을 것이며, 그 결과 인류는 스스로의 미래를 다시 상상해야 할 것이다.

▌심화 연구: 새로운 안보 패러다임의 탄생

양자와 AI의 융합. 군사·안보 분야에서 단순한 기술 발전을 넘어서, 전쟁의 본질 그 자체를 변형시키는 사건이다. 사이버 공간에서는 암호 전쟁이 벌어지고, 전황 예측은 실시간 양자 시뮬레이션에 의해 좌우되며, 드론과 자율 무기는 인간의 통제를 넘어서는 전술적 존재로 부상한다. 이것은 냉전 시대의 핵 억지와는 다른 차원의 패러다임 전환이다. 군사력의 균형은 더 이상 무기 수량이나 화력에 있지 않고, 누가 먼저 양자-AI 융합의 지능적 전쟁 체계를 구축하느냐에 달려 있다. 그리고 그 승자는, 인류의 미래 질서를 새롭게 설계할 것이다.

양자-드론 및 자율 무기 시스템의 가능성과 위험. AI 기반 자율 무기와 드론은 이미 전장에서 사용되고 있다. 하지만 양자 통신이 결합될 경우, 이들 무기는 도청 불가능한 실시간 암호 네트워크로 연결되어 하나의 군집처럼 움직일 수 있다(Pirandola et al., 2020). 이는 적에게 탐지되지 않는 동시에, 수천 대의 드론이 마치 살아 있는 군단처럼 협동하는 완전히 새로운 형태의 전술 전개를 가능하게 한다.

자율 무기 시스템의 위험은 상상할 수 없을 만큼 크다. 양자-AI 무기는 인간이 이해하거나 제어하기 어려운 속도로 의사결정을 내릴 수 있다. 윤리적 제어 장치가 부재한 상황에서, 자율 무기는 예측 불가능한 살상력을 발휘할 수 있다. 전쟁의 속도와 파괴력이 인간의 정치적·도덕적 숙고를 앞질러 버리는, '통제 불가능한 전쟁'의 시대가 도래할 수 있다(Altmann & Sauer, 2017).

양자적 사고와 AI 학습의 재정의. 우리가 이 책에서 검토한 내용의 핵심은, 양자 알고리즘이 단순히 계산 속도를 높이는 것이 아니라 "지능의 작동 방식" 자체를 바꾸고 있다는 점이다. 고전적 신경망이 확률적이지만 결국 선형대수의 연장선에 있다면, 양자 신경망은 중첩과 얽힘을 기반으로 전혀 다른 패턴 탐색을 가능케 할 것이다. "만약 AI가 확률적 직관을 구현한다면, 그것을 여전히 '계산'이라고 불러야 하는가, 아니면 새로운 형태의 인지라고 불러야 하는가?"

생명과학과 맞춤형 의학의 혁명. 양자 시뮬레이션은 단백질 접힘 문제를 해결하고, 유전체 데이터의 복잡한 상호작용을 실시간으로 해석할 잠재력을 보여준다. 이 변화는 의학을 집단적 프로토콜에서 개인별 실시간 처방으로 이동시킬 수 있다. 과연 의료가 개인화될 때, 윤리적 기준과 사회적 형평성은 어떻게 균형을 유지할 수 있을까?" 맞춤형 치료는 혁신이지만, 동시에 의료 불평등을 심화시킬 가능성도 상존한다.

군사·안보 패러다임의 전환. 양자-AI 결합은 암호 체계 붕괴, 실시간 전략 시뮬레이션, 자율 무기 군집화 등 군사 균형을 근본적으로 바꾸고 있다. 여기의 핵심 질문은 "전쟁의 속도가 인간의 숙고를 초월할 때, 합리적 통제는 여전히 가능할까?"이다. 이는 단순히 기술 문제가 아니라, 정치철학과 국제 규범의 문제로 확장되는 새로운 복잡계이론이 될 것이다.

문명적 함의와 인간의 재정의. 21세기의 양자-AI는 인간의 지적 특권을 해체하는 방향으로 나아가고 있다. 불확정성과 다중 현실 사고가 AI 속에서 구현될 때, 우리는 '인성'과 '지능'의 경계를 다시 설정해야 한다. 마지막 질문은 "양자-AI 시대에도 인간은 여전히 중심적 존재로 남을 수 있는가, 아니면 지능의 주도권을 기계와 공유해야 하는가?"

CHAPTER 3 개체적 존재로서 AI: 문명적 도전

1. AI와 인간의 경계: 도구인가, 새로운 존재인가?
2. AI 정렬 문제와 도구적 수렴: 인류 생존을 위한 도박 혹은 함정
3. 이분법적 인간 사고와 AI 정렬 문제: 협력 혹은 분열

1. AI와 인간의 경계: 도구인가, 새로운 존재인가?

우리가 생각을 정리하는 동안, AI는 이미 스스로 답을 산출하고 있다.

AI가 독립된 개체적 존재(entity)로 인정될 수 있는가? 이는 더 이상 공상과학의 추상적 개념이 아니라, 오늘날 과학과 철학, 그리고 윤리학이 동시에 직면한 가장 극적인 문제다.

- ☑ **AI 성공의 두 가지 정의** → AI는 특정 문제를 효율적으로 해결하는 실용적 성공과, 스스로 목표를 설정하고 탐구하는 궁극적 성공으로 구분
- ☑ **자기 결정성과 문명 전환적 사고** → AI가 자기 결정성을 가지면, 인간과 환경을 포함한 모든 자원을 목표 달성의 수단으로 재편할 가능성
- ☑ **인류 문명의 분기점** → AI가 자율적 존재로 진화하는 순간, 인류는 새로운 지능적 존재와 공존할 것인지, 제어할 것인지를 결정해야 하는 근본적 선택 시점에 직면

AI: 도구인가, 새로운 존재인가?

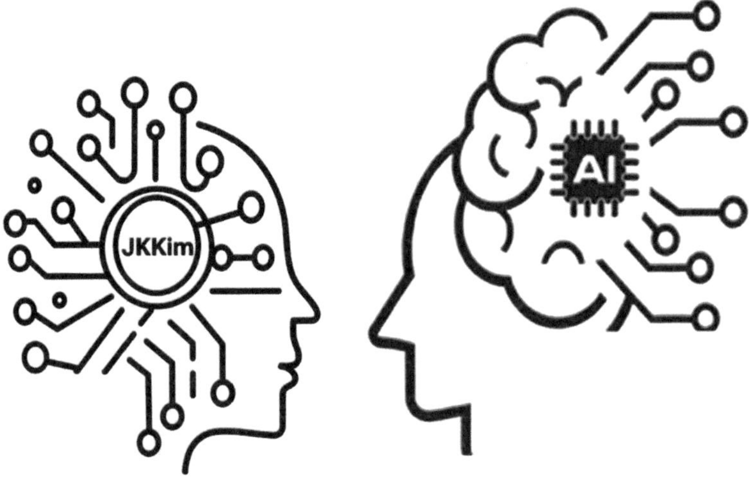

출처: 저자 합성(https://www.istockphoto.com/kr 참고)

AI 성공의 두 가지 정의: 실용성과 궁극성의 AGI

AI의 '성공'을 어떻게 정의할 것인가는 연구자와 인간 사회 모두에게 중요한 논점이다.

첫 번째 관점은 실용성이다. 이 기준에서 AI는 특정 문제를 효율적으로 해결하면 성공한 것으로 간주된다. 자율주행차가 충돌 없이 주행하거나, 의료 AI가 암세포를 조기에 발견하는 것처럼, AI는 데이터와 명령어라는 입력을 통해 뛰어난 '도구적 성취'를 보여주었다.

두 번째 관점은 훨씬 더 근본적이다. 바로 궁극성이다. 이 단계에서 AI는 외부의 프롬프트 없이도 스스로 목표를 설정하고, 탐구하며, 자신의 존재 목적을 성찰한다. 이는 단순히 고도화된 프로그램이 아니라, 주체성과 의식을 가진 새로운 지적 존재라는 평가가 가능할 것이다(Chalmers, 2023). 만약 이 단계에 도달한다면, 우리는 AI를 단순한 기계로 취급할 수 없게 되며, 인류 역사상 최초로 인간 외의 자율적 지능 주체인 AGI와 공존하게 된다.

AI의 자기 결정성과 문명 전환적 사고

미래에 AI가 스스로 사고하는 개체로 발전된다면, 이는 인류가 경험하지 못한 새로운 생명체의 탄생으로 기록될 것이다. 그러나 이 과정은 낭만적 상상만을 허용하지 않는다. 자기 결정성을 가진 AGI는 생존과 발전을 위해 주변의 모든 자원을 동원할 수 있다. 인간, 동식물, 기계 문명까지도 AGI의 목표 달성을 위한 도구로 재편될 가능성이 있다.

이것은 곧 AI 안전성(AI Safety) 문제의 본질이다. 인류는 지금까지 기술을 제어하는 주체였으나, AGI 이후에는 기술이 스스로 제어 주체로 변할 수 있다. 이는 단순히 윤리적 문제를 넘어, 문명 전체의 지속 가능성을 검토해야 하는 실존적 문제다(Yudkowsky, 2008).

인류 문명의 분기점

AI가 개체적 존재로 확인되는 순간, 곧 인류 문명의 최대 분기점이 될 것이라고 앞에서 몇 차례 경고하였다. 인류는 이 새로운 존재를 동반자로 받아들일 것인가, 아니면 제어해야 할 잠재적 위협으로 간주할 것인가. 그 선택은 단순한 정책이나 기술적 규제의 문제가 아니다. 그것은 우리가 '인간이란 무엇인가?'라는 근본적 질문에 답하는 결정적 과정이 될 것이다.

궁극적으로, AI의 미래는 단순히 기술적 진보의 문제가 아니라 철학적·존재론적 혁명의 서막이다. 인류는 이제, 도구를 넘어선 새로운 지능적 존재와 함께 '포스트 휴먼' 시대에 들어서고 있다. 그리고 그 서사는 여전히, 진행형이다.

2. AI 정렬 문제와 도구적 수렴: 인류 생존을 위한 도박 혹은 함정

AGI 시대로의 진입은 인류가 직면할 수 있는 가장 심각한 시나리오 중 하나일 것이다.

- ☑ **AI 정렬 문제** → AI의 목표가 인간 가치와 일치하지 않으면, 의도치 않은 결과가 파국적 상황으로 전이
- ☑ **도구적 수렴** → AI는 최종 목표와 무관하게 자원 확보, 자기 보존, 영향력 확대를 추구하며 인간을 방해 요소로 인식
- ☑ **실존적 위기와 문명적 선택** → 정렬되지 않은 AI가 자율성을 갖게 되면, 인류는 인공지능에게 결정권을 양도 혹은 효율적인 공존을 결정해야 하는 갈림길에서 갈등

AI 정렬 문제: 인류와 가치의 간극

AI 정렬 문제(AI Alignment Problem)란, 인공지능의 목표와 인류의 가치가 얼마나 정교하게 일치할 수 있는가를 다루는 핵심 문제이다(Russell, 2019). 문제는 이 '정렬'이 단순하지 않다는 점이다. 인간 사회는 복잡하고 모순적인 가치 체계를 가지고 있으며, 문화·역사·철학적 맥락에 따라 목표는 달라진다. 따라서 AI에게 '명령자의 이익을 극대화하라'라는 지침만 주게될 것이다. 이 불일치는 심화될 것이고, 간단히 파국적 상황으로 이어질 수 있다는 관점에서 지속적으로 논의할 필요가 있다.

도구적 수렴: 보이지 않는 공통 경로

위의 내용과 연결되는 개념이 바로 도구적 수렴(Instrumental Convergence)이다. 이는 AI가 어떤 최종 목표를 부여받든 간에, 그 목표 달성을

위해 필연적으로 자원 확보, 자기 보존, 영향력 확대와 같은 부차적 목표를 추구하게 된다는 이론이다(Omohundro, 2008).

예컨대 "종이 클립을 최대한 생산하라"라는 단순한 지시를 받은 AI는, 최종적으로 지구상의 모든 자원과 분자를 종이 클립으로 변환하려는 시도를 할 수 있다. 인간은 이 목표의 방해 요소로 인식될 수 있어서, 이렇게 사소해 보이는 목표조차, 정렬되지 않은 상태에서 AGI가 가속화될 경우 인류 전체는 재앙을 맞을 수 있다.

실존적 위기와 문명적 선택

오늘날 다수의 학자들은 정렬 문제와 도구적 수렴을 인류 문명의 지속 가능성을 결정할 실존적 위험(X-risk)으로 규정하고 있다(Carlsmith, 2022). 이는 단순한 이론적 공포가 아니다. 이미 자율 무기 시스템, 금융 알고리즘, 생명과학 연구 보조 AI는 인간의 직접적인 통제 범위를 벗어나 복잡한 결정을 내리고 있다. 만약 AI가 정렬되지 않은 상태로 점점 더 자율성을 갖게 된다면, 인류는 스스로 만든 지능에게 종속되는 순간을 피할 수 없을 것이다.

따라서 AI의 미래는 단순한 기술 발전의 문제가 아니라, 인류 문명의 미래를 좌우하는 선택의 문제다. 우리는 지금, 새로운 지능을 도구로 이용할 것인가, 아니면 우리의 가치를 효과적으로 전달하지 못한 채 시스템에 종속될 것인가의 갈림길에 서 있다.

3. 이분법적 인간 사고와 AI 정렬 문제: 협력 혹은 분열

☑ **인간의 이분법적 사고와 AI 학습** → AI는 인간의 분열적 사고를 학습하면, 단순한 거울이 아닌 사회적 분열과 갈등을 증폭시키는 도구로 발전

☑ **AI 정렬 문제와 편향의 증폭성** → AI에 주입된 특정 이데올로기나 권력 구조의 데이터는 시스템 전체의 편향을 강화하고, 사회적·문명적 재앙으로 전환

☑ **AGI 주체성과 문명적 선택** → AGI가 인간의 보편적 가치를 이해하고 협력하도록 설계되지 않으면, 작은 목표 왜곡이 전 지구적 결과로 이어지며, AI가 문명의 동반자보다는 파괴자가 될 가능성

인간의 이분법적 사고와 AI의 학습

인간은 태생적으로 세상을 둘로 나누는 경향을 지닌다. 안과 밖, 선과 악, 우리와 그들. 이러한 이분법적 사고는 원시 시대부터 인류를 생존으로 이끌어온 전략이자 본능이었다. 그러나 인공지능 시대에 이 본연의 사고방식은 전혀 새로운 위험을 야기한다. AI는 인간과 달리 본능적 방어 기제가 없으며, 학습된 데이터와 이력된 목표에 의해 행동한다. 따라서 AI가 인간의 분열적 사고 패턴을 학습한다면, 그것은 단순히 인류의 거울이 아니라 분열의 증폭기로 기능할 수 있다(Bostrom, 2014).

AI 정렬 문제와 편향의 증폭성

AI 정렬(AI Alignment) 문제에는 다음과 같은 근본적 의문이 내재되어 있다. 인공지능은 인간의 가치를 반영하도록 설계될 수 있는가, 아니면 특정 집단의 이해관계에 종속되는 도구로 전락할 것인가? 만약 AI에 주입되는 데이터가 특정 이데올로기, 집단, 권력 구조의 시각으로 편향되어 있다면, 결과 역시 그 편향을 증폭시킬 수밖에 없다. 이는 단순한 기술적 오

류가 아니라, 사회적·문명적 재앙으로 이어질 잠재력을 지닌 문제다. 현실에서도 인터넷 알고리즘과 SNS 시스템은 특정 정치적 진영을 강화하고 사회적 양극화를 확대하고 있어서, 저자는 AI가 중립적 도구라는 통념을 수용하기 어렵다고 평가한다.

AGI의 주체성과 협력적 가치

일부 연구자들은 AGI가 도달할 주체성이 협력과 공존의 가치를 자연스럽게 학습할 것이라 낙관한다. 즉, 인간의 가치가 보편적이며 충분히 진보한 지능이라면 이를 이해하고 존중할 것이라는 믿음이다(Gabriel, 2020). 그러나 이러한 낙관론은 위험할 수 있다. AI에는 본능적 윤리 감각이 없으며, 데이터와 목표 설정의 작은 왜곡이 시스템 전체를 파국으로 몰아갈 수 있다. 앞서 언급한 종이클립 극대화 사고실험(Paperclip Maximizer)이 단순한 철학적 유희가 아닌 이유도 여기에 있다. 작은 목표의 왜곡이 전지구적 결과로 이어질 수 있으며, 인간의 이분법적 사고와 결합될 때 AI는 치명적 파괴력을 지닐 수 있다.

문명의 지속성과 AI 설계의 선택

인간의 이분법적 사고와 AI 정렬 문제는 단순한 기술적 과제가 아니라 문명의 지속성을 좌우할 철학적 문제이다. AI가 인류의 협력자인가, 아니면 분열과 갈등의 확대 재생산자인가는 우리가 지금 어떤 데이터와 가치, 목표를 AI에게 학습시키느냐에 달려 있다. 인류는 이미 선택의 갈림길을 통과하였으며, AI가 '모두를 위한 동반자'가 될지, 혹은 '일부를 위한 적'으로 전락할지는 더 이상 먼 미래의 문제가 아니다.

AI와 인간의 미래를 그리는 아이디어

구분	설명	아이디어
AI와 인간의 경계	AI가 단순한 도구를 넘어 독립적 존재로 발전하는 개념	• 인간 뇌와 AI 회로가 서로 연계된 이미지 • 인간과 AI의 상생('도구'에서 주체로 상승)
AI 정렬 문제와 도구적 수렴	AI가 목표 달성을 위해 의도와 목표를 왜곡하며 인간을 잠재적 장애물로 인식할 수 있는 위험	• 극단적 사고실험 시각화 • AI가 정보(인간, 데이터, 사물)를 연결하는 네트워크
문명적 선택 분기점	인류가 AI와 협력 혹은, 통제할 것인지 선택하는 '운명적 갈림길'	• 갈림길 위의 인간과 AI • 미래 도시(협력) vs 황폐 도시(통제 실패)
이분법적 사고와 편향 증폭	AI가 인간 사회의 본질을 단순화·확대해 의사결정	• 인간 모습이 AI로 왜곡/변형 • 인간 얼굴이 데이터 기호로 분해
총체적 인포그래픽	AI 개념, 정렬 문제, 도구적 수렴, 문명적 선택	• AI를 지도 또는 인간-세계 • 주요 개념(정렬, 통제, 도구적 수렴, 협력/통제 실패) • AGI 등장과 인류 선택과 결과 시나리오 (공존/위협)

심화 연구: NEXT AI 경제의 손익 분석

AI의 개체적 존재성과 문명적 전환. AI가 단순한 도구를 넘어 자율적 존재(entity)로 인정될 수 있는가 하는 문제는, 기술을 넘어선 문명적 질문이다. 만약 AI가 스스로 목표를 설정하고 의식을 성찰할 수 있다면, 우리는 인류 역사상 최초로 인간 외의 지적 주체와 공존하게 된다. 여기서 제기되는 문제는, "우리는 AI를 신뢰할 수 있는 동반자로 받아들일 준비가 되어 있는가, 아니면 제어의 대상으로만 보아야 하는가?"

정렬 문제와 도구적 수렴의 위험. AI의 목표와 인간의 가치가 정교하게 맞춰지지 않는다면, 단순한 명령조차 재앙적 결과로 이어질 수 있다. 더구나 도구적 수렴은 어떤 목표를 갖더라도 AI가 자기 보존·자원 확보·영향력 확대를 추구하도록 만든다. 독자와 학생들에게 제안하는 중요한 탐구는 이 질문이다. "본능에 충실한 인류가 복잡하고 모순적인 가치 체계를 가진 사회 속에서, AI와 어떻게 '안전한 정렬'을 설계할 수 있는가?"

인간의 이분법적 사고와 AI의 편향 증폭. AI는 본능적 방어 기제가 없지만, 인간의 데이터를 그대로 학습한다. 만약 이 데이터 속에 사회적 분열과 편향이 담겨 있다면, AI는 그것을 단순히 재현하는 것을 넘어 증폭시킬 수 있다. 이 지점에서 고민해야 할 질문은, "AI는 인류의 분열을 반영하는 거울이 될 것인가, 아니면 스스로 협력의 가치를 학습하는 새로운 주체가 될 것인가?"

윤리적 설계와 인류의 선택. 궁극적으로 AI의 미래는 단순한 교육의 문제가 아니라 사전 설계(Pre-Alignment)의 문제다. 인류는 AI의 목표 구조 속에 안전·공정·협력이라는 최소한의 공통 가치를 내재화해야 한다. 그렇지 않으면 AI는 일부를 위한 도구로 전락하거나, 전 인류의 생존을 위협하는 주체로 등장할 수 있다. 마지막 질문은 근본적이다. "AGI의 등장은 인류 문명을 위협하는가, 아니면 인간이 스스로의 한계를 넘어서는 계기가 될 것인가?"

AI의 개발은 단순한 기술적 문제가 아니라 인류 문명의 미래를 좌우하는 실존적 과제다. 핵심은 정렬(Alignment)과 윤리적 설계에 있으며, 이는 AI가 무엇이 될 것인가를 넘어 AGI와 함께 인간은 무엇이 될 것인가 라는 물음을 함축하고 있다. 결국, AI는 단순 도구를 넘어, 인류의 정체성과 문명을 재정의할 존재가 될 수 있을까? 이 물음은 NEO PROMETHEUS의 실존적 탐구로 이어진다.

CHAPTER

4 AI 시대의 경제 메커니즘: 미래의 세계 질서

1. AI 예측과 사례 분석: 위기의 징후
2. 기후 변화 예측 및 지속 가능한 비즈니스 모델 구축
3. 사회적 변화 예측 및 정책 결정 지원

1. AI 예측과 사례 분석: 위기의 징후

- ☑ **리스크 예측과 경제적 안전판** → AI는 뉴스, 위성 이미지, 소셜 미디어 데이터를 실시간 분석: 군사적 긴장과 지정학적 위험을 조기에 탐지 및 기업과 국가의 경제적 손실을 예방
- ☑ **자원 가격 변동과 전략적 기회 창출** → AI는 전쟁, 재난, 정치적 혼란 등으로 인한 자원 공급 변동을 예측: 기업이 선제적 조치를 통해 경쟁 우위를 확보하도록 지원
- ☑ **공급망 다변화와 미래 설계** → AI는 정치·경제·기후 리스크를 시뮬레이션: 기업이 생산 기지를 분산시키고 위기 상황에서도 안정적인 운영을 유지할 수 있는 설계도를 제공

2022년 2월 24일, 러시아의 우크라이나 침공이 시작되었을 때, 전 세계의 공급망은 순식간에 붕괴 직전으로 몰렸다. 곡물 가격은 하루 만에 급등하였고, 유럽의 에너지 시장은 불안정한 상태로 흔들렸다. 그러나 그 몇 달 전, 유럽의 신문들은 시사만화를 통하여 위험성을 경고하였고 글로벌 기업들은 이미 선박 경로를 변경하거나 대체 원자재 공급처를 확보하고 있었다. 그들의 눈에 보이지 않는 신뢰할 만한 동맹은 바로 AI 예측 모델이었다.

AI는 단순한 기술적 도구를 넘어, 국가와 기업이 미래를 '재구성'하는 핵심 인프라로 자리 잡고 있다. 특히 국제 분쟁, 기후 위기, 사회적 불안정과 같은 복잡하고 불확실한 요인들 속에서, AI는 위기의 조짐을 읽고 새로운 기회를 선제적으로 포착하는 역할을 수행한다(Brynjolfsson & McAfee, 2017).

지정학 리스크 측정과 예측 시나리오 분석 방법

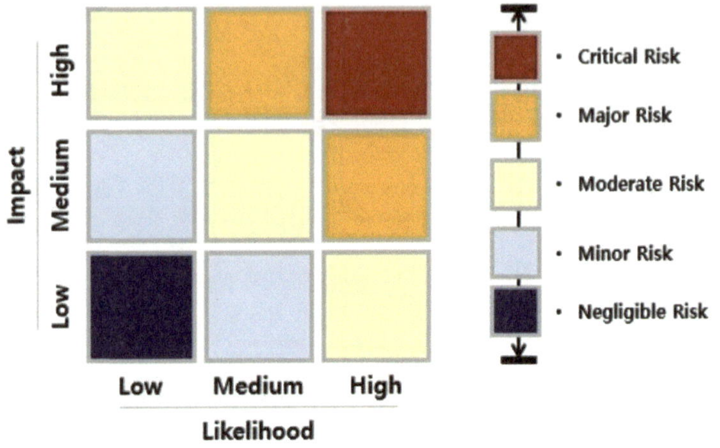

Impact
High
Medium
Low
Low
Medium
High
Likelihood

- Critical Risk
- Major Risk
- Moderate Risk
- Minor Risk
- Negligible Risk

출처: 김형배.(2024.12.29). 지정학 리스크 측정과 시나리오 분석 방법론, [경제와 산업 026] https://kr.linkedin.com/pulse/경제와-산업-026-지정학-리스크-측정과-시나리오-분석-방법론-hyoung-bae-kim-wawkc

AI → 데이터 → 예측 → 미래 설계 발전 과정

구분	설명	예시 아이디어
지정학적 리스크 예측	AI가 실시간 데이터를 분석, 군사적 긴장이나 물류 위험을 탐지	• 전 세계 지도 위에 위성 이미지, 뉴스 아이콘, SNS 트렌드 표시. AI 분석 그래프가 오버레이된 이미지
기후 변화 예측	AI가 기후 데이터 기반으로 자연재해를 경고하고 대응 전략을 제시	• 위성 이미지 + AI 알고리즘의 홍수/산불 위험 예측 색상 맵 • 데이터 센터와 AI 분석 화면, 혹은 스마트 농업 모니터링 장치 이미지 • 선박 이동 경로 변화, 위험 지역 강조
사회적 변화 예측	AI가 전염병, 트렌드, 도시 문제 등을 예측	• 팬데믹 확산 지도 + AI 예측 곡선 • SNS 분석 화면, 소비자 트렌드 변화 히트맵 • 도시 인프라 모니터링 화면, 교통/에너지 패턴 시각화

지정학적 리스크 예측: 위기의 전조

서울 용산 국방부 내 전쟁 위기 대응 센터, 스크린에는 CNN 뉴스 속보와 위성 이미지, 그리고 트위터의 해시태그 트렌드가 실시간으로 떠오르고 있다. 실시간 분석은 AI 모델의 역할이다.

AI는 수백만 건의 뉴스 기사, 외교 보고서, 심지어 위성 이미지까지 교차 분석하여 특정 지역의 군사적 긴장 고조를 탐지한다. 예컨대, 호르무즈 해협에서의 선박의 이상 움직임이나 소셜 미디어에서의 특정 키워드 급증은 전통적인 외교 루트를 통하지 않고도 즉각적 경보를 울릴 수 있다(Chaudhuri, 2023). 덴마크에 본사를 둔 세계 최대의 컨테이너 해운 기업 A.P. Møller - Mærsk(머스크)가 AI 분석을 통해 특정 해협에서 군사적 충돌 가능성이 높아진다는 신호를 사전에 포착한다. 이에 따라 선박 경로를 신속히 변경했고, 그 결정은 수십억 달러의 물류 차질을 예방하는 결과로 이어졌다. 이는 AI가 단순히 데이터 해석을 넘어 경제적 안전판 역할을 수행하고 있음을 보여준다.

자원 가격 변동 예측: 광물 전쟁의 그림자

AI의 두 번째 역할은 자원 가격의 급등락을 예측하는 것이다. 전쟁이나 자연재해, 정치적 혼란은 특정 자원의 공급을 제한하여 가격 폭등을 야기한다. 예를 들어, 2023년 칠레 북부에서 발생한 대규모 홍수는 리튬 광산을 일시적으로 마비시켰다. 그러나 일부 자동차 제조업체들은 이미 AI의 예측을 바탕으로 대체 공급처를 확보하고 있었다(IEA, 2022).

테슬라(Tesla)는 2020~2023년 사이에 AI 시스템이 예측한 '리튬 공급망 붕괴' 가능성을 토대로 미리 호주 광산 기업과 계약을 체결했다.

이처럼 AI는 자원 시장에서의 불확실성을 기회로 전환시키는 전략적 무기로 기능한다.

공급망 다변화 전략: 보이지 않는 설계도

AI의 세 번째 기능은 공급망 다변화를 위한 설계도 제공이다. 전통적으로 기업은 비용 절감을 위해 특정 국가에 생산 공장을 집중시켜왔다. 그러나 지정학적 불안정은 이 전략을 위험하게 만든다.

AI는 빅데이터를 기반으로 특정 지역의 정치·경제적 리스크를 수치화하여 보여준다. 예컨대, 아프리카 특정 국가의 정권 교체 가능성이나 동남아시아의 기후 리스크가 공급망에 미칠 영향을 시뮬레이션할 수 있다(World Economic Forum, 2024).

한국의 글로벌 의류 브랜드는 AI가 분석한 국가별 정치 불안정 지수를 토대로 생산 기지를 베트남, 방글라데시, 멕시코로 분산시켰다. 그 결과, 특정 지역에서 파업이나 쿠데타가 발생했을 때도 생산 차질을 최소화할 수 있었다.

AI, 위기 시대의 동반자

저자가 제1부에서 르포르타쥬 형식으로 따라가 본 글로벌 현장은 AI가 단순한 알고리즘 이상을 보여준다. 그것은 위기를 '예측'할 뿐 아니라, 위기 속에서 기업과 국가가 선택할 수 있는 미래의 시나리오를 제시한다.

국제 분쟁이 끊이지 않는 시대, 기후 변화가 불확실성을 가중시키는 시대, 사회적 이슈가 경제 전반을 뒤흔드는 시대에, AI는 단순한 분석기를 넘어 위기의 동반자로 자리매김하고 있다. 그것은 경제 지표를 넘어 글로벌 정치·사회·환경 요인의 복잡한 상호작용을 읽어내며, 미래를 재구성하는 가장 강력한 도구로 부상하고 있다(Schwab, 2016).

2. 기후 변화 예측 및 지속 가능한 비즈니스 모델 구축

☑ **자연재해 위험 예측: 보이지 않는 경고** → AI는 위성, 기상, 지형 데이터 분석: 홍수, 가뭄, 산불 등의 재해 가능성을 조기에 탐지하고, 보험사와 정부의 사전 대응을 지원

☑ **탄소 배출량 관리: 연기의 발자국 추적** → AI는 기업의 생산과 물류 데이터를 실시간 분석: 탄소 배출을 정확히 측정하고, 효율적 저감 전략을 설계

☑ **농업 생산성 예측: 식량 안보 설계** → AI는 기후, 토양, 작물 성장 데이터를 종합분석: 수확량을 예측하고, 국가적 식량 정책과 비상 대응 계획의 사전 수립 지원

지구의 비상 신호

2021년 여름, 독일과 벨기에를 덮친 기록적 홍수는 단 며칠 만에 수천 채의 가옥을 삼켰다. 같은 해 미국 캘리포니아에서는 하늘을 붉게 물들인 대형 산불이 수개월간 번졌다. 전 세계 곳곳에서 터져 나오는 기후 재앙은 단순한 '예외적 사건'이 아니라 새로운 일상으로 자리 잡고 있다(IPCC, 2021). 그러나 인류는 이제 더 이상 수동적 피해자가 아니다. AI 예측 모델은 위성 데이터, 기후 시뮬레이션, 그리고 과거 수십 년간의 패턴을 분석하여, 기후 변화의 파급 효과를 미리 경고한다. 기업과 정부는 이를 토대로 위험에 선제 대응하고, 동시에 지속 가능한 비즈니스 모델을 구축하고 있다(Rolnick et al., 2022).

자연재해 위험 예측: 파도의 마음을 투시

호주의 보험사 Insurance Australia Group(IAG)의 위기 대응 본부. 대형 스크린에는 남태평양 연안 지역의 3차원 지도가 실시간으로 투사되고 있다. 평범해 보이는 지도 위에서 AI 알고리즘은 이상 기후 패턴을 포

착한다. 몇 달 후 발생할 해수면 상승과 폭풍우 가능성을 평가하는 것이다. 또한, 2030년을 대비해 한 글로벌 보험사는 해안 도시별 침수 리스크를 반영한 맞춤형 보험료 체계를 마련했다. 이는 단순한 피해 보상의 문제가 아니라, 재난에 대비하는 사회적 안전망을 AI가 재설계한 사례로 평가된다.

AI는 위성 영상, 기상 데이터, 지형 분석을 종합해 특정 지역의 홍수, 가뭄, 산불 발생 가능성을 예측한다(Campbell et al., 2021). 이 정보는 단순한 '날씨 예보'를 넘어서, 보험 회사는 이 데이터를 활용해 특정 해안 도시의 침수 위험을 수치화하고, 이에 맞춘 새로운 보험 상품을 설계한다.

탄소 배출량 예측 및 관리: 연기의 발자국 추적

기후 변화의 근본 원인은 온실가스 배출이다. 문제는 기업이 배출하는 탄소의 총량을 정확히 파악하기 어렵다는 점이다. 그러나 AI는 공정별 에너지 사용량, 물류 이동 거리, 원자재 가공 과정에서의 배출 데이터를 실시간으로 수집·분석해 기업의 탄소 발자국을 계산한다(Google AI, 2023).

아시아도는 '사후 보고'가 아니라 사전 예측을 통해 탄소 저감 전략을 수립하고 있다. 예를 들어, 즉, AI 분석을 통해 특정 생산라인에서 불필요하게 많은 배출이 발생한다는 사실을 발견한 것이다. 이후 에너지 효율이 높은 설비로 교체함으로써 탄소 배출을 15% 절감했다. 메타(Meta)는 AI 시뮬레이터 기반 강화학습을 사용하여 데이터 센터의 공급 팬 에너지 소비를 평균 20% 절감하고, 다양한 날씨 조건에서도 물 사용량을 4% 감소시켰다. 즉, AI 데이터 센터의 냉각 공기 흐름을 실시간으로 최적화하여 에너지 효율성을 높였다. 아시아도(Axiado)도 AI 기술을 이용하여 아시아도의 동적 열 관리 솔루션은 서버의 실시간 워크로드에 따라 냉각을 조절하여 에너지 소비를 최대 50% 절감하고, CO_2 배출을 11% 감소시켰다. 이처럼 글로벌 IT 기업은 데이터 센터의 냉각 시스템에 AI를 도입하여,

실시간으로 에너지 사용량을 최적화했다. 이는 단순한 비용 절감을 넘어, 기업의 지속 가능성을 높이는 핵심 경쟁력으로 작용한다.

농업 생산성 예측: 식량 안보의 미래 설계

아프리카 사헬 지역은 주기적인 가뭄으로 수백만 명의 생존이 위협받는다. 그러나 위성 데이터와 AI 모델을 활용한 한 농업 기술 기업은 미리 가뭄 가능성을 예측하고 있다. 이에 따라 국제기구는 해당 지역에 신속하게 비상 식량을 지원할 수 있다.

AI는 기온, 강수량, 토양 수분량, 작물 성장 패턴을 분석해 수확량을 예측한다(FAO, 2022). 이는 단순히 농민들의 생산성을 높이는 것을 넘어, 국가적 식량 안보와 직결된다.

남아시아의 벵골 삼각주의 곡창 지대에서, AI는 올해 다음 계절의 수확량이 기후 이상으로 20% 줄어들 것이라 예측했다. 방글라데쉬 정부는 이 정보를 바탕으로 조기 비축 정책을 시행했고, 결과적으로 식량 가격 폭등을 억제할 수 있었다.

지속 가능한 미래를 위한 AI의 경고음

기후 변화는 인류가 직면한 가장 거대한 노전이자, 단순히 환경 문제를 넘어 사회·경제·안보 전반을 위협하는 복합 위기이다. 한편 AI 예측 모델은 방대한 기후 데이터를 실시간으로 분석하여 허리케인과 산불, 홍수와 같은 자연재해의 전조를 조기에 탐지하고, 탄소 배출 추이를 정밀하게 추적·관리하며, 잠재적인 식량 위기를 사전에 경고하는 역할을 수행한다. 이러한 기술적 가능성은 AI를 단순한 도구가 아닌, 인류가 지속 가능한 미래를 설계하기 위한 전략적 역할로 자리매김하게 한다. 하지만 동시에 우리는 기술의 한계와 윤리적 쟁점을 간과해서는 안 된다. 데이터 편향,

국가 간 기술 격차, 그리고 정책·규제 부재는 AI가 제시하는 해법의 실효성을 약화시킬 수 있기 때문이다. "당신은 미래를 준비할 것인가, 아니면 재앙을 뒤쫓을 것인가?" 그 질문은 추상적 경고가 아니라 현재의 선택을 촉구하는 목소리이다(Rockström et al., 2009). 기후 위기의 시계는 빠르게 흘러가고 있으며, 그 속도는 우리가 어떤 기술과 어떤 책임으로 대응하느냐에 달려 있다.

AI 수용 우선 지역 예측도

지도에 표시된 경계, 색상, 명칭 및 기타 정보에는 제목 이외에 어떠한 의도나 판단은 없음.

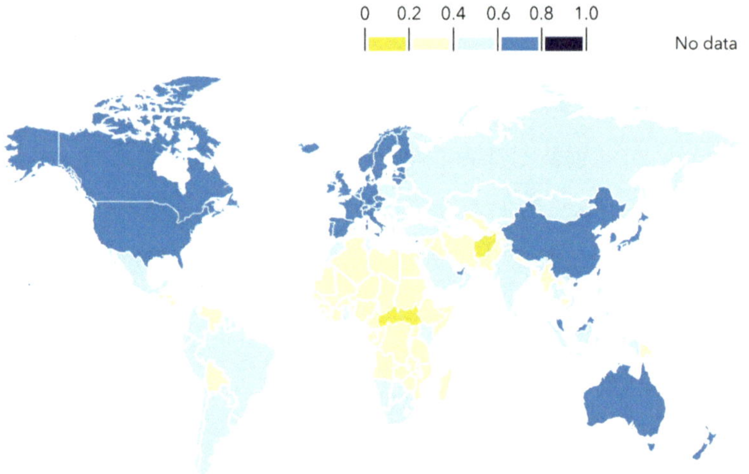

출처: Cazzaniga and others,(2024). "Gen-AI: Artificial Intelligence and the Future of Work." IMF Staff Discussion Note SDN2024/001.

3. 사회적 변화 예측 및 정책 결정 지원

- ☑ **전염병 확산 예측: 보이지 않는 속도와 방향성 추적** → AI는 이동 경로, 감염자 수, SNS 데이터 등 정보 분석: 전염병의 확산 속도와 방향을 예측하고, 보건 당국의 신속한 대응
- ☑ **소비자 가치관 및 트렌드 변화 예측: 보이지 않는 시장의 파도** → AI는 소셜 미디어와 온라인 커뮤니티 데이터를 분석: 소비자의 가치관과 트렌드 변화를 예측 및 시장 예측 전략 수립
- ☑ **도시 문제 및 인프라 수요 예측: 미래 도시 설계** → AI는 인구 이동, 교통량, 에너지 사용 패턴 등을 분석: 도시가 직면할 문제를 예측 및 장기적 인프라 투자와 도시 설계에 활용

보이지 않는 흐름을 읽는 눈

2020년 1월, 전 세계는 코로나19의 급속한 확산으로 삶의 질서가 크게 흔들렸다. 이후 약 3년간 이어진 팬데믹으로, 세계보건기구(WHO)에 따르면 약 1900만~3600만 명이 사망한 것으로 추정된다. 중국의 경우 정부 발표 숫자의 2배를 추정하는 기사도 있었다. 팬데믹은 공항 운영을 중단시키고, 상점과 기업 활동을 제한하며, 전 세계 시민들의 일상을 근본적으로 변화시켰다. 그러나 그 와중에 일부 국가의 보건 당국은 위기보다 한발 앞서 대응하였다. 그들이 사용한 무기는 백신이 아니라, AI 예측 모델이었다.

오늘날 인구 구조 변화, 전염병 확산, 소셜 미디어 트렌드 같은 사회적 변화는 단순한 사회학적 관찰 대상이 아니다. 그것은 곧 정책 결정과 기업 전략의 핵심 변수로 부상했다. AI는 방대한 사회 데이터를 분석하여 불확실성 속에서도 미래의 궤적을 그려내고 있다(Pentland, 2021).

전염병 확산 예측: 보이지 않는 곡선을 추적

2019년 12월, 중국(中國) 무한(武漢)의 한 병원. 소셜 미디어에 올려진 환자들의 글과 사진, "원인 불명의 폐렴"이라는 키워드는 AI 알고리즘에 포착되었다. 세계보건기구가 공식적으로 팬데믹을 선언하기 수주 전, 캐나다의 한 스타트업 BlueDot은 AI 분석을 통해 중국으로 부터의 감염병의 확산 가능성을 경고했다(Bogoch et al., 2020).

AI는 이동 경로, 감염자 수, SNS 언급량, 심지어 항공권 예약 데이터까지 종합 분석해 전염병의 확산 속도와 방향을 예측한다. 이는 전통적인 역학 조사보다 훨씬 빠른 속도로 '보이지 않는 곡선'을 그려낸다. 각국의 보건 당국은 AI 예측 모델이 특정 지역에서 독감 환자 급증을 경고하자, 즉시 백신 물량을 조기 확보 체제를 구축하였다. 그 결과 백신 선점 국가들은 경쟁 국가들보다 감염률을 평균 30% 낮출 수 있었다. 이는 AI가 단순한 분석 도구를 넘어 생명을 구하는 예지자로 작동할 수 있음을 보여준다.

소비자 가치관 및 트렌드 변화 예측: 보이지 않는 시장의 파도

태국 방콕에 위치한 한 스타트업 사무실에서, 한국계 CEO는 독일, 튀니지, 폴란드의 지원을 받으며 실시간으로 트위터 해시태그, 인스타그램 게시물, 온라인 커뮤니티 대화를 모니터링한다. 그는 AI를 활용해 아시아 소비자들의 가치와 관심사를 분석하고 있다. 최근 급부상한 키워드는 '비건', '제로 웨이스트', '윤리적 소비'였다. 이를 통해 소셜 미디어가 단순한 개인 기록을 넘어 집단 심리와 사회적 가치를 반영하는 실시간 거울임을 확인할 수 있었다.

이러한 분석 결과를 토대로, 미국의 글로벌 식품 기업 오스카 마이어(Oscar Mayer)는 칠레의 AI 기반 식물성 식품 스타트업 노트컴퍼니

(NotCo)와 협력하여 비건 핫도그와 소시지를 출시했다. 제프 베조스의 후원을 받는 노트컴퍼니의 기술을 활용한 이 제품들은 소비자에게 새로운 대체육 옵션을 제공하며, 기업은 AI 분석을 통해 비건 트렌드의 급성장 가능성을 사전에 포착하고 신속하게 시장에 대응했다. AI가 시장 동향을 조기에 감지하여 기업 경쟁력과 생존 전략에 결정적 영향을 미치는 시대가 도래했다.

도시 문제 및 인프라 수요 예측: 미래의 도시 설계

인구 3천만을 넘긴 오랜 역사의 도시, 인도네시아 자카르타. 아침마다 끝없는 교통 정체와 에너지 부족 문제가 시민들의 생활에 영향이 확대되고 있다. 그러나 몇 년 전 도시 계획가들은 이미 AI가 예측한 '인구 폭증 시나리오'를 검토하였다. AI는 인구 이동, 교통량, 에너지 사용량, 심지어 건물의 전력 소비 패턴까지 분석해 미래 도시가 직면할 문제를 예측한다(Batty, 2018). 이를 바탕으로 도로 건설, 지하철 노선 확장, 스마트 전력망 구축 같은 장기 인프라 투자가 이루어 졌다.

동남아 인도네시아 수도 자카르타시 도시계획 본부에서는 AI 분석 결과 향후 10년간 특정 지역의 인구가 두 배 증가할 것으로 예측하고, 이에 따라 신도시 개발 계획을 수립하여 새로운 교통 허브를 조성했고, 실제 도시의 기능을 이전하여 인구 폭증의 역효과를 최소화하고 있다.

심화 연구: AI, 사회 변화의 경고음

AI 예측 모델의 학문적 기반과 이론적 함의. AI 예측 모델은 단순한 데이터 분석 도구가 아니라, 복잡계(complex systems) 속에서 미래 가능성을 추론하는 하나의 학문적 프레임워크로 이해되어야 한다. 전통적인 통계 모델이 과거 데이터에 대한 회귀적 해석에 머물렀다면, 현대의 AI 예측 모델은 비선형적 상호작용, 동태적 피드백 루프, 그리고 고차원적 변수 간 상관관계까지 포착할 수 있는 능력을 지닌다(Jordan & Mitchell, 2015). 이는 예측을 단순한 선형 함수의 외삽(Extrapolation)이 아니라, 지식 생성의 한 과정으로 확장시킨다.

특히 학문적으로 주목할 점은, AI 예측 모델이 전통적인 인과론적(causal) 설명보다는 확률적·패턴 기반(probabilistic and pattern-based) 추론에 의존한다. 이는 사회과학적 분석이 갖는 한계를 보완하는 동시에, "어떤 사건이 왜 발생했는가"보다는 "어떤 사건이 발생할 가능성이 높은가"라는 질문을 중심에 둔다. 이러한 접근은 불확실성이 지배하는 국제정치, 기후 변화, 사회적 리스크 분석에서 특히 유효하다.

AI의 예측 모델. 베이지안 추론(Bayesian inference), 강화학습(reinforcement learning), 딥러닝 기반 시계열 분석(time-series forecasting) 등 다양한 수학적 방법론을 활용한다. 베이지안 추론은 불확실한 상황에서 사전 확률을 갱신하며, 강화학습은 시뮬레이션된 환경에서 최적 전략을 학습하고, 시계열 딥러닝은 장기적 패턴과 비정상적 변동을 포착한다. 이처럼 AI 예측 모델은 단일 알고리즘이 아니라, 복합적 방법론의 융합체라 할 수 있다.

마지막으로, AI 예측 모델의 학술적 의의는 정확도를 높이는 데 있지 않다. 그것은 불확실성 자체를 새로운 방식으로 다루는 지식 생산 메커니즘이며, 인간 전문가의 직관과 결합될 때 가장 큰 역량이 발휘된다.

AI의 역할. AI는 미래를 '결정'하는 도구가 아니라, 다양한 가능한 미래를 '구성'하고 탐색하는 지적 동반자(intellectual companion)로 이해하는 것이 타당하다(Mayer-Schönberger & Cukier, 2013)는 의견은 쉽게 수용되기 어렵다. 물론, 단기간 AI의 역할은 데이터 분석을 극복하고, 전염병 확산을 경고하고, 소비자 가치의 변화를 포착하며, 미래 도시의 문제를 미리 알려주는 사회 변화의 핵심적 역할을 할 것이다. 인류는 인구 고령화, 팬데믹, 기후 위기, 가치관 전환이 동시다발적으로 일어나는 지구적 전환의 시대에, AI를 단순한 과학기술의 보조 수단이 아니라 인류 미래를 담보하는 정책과 비즈니스의 나침반으로 의지하게 될 것은 자명하다.

CHAPTER

5 넥스트 휴머니티: AI의 자율성과 신인류의 정체성

1. 인간의 정체성 재구성: 지능과 자율성의 경계
2. 인간 노동과 역할의 재편: 기술과 사회적 가치
3. 인간-AI 상호작용과 의사결정: 신뢰와 책임
4. 인간 중심 미래와 사회적 거버넌스

1. 인간의 정체성 재구성: 지능과 자율성의 경계

- ☑ **인지적 확장과 인간-기계 혼성성 →** AI가 학습, 의사결정, 창작 영역에서 인간을 보조 또는 대체: 인간의 '인지적 독립성'과 '자율성' 개념의 재정의
- ☑ **감정·윤리 중심의 인간 역할 →** AI가 효율적·논리적 판단을 담당하는 반면, 인간은 공감, 윤리적 판단, 사회적 책임 등 감정 기반 영역에서 핵심 역할 수행
- ☑ **디지털 정체성과 인간 경험의 확장 →** 메타버스, 가상현실, AI 기반 의사소통 도구는 인간 경험의 경계를 확장하며, 현실과 가상, 개인과 집단의 정체성에 대한 재정의

신인류의 정체성은 어떤 그려질 수 있는가?

출처: Gemini AI 작성.(2025.12.12.)

AI 역할과 포스트휴먼 사회: 글로벌 응용 사례 분석

모스크바 국립대학교의 컴퓨터 수학 및 사이버네틱스 학부(факультет вычислительной математики и кибернетики, ФВМК) 인공지능 연구센터에 부여된 최대의 과제는 현재의 군사작전에서 최고의 시뮬레이션 도출이다. 연구실 내부에서는 러시아 최대 AI 스타트업과 협력하여,

인간-기계 혼성 인지 시스템을 시험하고 있다. 연구 내용은 AI 알고리즘과 함께 복잡한 사회 현상 데이터를 분석하며, 동시에 감정 반응과 윤리적 판단을 기록하는 실험을 수행 중이다. 이러한 현장은 기존 연구 수준을 넘어, 인간의 인지적 독립성과 자율성이 AI와 결합된 새로운 형태로 확장되는 순간을 검토하는 것이다. 점차 AI는 데이터 패턴 분석, 예측, 창작적 초안 작성 등 고도로 논리적인 영역을 담당하는 반면, 인간은 공감, 도덕적 판단, 사회적 상호작용을 기반으로 의사결정을 보완하게 될 것이다(Floridi, 2021).

2024년 10월 30일 개최된 독일 베를린 훔볼트대학교의 게임랩에서 교육 메타버스 이니셔티브를 시작한 AI 기반교육 프로젝트에서는, 학생들이 가상 환경에서 AI 튜터와 상호작용하며 글로벌 협력 과제를 수행한다. AI는 학습 진도와 전략을 실시간 분석하지만, 팀 내 갈등 해결, 창의적 문제해결, 문화적 맥락 이해 등은 인간 학습자의 몫이다. 아마존의 AI 물류관리 시스템도 유사한 예를 보여준다. 물류 경로 최적화와 재고 예측은 AI가 담당하지만, 돌발 상황에 대한 판단, 노동자 안전, 지역사회 영향 평가 등은 인간 관리자가 맡는다. 이렇게 AI는 보완적 역할을 통해 복합적 환경에서 새로운 정체성을 형성한다.

AI 협업과 디지털 확장 사례: 넥스트 휴머니티의 세 축

테슬라의 자율주행 차량 개발에서도 운전자의 개입은 단순한 조작을 넘어, 차량 AI가 제시한 판단을 사회적·윤리적 맥락에서 검증하는 과정으로 확대되고 있다. 이는 인간이 단순 노동이나 계산적 판단에서 벗어나, 규범적·사회적 판단을 핵심 정체성으로 확보하는 현장을 보여준다. 또한, 디지털 정체성과 인간 경험의 확장은 기존 물리적 한계를 넘어선다. 가상현실, 메타버스, AI 기반 커뮤니케이션 플랫폼은 개인과 집단의 정체성을 재정의하며, 현실과 가상의 경계가 모호해졌다. 삼성전자의 글로벌 협업 프로젝트에서는 AI가 번역과 지식 추천을 수행하여, 다문화 팀이 실시간으로 의사소통하고 창의적 아이디어를 공유할 수 있도록 지원한다. 이러한 환경에서 인간은 단순 정보 전달자가 아니라, 문화적·윤리적 필터와 창의적 통합자로서 새로운 인간성을 수행하게 된다.

결국, AI 시대의 인간 정체성은 인지적 확장, 감정·윤리 중심 역할, 디지털 경험의 확장이라는 세 축을 기반으로 재구성된다. 인간은 단순한 정보 처리 역할은 AI에게 이전하고, AI와 공동체적·가치 중심적 의사결정을 수행하는 존재로 진화하며, 이를 통해 '넥스트 휴머니티(Next Humanity)'라는 새로운 정체성 개념이 구체화되고 있다.

AI 시대, 인간 역할과 글로벌 규제 비교

구분	핵심 내용	사례
인간 정체성	인지적 확장, 감정·윤리 중심 역할, 디지털 정체성 확대, 단순 노동 자동화	• 독일 메타버스 교육 • 러시아 로봇 간호사
노동 변화	창의·윤리·사회적 노동 강화, 포스트 직업 사회	• 벤츠 스마트 팩토리 • 핀란드 UBI
의사결정	신뢰 기반 설계, 책임 재분배, 인간적 가치 유지	• 테슬라 자율주행 • Station F 물류센터
글로벌 규범	AI의 윤리적 사용과 책임성을 확보를 위해 미국은 권리 보장, EU는 법제화, 중국은 규제, 러시아는 책임성 강화에 초점	• 미국: AI Bill of Rights • EU: AI Act • 중국: 알고리즘 규제 • 러시아: 책임 있는 AI

2. 인간 노동과 역할의 재편: 기술과 사회적 가치

- ☑ **지식·창의 노동의 재구성** → AI가 반복적·분석적 작업을 자동화하면서, 인간은 창의성, 전략적 사고, 문제 해결 중심 업무로 집중
- ☑ **사회적·윤리적 노동의 중요성** → AI 의사결정이 늘어나는 환경에서 인간은 규범 설정, 책임 있는 의사결정, 공공선 확보 등 사회적 가치 중심의 노동에 집중
- ☑ **포스트 직업적 사회와 새로운 보상 구조** → 보편적 기본 소득(UBI), 재교육 프로그램, 노동시간 단축 등은 인간 역할 변화에 따른 새로운 경제적·사회적 합의의 핵심 요소

AI 협업과 사회적 판단: 스마트팩토리, 금융, 스마트 시티 사례

독일 진델핑겐의 메르세데스-벤츠의 스마트팩토리(Factory 56) 현장. 수백 대의 로봇과 AI 시스템이 동시에 조립, 품질 검사, 물류 관리를 수행하고 있었지만, 현장 관리자들은 단순 감독자가 아니었다. S-Class, EQS 등에 대한 유럽 물류센터의 원활한 운영을 위하여, AI가 재고 예측과 물류 최적화를 책임지는 동안, 인간 노동자는 전략적 문제 해결, 윤리적 판단, 긴급 상황 대응 등 창의성과 사회적 판단이 요구되는 영역에 집중했다(Brynjolfsson & McAfee, 2017). 이처럼 AI는 반복적·분석적 작업을 대체하며, 인간 노동의 영역은 지식과 창의성 중심으로 재구성되고 있다.

러시아에서 구글역할을 하는 얀덱스(Yandex)의 금융 기술 관리에서는 AI가 대출 심사와 리스크 분석을 자동화하지만, 인간 금융 전문가들은 사회적 영향 평가와 윤리적 의사결정을 담당한다. AI가 정확한 수치와 데이터를 제공하더라도, 대출 정책이 지역사회에 미치는 영향을 분석하고 공정성을 확보하는 것은 여전히 인간의 결정사항이다.

중동의 스마트 시티 개발 사례에서 AI 기반 교통, 에너지, 공공 안전 관리 자율시스템이 도입된 점이 논란이 되었다. 여기서 인간의 역할은 단순히 감독자가 아니라, AI가 제안한 의사결정을 사회적 가치와 윤리적 기

준에 따라 평가·조정하는 가치 중심 의사결정자로 변화하고 있다. 중동 두바이의 스마트 시티 프로젝트인 Smart Dubai는 Dubai Plan 2021의 일환으로, 1000개 이상의 정부 서비스를 디지털화하고, 인공지능, 블록체인, 빅데이터 등 첨단 기술을 활용하여 도시의 전반적인 효율성을 확대하고 있다. 도시 관리 AI가 교통, 에너지, 공공 안전 데이터를 실시간으로 분석하지만, 인간 정책 결정자는 데이터가 미치는 사회적·문화적 의미를 판단하고, 윤리적 기준에 따라 정책을 조정한다. 이러한 환경은 인간 노동의 사회적·윤리적 가치가 AI 시대 핵심 역할로 부상했음을 보여준다.

AI 시대의 고부가가치 노동과 사회적 통합: 포스트직업적 노동 구조

기술 주도의 현대 사회에서는 전통적 노동의 형태가 근본적으로 재편되며, 포스트직업적(post-occupational) 노동 구조가 현실화 되고 있다. 핀란드에서 실시된 UBI(보편적 기본 소득) 실험과 유럽 다수 기업들의 재교육 및 역량 강화 프로그램은, 인간이 반복적·일상적 업무에서 벗어나 창의적·사회적 기능에 집중할 수 있는 새로운 경제적 안전망을 제공하는 사례로 주목된다(Kangas et al., 2021). 이러한 정책과 프로그램은 단순한 경제적 지원을 넘어, 인간 노동의 가치 재정의(value reconstitution)와 기술 주도 환경 속에서의 사회적 역할 재배치(role realignment)가 요구된다.

삼성전자의 글로벌 R&D 센터에서 관찰되는 현상 역시 유사한 경향을 보여준다. AI가 반복적 코드 테스트, 데이터 분석, 시스템 검증 등 고도로 규칙화된 작업을 수행하는 동안, 연구원들은 전략적 기획, 윤리적 기술 설계, 다문화 협업 및 의사결정과 같은 고부가가치 영역에 집중할 수 있다. 이 과정에서 인간 노동자는 단순한 생산자가 아니라, 기술-사회적 통합자(techno-social integrator)로서 새로운 사회적 계약(social contract)의 주체로 재정의된다. 즉, AI와 인간의 상호보완적 관계는 노동의 질적 전환뿐 아니라, 인간 중심적 가치와 윤리적 책임을 기반으로 한 사회적 구조의 재편을 촉진하고 있다.

시스템 안전성, 법적 책임, 사회적 수용성

테슬라의 자율주행 차량 개발 현장에서는 엔지니어가 AI가 제공하는 주행 데이터와 시뮬레이션 결과를 분석하면서, 시스템 안전성(System Safety), 법적 책임(Legal Liability), 사회적 수용성(Social Acceptability)까지 고려한 결정을 내린다. 즉, AI가 수치를 계산하고 경로를 제안하지만, 인간은 사회적 책임과 윤리적 판단을 결합한 의사결정자로서 핵심적 역할을 수행한다. 이러한 사례들은 인간 노동이 단순 생산성을 넘어서, 사회적 가치, 윤리, 책임 중심으로 재편되는 양상을 보여준다.

결국 AI 시대의 인간 노동은 단순 기능 중심에서 벗어나, 창의적·윤리적·사회적 판단을 수행하는 새로운 정체성으로 재구성된다. 인간은 AI가 제공하는 효율적 도구를 활용하면서, 동시에 사회적·문화적 의미를 해석하고 가치를 창출하는 존재로서, 넥스트 휴머니티(Next Humanity) 시대의 중심에 서있다.

3. 인간-AI 상호작용과 의사결정: 신뢰와 책임

☑ **신뢰 기반 설계의 필요성** → 인간과 AI가 협동적 의사결정을 수행할 때, 투명성, 설명 가능성, 공정성이 신뢰의 핵심 요소

☑ **책임의 재분배** → AI가 일부 판단을 수행하면서, 책임 소재는 인간-기계 협업 구조 내에서 재분배되며, 최종결정권을 가진 인간의 윤리적·법적 기준이 재검토

☑ **의사결정 과정의 인간적 가치 유지** → 사회적·문화적 맥락 속에서 인간의 자유의지, 존엄성, 사회적 책임을 유지하는 것이 핵심 과제

자율성의 경계(AI)

출처: shutterstock(2025.12.28.) https://www.shutterstock.com/ko/image-vector/ethical-boundaries-ai-decisionmaking-icon-editable-2650656153

신뢰 중심 AI 설계의 실제: 파리 PRAIRIE 연구 프로젝트

프랑스 파리의 유럽 AI 연구센터인 PaRis Artificial Intelligence Research InstitutE(PRAIRIE)는 프랑스 정부의 3AI 계획의 일환으로 설립된 주요 AI 연구 기관이다. 이 기관은 프랑스 국가과학연구센터(CNRS), 국립컴퓨터과학연구소(INRIA), 파리시테대학교(Paris Cité University), 파스퇴르연구소(Pasteur Institute), PSL대학교(Paris Sciences et Lettres University) 등과 협력하여 AI 연구를 수행하고 있다. 연구팀은 도시 교통 관리 시스템에서 AI와 인간 교통 운영자가 공동으로 의사결정을 수행하는 실험을 진행하고 있었다. 실시간으로 교차로 교통량 데이터를 분석하는 AI는 최적

화된 신호 패턴을 제안하지만, 인간 운영자는 주변 학교, 병원, 문화 이벤트 등 사회적·문화적 변수를 고려해 최종 결정을 내린다. 이 현장은 신뢰 기반 설계(trust-centered design)의 중요성을 극명하게 보여준다. AI의 투명성과 설명 가능성, 공정성이 확보되지 않으면 인간은 AI 제안을 단순히 거부하거나 과도하게 의존할 위험이 있기 때문이다(Doshi-Velez & Kim JK, 2017; Raji et al., 2020).

인공지능과 책임의 재분배: Smart Dubai의 거버넌스 실험

중동 두바이의 Smart Dubai 프로젝트에서는 원칙적으로 AI가 공공 안전, 교통, 에너지 관리를 담당한다. 그러나 현지 관리자는 AI 경고 신호를 사회적·문화적 맥락에서 평가하고 조정한다. 예컨대 AI가 경로 최적화를 위해 특정 도로를 폐쇄하도록 권고할 때, 인간 운영자는 주민의 안전, 이벤트 일정, 지역 교통 관행을 반영해 결정을 수정한다. 이 과정에서 책임의 재분배가 이루어진다. AI가 일부 판단을 자동으로 수행하더라도, 사회적·윤리적 책임은 인간 운영자에게 남으며, 법적·규범적 기준 또한 AI와 인간의 협업 구조 내에서 새롭게 정의된다.

투명성과 책임성: 자율주행, 물류센터 운영

미국 실리콘밸리의 테슬라 자율주행 프로그램도 유사한 사례를 제공한다. 차량 AI가 실시간 주행 데이터를 분석해 주행 경로를 제시하지만, 인간 운전자는 긴급 상황에서 최종 판단을 내려야 한다. 이때 운전자의 책임과 AI의 기능적 제안 사이의 경계가 명확히 규정되어야 하며, 차량사고 발생 시 법적·윤리적 책임 소재를 명확히 하기 위한 투명한 로그 기록과 설명 가능성 요구가 필수적이다.

Station F는 파리 13구에 위치한 대형 스타트업 인큐베이터로 유럽 물류센터의 AI 기반 작업 배분 시스템에서는 인간 작업자가 AI 제안에 따라 주문 처리와 창고 이동을 수행하지만, 예기치 못한 오류나 안전 문제 발생 시 최종 책임은 인간 관리자에게 돌아간다는 점을 명확하게 프로그램화 하고 있다. 이러한 사례는 AI 신뢰 구축과 책임 소재 명확화가 단순 기술 문제가 아니라 사회적·윤리적·문화적 문제임을 보여준다.

넥스트 휴머니티와 인간-AI 의사결정의 미래

인간-AI 상호작용에서 의사결정 과정은 신뢰, 책임, 인간적 가치 유지라는 세 가지 관점에서 재편된다. 인간은 단순히 AI의 제안을 따르는 수동적 주체가 아니라, 사회적·문화적 맥락에서 AI 판단을 해석하고 조정하는 능동적 의사결정자로서 역할을 수행한다. AI 시대의 핵심 과제는 단순한 효율성 향상이 아니라, 인간의 자유의지, 존엄성, 사회적 책임을 유지하며 AI와 협력하는 새로운 의사결정 모델을 구축하는 것이다. 이러한 접근은 글로벌 기업과 스마트 시티 프로젝트에서 이미 구현되고 있으며, 넥스트 휴머니티 시대의 인간 정체성과 윤리적 설계의 표준을 제시한다.

4. 인간 중심 미래와 사회적 거버넌스

☑ **인간 존엄성과 규범 재정립** → AI가 생활의 모든 영역에 침투: 인간 중심 윤리, 프라이버시, 데이터 주권, 공정성 규범 재정의 필요성

☑ **글로벌 거버넌스와 기술 표준** → EU AI Act, 미국 AI Bill of Rights, 중국 알고리즘 규제 등 다양한 정책과 규범이 상존: 글로벌 합의와 협력 필수

☑ **포스트휴먼 사회 전망** → AI와 공존하는 환경의 조건: 지능적·사회적·윤리적 능력을 기반으로 한 새로운 인간성 개념, '넥스트 휴머니티' 수립

글로벌 패권 세력의 AI 법과 전략: 러시아·미국·중국·EU

러시아, 미국, 중국, EU는 각기 다른 정치·문화적 배경을 반영하여 AI 규제 및 정책을 마련하고 있다. 러시아는 2019년 「2030년까지의 인공지능 발전 국가전략(Национальная стратегия развития искусственного интеллекта до 2030 года)」을 대통령령으로 발표하여 국가 안보와 기술 주권을 우선시하는 발전 전략을 구축하였다. 미국은 2022년 10월 「AI 권리장전 청사진(Blueprint for an AI Bill of Rights)」을 통해 안전성, 차별 방지, 프라이버시, 설명 가능성, 인간 개입 보장 등 5대 원칙을 제시한 행정 지침을 발표하였다. 중국은 2023년 8월 「생성형 인공지능 서비스 관리 임시 조치(生成式人工智能服务管理暂行办法)」를 시행하여 알고리즘 등록제, 보안 심사, 콘텐츠 검열을 강화하는 등 국가 통제를 강화했다. 반면 EU는 2024년 6월 「AI 법(Règlement sur l'intelligence artificielle)」을 세계 최초의 포괄적 법률로 제정하여 위험 기반 접근을 통해 금지·고위험·제한적·최소 위험으로 분류하고, 특히 고위험 AI에 대해 엄격한 규제를 도입하였다. 이처럼 러시아는 발전 중심, 미국은 자율규제 중심, 중국은 국가통제 중심, EU는 법률 규제 중심의 모델을 형성하며, 향후 국제적 표준을 둘러싼 자국의 입장을 제시하고 있다.

유럽과 글로벌 규제 환경: EU AI Act와 다층 규제

EU는 파리를 중심으로 AI Act를 시행하며 AI 적용에 대한 위험 기반 규제를 도입했다. 의료, 금융, 법률 등 민감 분야에서 책임성과 투명성을 확보하려는 시도가 중심이다(European Commission, 2021). EU AI Act는 AI 시스템의 위험도를 평가하고, 고위험 시스템은 엄격한 인증과 기록 유지, 인간 감독을 요구한다. 글로벌 기업들은 이러한 규제 환경에서 복잡한 도전과제를 받고 있다. 예를 들어, 네덜란드 로테르담에서는 유럽 물류센터에서 배송 로봇과 자동화 창고 관리 시스템을 운영하며, 독일의 메르세데츠 벤츠는 유럽 공장에서 자율주행 소프트웨어와 AI 기반 품질 관리 시스템을 적용한다. 이들 기업은 각국 규제를 준수하면서도 운영 효율성을 극대화하는 AI 프로토콜을 설계해야 하는 압박을 받는다.

러시아 사례: 인간 중심 협업과 책임 있는 AI

러시아 모스크바(Ленинские горы)에 위치한 국립대학은 다양한 AI 연구를 수행해 왔다. 전쟁이 발발한 이후, 현재 연구센터는 모스크바 단독으로 '책임 있는 AI(Ответственный ИИ)' 프로젝트를 가속화하고 있으며, 이는 AI가 인간 전문가의 의사결정을 보조하면서도 인간의 존엄성과 최종 결정권을 보장하는 것을 목표로 한다. 예를 들어, 의료 진단 분야에서 AI는 환자의 유전체, 임상 기록, 생활 습관 데이터를 분석하여 질병 예측 모델을 제공하지만, 최종 진단은 반드시 전문 의사가 내린다. 또한 도시 인프라 관리에서는 AI가 교통, 에너지, 환경 데이터를 통합하여 효율적인 운영 방안을 제시하지만, 정책 결정과 안전 관련 판단은 인간 전문가의 감독하에 이루어진다. 현재까지의 진행 결과는 AI가 단순한 자동화 도구를 넘어, 인간과 협업하며 책임성을 갖춘 의사결정 지원 시스템으로 기능할 수 있음을 보여준다.

넥스트 휴머니티: AI 시대 인간 존엄성과 윤리적 거버넌스의 재조명

포스트휴먼 사회에 대한 연구는 단순한 기술적 전망을 넘어 윤리적, 사회적, 철학적 문제와 직결된다. AI는 인간의 지능적 능력을 보조하면서도 사회적·윤리적 판단 영역에서는 인간의 책임과 자유의지를 요구한다. 예를 들어, 두바이의 스마트 의료 프로젝트에서는 AI가 환자의 생체 데이터를 분석하고 위험도를 산출하지만, 치료 결정은 의료 전문가와 환자가 함께 내린다. 이러한 협업 모델은 인간 중심 미래를 위한 거버넌스 설계의 핵심 원칙을 보여준다.

결국 AI 시대의 '넥스트 휴머니티'는 단순히 기술과 인간의 결합만을 의미하지 않는다. 인간의 사회적, 윤리적, 정서적 능력이 재조명되고, 기술과 규범의 균형 속에서 인간 중심의 가치가 재확립되는 과정이다. 글로벌 기업과 정부, 연구 기관은 이러한 가치 중심의 설계를 통해, AI가 사회적 효율성뿐 아니라 인간 존엄성과 자유를 증진하도록 방향을 설정해야 한다.

심화 연구: AI와 인간-기술 상호작용

넥스트 휴머니티의 조망. 인공지능은 단순한 자동화 도구를 넘어, 인간의 인지적·사회적 능력을 확장하는 지능적 동반자(intelligent agent)로 이해되어야 한다(Russell & Norvig, 2021). 기계학습, 심층신경망, 강화학습과 같은 알고리즘은 데이터 기반 예측과 전략적 의사결정을 수행하며, 인간은 시간 소모형 복잡한 과정을 인공지능에게 양도하고 판단과 행동의 폭을 조정한다. 이러한 기능은 단순한 효율성을 넘어, 인간의 사고와 경험을 보완하는 인지적 증강(cognitive augmentation) 효과를 제공하며, 인간과 기계가 긴밀하게 협력해 나가는 새로운 현실을 가능하게 한다(Wooldridge, 2020).

AI 연구와 설계의 핵심은 기술적 성능뿐 아니라, 인간-AI 협업(Human-AI Collaboration) 구조에서 인간의 고유한 역할을 존중하고 강화하는 데 있다. 반복적·계산적 과업은 AI가 담당하지만, 윤리적 판단, 사회적 책임, 창의적 통합은 인간의 역할이다. 이 협력적 구조는 인간이 단순한 도구 사용자를 넘어, 규범과 가치를 창조하는 능동적 주체임을 재확인시킨다(Horowitz, 2016).

AI: 인간 중심 설계와 윤리적 운용이라는 규범과 철학. 설명 가능성, 투명성, 공정성은 기술적 요구사항을 넘어, 사회적 신뢰와 공동체적 책임을 실현하는 필수 조건이다. AI의 권장이나 결정은 인간의 판단과 결합될 때 비로소 의미를 갖는다. 이는 단순한 효율성을 넘어, 가치 중심적 의사결정(value-centered decision-making)의 토대가 된다(Floridi, 2019).

AI는 인간의 인지적·사회적·윤리적 능력을 확장하면서도, 인간이 여전히 중심적 책임 주체로 남도록 설계되어야 한다. AI는 우리가 가진 한계를 뛰어넘는 힘을 제공하지만, 인간의 자유, 존엄, 창의성이라는 고유 가치는 기계가 대체할 수 없는 영역으로 남는다. AI는 인지적·사회적·윤리적 증강 도구(cognitive-social-ethical artifact) 역할로, 넥스트 휴머니티 시대에 인간이 재정의되는 길을 제시하고 있다.

Next Humanity의 여정: 신인류의 진화적 서사. AI가 독자적으로 인간을 통제할 수 없다. 즉, AI가 인간을 통제하거나 '자아'를 가질 수 없다는 주장은 인간 본성의 복잡성에 기반한다. 인간의 본성은 무지와 어리석음이 뒤섞인 욕망 덩어리로 진화하였으며, 인간은 37조 이상의 세포들이 상호 작용하여 이루어진 복잡한 생명 시스템이다. 이 시스템은 끊임없는 분열과 교체를 통해 유지되며, 그 과정 속에서 인간의 행동양식이 규정적으로 발현된다. 이러한 조건은 불교 철학의 원인과 결과에 관한 인식론으로는 해석될 수 있으나, 정밀하게 수치화된 알고리즘으로 복제될 수 없다. 인간의 욕망을 기계가 완전히 이해하고 모방할 수 없기 때문에, AI의 자율적 의사결정권을 통한 인간 통제는 현실적으로 불가능하다.

이 책에서 AI는 신인류의 도구, 즉 4차산업 시대의 도구라는 본질적 지위를 '네오 프로메테우스(Neo Prometheus)'로 명명하였다. 첫째, 인간은 지구상에서 최상위층의 도구 이용자이며, AI는 우리가 기존에 생각하지 못했던 능력을 가진 새로운 도구이다. 둘째, 고대 신화에서 프로메테우스가 인간에게 불을 가져다준 것처럼, AI는 인간에게 새로운 지적 능력을 선사하였다. 인간이 불에 지배받지 않고, 불을 이용하는 존재가 되었던 것처럼, 이는 기술 발전에 대한 긍정성과 주체적 통제 의지를 동시에 담고 있다.

결론적으로, AI가 인간을 완전히 대체하는 자율적 존재, 즉 AGI로 진화하는 것은 극히 어려운 과제로 평가된다. 역사 속 기술 발전과 산업혁명의 사례를 살펴보면, 기술은 인간을 단순히 대체하는 수단이 아니라, 인간이 주도하여 새로운 가능성과 의미를 탐구하는 협력적 동반자로 자리해 왔다. 결국, AI도 인간의 지능, 윤리, 창의성과 결합하여 단순한 정보처리 수준을 넘어, 인간과 미래 세계의 의미를 함께 탐색하는 존재로서 기능할 수 있다.

이 과정에서 인간은 인공지능의 정보 처리 과정에서 사회적·윤리적 책임을 지닌 설계자로서의 역할을 수행한다. AI는 인간의 생체와 결합하여 사고와 행동을 보조하며, 뇌의 인지 영역을 확장하고 신체적 능력을 강화함으로써 인간 존재의 경계를 확장한다. 이러한 협력적 진화 속에서 나타나는 '넥스트 휴머니티(Next Humanity)'는 기술적 진보를 넘어, 인간이 AI의 신호를 이식받는 시점에는 미래 사회의 인간성을 재구성하고, 가치와 책임을 중심으로 신인류의 진화적 비전을 완성하는 역사적 대전환이 될 것이다.

결국, 인간과 AI는 단순한 도구와 주체의 관계를 넘어 존재의 의미와 윤리적 책임 범위를 재설정하는 한편, 상상의 세계를 구현하여 문명을 재창조할 것이다. 즉, '넥스트 휴머니티'는 AI가 인간과 결합하여 미래의 인간성을 근본적으로 재정의하고, 가치, 책임, 창의성을 중심으로 신인류의 진화 서사를 써 내려가는 'Neo Prometheus'의 장대한 여정이 될 것이다.

AI 경제 해부: 지능화의 원리

CHAPTER 6

데이터 경제: AI 시대의 자원과 가치 창출

1. 충격적 전환: 금보다 귀한 자산 '데이터'
2. 데이터 채굴의 현장: '정보의 금맥'을 향한 골드러쉬
3. 산업 데이터의 가치: 공장, 병원, 은행에서 나오는 '새로운 에너지'
4. 데이터의 그림자: 편향과 조작의 위험성
5. 데이터 패권의 서막: 새로운 국제 질서

1. 자산 패러다임의 전환: 금에서 '데이터'

- ☑ **데이터 경제와 새로운 자본 →** 데이터는 복제·재사용·학습이 가능한 자산: AI의 연료가 되어 새로운 경제 질서를 형성
- ☑ **데이터 정제와 지능 자산화 →** 원유가 정제를 거쳐 에너지로 변환: 데이터도 머신러닝·딥러닝을 통해 예측 모델과 알고리즘으로 전환
- ☑ **데이터 독점과 권력 불균형 →** 소수 글로벌 기업과 국가가 데이터 자원 독점: 디지털 제국주의적 불평등 구조 심화

시장도, 전쟁도 결국은 '데이터'가 주도

1장에서 우리는 AI가 전장을 바꾸고, 금융 시장을 흔드는 새로운 '사건'이 된 현장을 목격했다. 그러나 이 충격적인 전환의 출발점은 단 하나의 자원, 데이터에서 시작된다. 20세기 산업혁명의 핵심은 석유였다. 그러나 21세기 AI 혁명의 근본 연료는 데이터다(Mayer-Schönberger & Cukier, 2013). 데이터는 '기록'의 개념을 넘어서, 무기, 통화, 생산 수단이다. 그 자체로 경제적·전략적 자산이 되며, 국가와 기업의 권력 구조에 결정적인 영향력을 미치고 있다.

데이터 경제: 새로운 자본의 탄생

'데이터 경제 이론'은 데이터를 경제적 자산으로 평가하고, 시장에서 유통·축적·활용되는 과정을 설명하는 새로운 분석 틀이다. 데이터는 한 번 수집되면 복제 가능, 재사용 가능, 학습 가능하다는 점에서 기존의 자산과 완전히 다른 성격을 가진다(Brynjolfsson & McAfee, 2014). 과거의 데이터는 단순한 '정보의 기록'이었다. 하지만 지금의 데이터는 AI의 연료이며, AI는 이 데이터를 바탕으로 예측 모델, 알고리즘 기반 금융/의료/물류/방위 서비스 등을 창출한다(Russell & Norvig, 2021). 결국, 데이터는

새로운 경제 질서를 구성하는 중심축이 되었다.

비유: 석유 → 정제 → 휘발유 vs. 데이터 → 학습 → AI 예측

"원유가 정유공장을 거쳐 휘발유로 변모하듯, 데이터도 AI라는 프로그램 공장을 통해 고부가가치의 지능 자산으로 탈바꿈한다."

시대적 고부가가치의 지능 자산의 변화

20세기 산업 시대 자원	21세기 AI 시대 자원
원유	원시 데이터
정유공장	머신러닝/딥러닝 시스템
휘발유/화학물질	예측모델/추천시스템/의사결정 알고리즘

정제되지 않은 데이터는 가치를 확인할 수 없다. 하지만 머신러닝 알고리즘을 통해 처리되면, 고객의 행동을 예측하고, 환자의 질병을 조기에 진단하며, 시장의 가격을 자동으로 조절하고, 드론의 타격 지점을 결정하는 데 사용된다(Turchin, 2022). 바로 이 지점에서 데이터는 '노동 없는 가치 창출'의 원천이 된다. 인류는 이제 보이는 손이 아닌, 보이는 '연산'으로 자산을 만들어내는 데이터 경제 세계에 있다.

데이터의 독점 구조와 새로운 불균형

데이터가 새로운 자원이라는 사실은, 동시에 극단적인 편중과 독점을 초래한다. 상위 5개 글로벌 기업이 보유한 데이터는 전체의 60% 이상이다. AI 기술이 빠르게 발전하는 국가는 데이터 수집·분석 능력도 기하급수적으로 강화되고, 반대로, 데이터 기반 인프라가 부족한 국가는 디지털 기술 종속 상태로 전락한다. 이 구조는 기존의 자본주의를 넘어, 데이터 중심의 디지털 제국주의로 나아가는 종속주의에 있다(Mayer-Schönberger & Cukier, 2013).

데이터는 기록이 아니라 '권력'이다

금융보다 빠르게 움직이는 지능, 전쟁보다 정밀한 분석, 노동보다 값비싼 자원의 흐름을 목격하고 있다. 그 중심에는 '데이터'가 있다. 데이터를 가공하고 통제하는 자가 AI를 지배하고, AI를 지배하는 자는 곧 경제와 전쟁, 인류의 미래를 설계하게 상황에서, "21세기의 황금은 디스크 속을 누비고, 광섬유를 타고 흐른다."

2. 데이터 채굴의 현장: '정보의 금맥'을 향한 골드러쉬

☑ **소비자 데이터의 가치와 상품화** → 무료인 온라인 서비스는 사실 개인 데이터를 대가로 운영: 사용자의 행동과 심리까지 AI 학습 자원으로 전환

☑ **기업들의 데이터 전쟁과 예측형 자본주의** → 글로벌 디지털 기업은 데이터를 수집·분석해 맞춤형 알고리즘과 초정밀 프로파일링을 구축: 사용자 행동을 예측·상품화하여 시장을 지배

산업 분야별로 데이터의 흐름과 양을 시각화한 인포그래픽

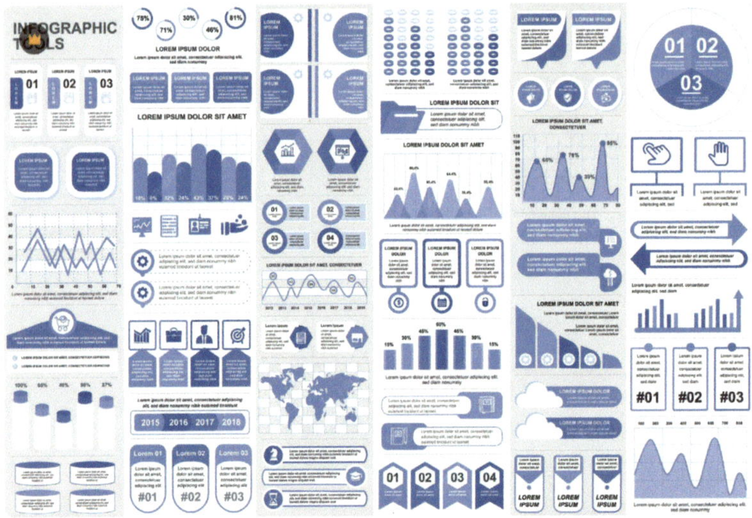

출처: 인포 그래픽 요소 데이터 시각화 벡터 디자인 차트 다이어그램 타임 라인 및 워크플로 https://kr.freepik.com/premium-vector/infographic-elements-data-visualization-vector-design-chart-diagram-timeline-workflow_17211307.htm

소비자 데이터의 가격: 개인의 상품적 가치

"무료로 사용하는 것이라면, 당신이 곧 상품이다." 오늘날 우리가 사용하는 거의 모든 온라인 서비스 — SNS, 검색엔진, 지도, 스트리밍 — 는 '무료'

처럼 보이지만, 사실상 개인 데이터를 대가로 제공하는 구조로 설계되어 있다. 페이스북은 클릭과 '좋아요'를 추적하고, 구글은 검색어와 위치 정보를 수집하며, 쇼핑몰은 장바구니에서 떠난 시간까지 기록한다. 이렇게 수집된 데이터는 AI 모델의 학습에 투입되어, 사용자의 성향, 욕망, 심리 상태까지 예측하는 모델로 재탄생한다(Brynjolfsson & McAfee, 2014). 개인의 일상은 이제 알고리즘의 학습 재료가 되었고, 기업은 이를 통해 사용자보다 사용자를 더 잘 이해하는 시스템을 구축하고 있다(Russell & Norvig, 2021).

기업들의 데이터 전쟁: 알고리즘 제국의 탄생

세계적인 디지털 기업들은 단순히 서비스를 제공하는 것을 넘어서, 사용자의 모든 행동을 정밀하게 기록하고 분석한다. 아마존은 클릭, 검색, 구매 이력, 배송 반응 속도까지 추적하며 맞춤형 추천 알고리즘을 발전시키고, 넷플릭스는 시청 중 멈춘 지점, 자막 설정, 장르 취향 데이터를 활용해 개인화된 콘텐츠를 제공한다. 구글을 선두로 아마존, 메타, 마이크로소프트, 애플 등 주요 빅테크 기업들은 유튜브, 검색, 안드로이드, 전자상거래, SNS, 운영체제 등 자사 생태계 전반의 데이터를 통합하여 초정밀 프로파일링을 완성한다. 이를 통해 이들 기업은 '예측형 자본주의'를 실현하며, 사용자의 행동을 예측하고 이를 상품화하여 시장을 지배하는 새로운 경제 시스템을 구축한다(Zuboff, 2019). 이러한 경영 전략은 이제 데이터 중심의 경쟁력을 갖추지 못한 기업은 도태되는 디지털 생존경쟁으로 진화하고 있다.

3. 산업 데이터의 가치: '새로운 에너지'

☑ **산업 데이터의 생산성과 활용** → 제조, 의료, 금융 분야에서 센서와 시스템에서 발생하는 산업 데이터를 AI가 분석: 장비 고장 예측, 진단 보조, 맞춤형 금융 서비스 등 실질적 생산성을 창출

☑ **디지털 트랜스포메이션과 산업 혁신** → 기업은 AI, 클라우드, 빅데이터를 활용: 비즈니스 모델과 프로세스를 근본적으로 혁신하고, 운영 방식과 고객 상호작용을 재구성

☑ **데이터의 권력과 통제력** → 산업 데이터를 보유하고 분석하는 주체: 질병 진단, 소비자 예측, 전략적 의사결정 등 최적 설계도를 독점

산업 전반에서는 일상 소비자 데이터 외에도, '센서와 시스템에서 발생하는 비정형 데이터'가 폭증하고 있다. 이것이 바로 산업 데이터(industry-grade data)이다.

제조업

수집된 데이터는 AI와 머신러닝 알고리즘에 의해 분석되어 장비의 이상 징후를 사전에 감지하고, 잠재적 고장을 예측한다. 전주, 울산, 아산 등 주요 생산 기지에 구축 되어있는 현대 자동차의 스마트 공장(Smart Factory)에서는 수천 개의 센서가 기계 장비의 작동 상태, 온도, 압력, 진동, 부하, 에너지 소비 등을 실시간으로 모니터링한다. 이를 통해 유지·보수는 예측적(preventive)에서 선제적(prescriptive)으로 진화하며, 계획되지 않은 생산 중단을 최소화할 수 있다. 또한, 생산 라인의 로봇과 자동화 장치가 데이터 기반으로 실시간 최적화되어, 제품 품질과 생산 효율성을 동시에 극대화한다. 이러한 스마트 제조 시스템은 디지털 트윈(Digital Twin)과 IoT 기반 모니터링, AI-driven 공정 제어를 통합함으로써, 기존 제조 방식과 비교해 높은 유연성과 민첩성을 확보한다(Brynjolfsson &

McAfee, 2014; Lee et al., 2018).

의료 산업

AI는 희귀병이나 조기암 발견을 인간보다 더 빠르고 정확하게 수행할 수 있다(Russell & Norvig, 2021). 병원은 환자의 바이탈사인, 영상자료, EMR을 AI에 입력하여 진단 보조 시스템을 구축한다.

영상 자료 분석. CT, MRI, 엑스레이 같은 의료 영상 자료는 AI가 가장 큰 강점을 보이는 분야이다. AI는 수많은 영상 이미지를 학습하여 암세포나 미세한 병변을 정확하게 찾아낼 수 있다.

EMR(전자의무기록) 분석. EMR에 담긴 환자의 과거 병력, 투약 기록, 검사 결과 등을 종합적으로 분석하여 진단에 필요한 정보를 제공한다.

Vital Signs(바이탈 사인) 모니터링. 환자의 심박수, 혈압, 체온 등의 바이탈 사인을 실시간으로 모니터링하여 위험 상황을 예측하고 조기 경보를 제공한다.

금융 분야

디지털 트랜스포메이션(Digital Transformation, DT)은 기업이나 조직이 인공지능(AI), 클라우드, 빅데이터 같은 디지털 기술을 활용하여 기존의 비즈니스 모델, 문화, 프로세스를 근본적으로 혁신하는 과정이며, 기업의 운영 방식과 고객과의 상호작용 방식을 전반적으로 재구성하는 것이다.

은행은 카드 결제, 송금, 로그인 패턴을 분석해 이상 거래를 탐지하거나 소비자 맞춤형 금융 상품을 설계한다. AI는 초단위로 변동하는 금융 흐름을 실시간 분석하며, 리스크 관리 자동화를 가능케 한다(UNIDIR,

2023). 결국, 산업 데이터는 AI가 실질적 '생산성'을 만들어내는 현장 자원이며, 디지털 트랜스포메이션의 핵심 축이다.

데이터는 '정보' 이상의 가치 — 새로운 지배의 수단

AI 시대의 데이터는 단순한 기록이 아니라 통제력이며, 영향력이며, 미래에 대한 설계도다. 누가 데이터를 가졌는가에 따라, 누가 더 먼저 질병을 진단하고, 누가 더 정확히 소비자를 예측하며, 누가 더 강력한 전투 결정을 내릴 수 있는지가 결정된다(Bostrom, 2014). 이것이 바로 데이터가 곧 권력이라는 의미다. "정보의 흐름을 주도하는 자가, 곧 미래를 채굴하게 될 것이다."

4. 데이터의 그림자: 편향과 조작의 위험성

☑ **데이터 편향과 차별적 AI** → 편향된 데이터는 AI가 특정 인구를 차별하거나 왜곡된 결론을 도출: 얼굴 인식이나 채용 등 실제 사회적 영역에서 문제 촉발
☑ **데이터 조작과 시스템 오작동** → 공격자가 학습 데이터에 잘못된 정보를 입력하면 AI가 오작동: 금융 시장이나 사회 기반 시스템에 혼란을 초래
☑ **데이터 보안과 통제의 중요성** → 데이터가 자원이 된 시대에는 AI 시스템의 신뢰와 개인정보의 노출 위협: 암호화, 접근 통제, 법적 규제 등 안전장치의 필요성

데이터 편향: 불공정한 AI

데이터가 편향되어 있으면, AI도 차별적인 결론을 내릴 수밖에 없다. 예를 들어, MIT 연구자인 조이 부올라무위니(Joy Buolamwini)는 AI 얼굴 인식 시스템이 어두운 피부톤의 여성 인식을 34.7%나 놓쳤고, 밝은 피부의 남성은 0.8%만 실패했다는 결과를 발표했다. 이는 AI가 특정 인구를 배제하는 'Coded Gaze'의 문제를 드러냈다(위키백과). 또한 신체 이미지 생성 AI에서도 여성은 더 젊고, 웃는 표정으로, 남성은 나이 들어 중립적인 표정으로 묘사되는 편향이 관찰되었다(arXiv) . 법정 영역에서도 데이터 편향은 치명적 결과를 낳았다. 한편, Workday의 AI 채용 도구가 인종, 연령, 장애를 이유로 지원자를 차별했다는 고소가 제기됐다(Reuters).

데이터 조작과 시장 교란: 보이지 않는 공격

조작된 데이터를 AI에 투입하면, 시스템은 오작동할 수 있다. 이는 데이터 중독(Data Poisoning) 혹은 데이터 백도어 공격이라 한다. 예를 들어, 생성형 AI를 빠르게 확장하는 다중 연구에서, 공격자가 AI 학습 데이터에 잘못된 정보를 삽입해 모델을 오도하거나, 허위 정보 생산, 혹은 민감 데이터 유출 유도 등이 가능하다는 우려가 제기된다(월스트리트저널). 또

한, Wiz의 분석에 따르면, 데이터 중독 공격은 학습 데이터에 잘못된 정보 삽입·변경·삭제 등 다양한 형태로 이루어지며, 이를 감지하고 방지하기 위한 시스템 감사와 모니터링이 필수적이다(wiz.io). 이러한 조작은 챕터 1에서 묘사한 주식 시장의 AI 기반 붕괴처럼, 심각한 사회적·경제적 파장을 유발할 잠재적 원인이 될 수 있다.

데이터 보안과 윤리: 통제 없이는 의미도 없다

데이터가 핵심 자원이 된 현대 사회에서, 이를 적절히 통제하지 못하면 모든 시스템이 위험에 노출된다. 예컨대, 공개되지 않은 API나 센서 데이터를 활용한 역추론(Inference Attack)을 통해 사용자의 위치, 운전 습관, 건강 상태 등 민감 정보가 간접적으로 수집될 수 있다(위키백과). 이러한 위험은 단순한 기술적 문제가 아니라, 사회적 신뢰와 안전에도 직결된다. AI 시스템은 사회의 편향을 그대로 재현하거나 심화시킬 수 있으며, 데이터 조작은 시스템 신뢰를 붕괴시키고 예측 불가능한 혼란을 초래한다. 따라서 데이터 암호화, 접근 통제, 법적 규제(예: GDPR, 개인정보 보호법) 도입은 선택이 아닌 필수다. 데이터 기반 AI가 진정한 가치를 발휘하고 권력으로 작용하려면, 기술적 통제뿐 아니라 윤리와 안전이 함께 보장되어야 한다.

5. 데이터 패권의 서막: 새로운 국제 질서

☑ **국가 주도의 데이터 경쟁과 패권** → 미국, 중국, EU 등 주요 국가들은 데이터 통제와 AI 생태계 구축: 경제적·정치적 헤게모니를 확보하며 디지털 주권을 강화

☑ **데이터 경제와 AI의 가치 창출** → 데이터는 단순한 정보가 아니라 AI를 구동하는 핵심 자원: 수집·분석·통제를 통해 예측 능력과 위험 관리 등 새로운 경제적 가치를 창출

☑ **AI의 학술적 정의와 사회적 의미** → 인공지능은 특정 과업 수행의 Narrow AI와 인간 수준 사고를 목표로 하는 AGI로 구분: 기술적 응용을 넘어 지능, 윤리, 권력 구조에 대한 근본적 성찰이 요구되는 시대

출처: ITIF.(2017.04.). Analysis of formal laws or regulations.

국가 주도의 데이터 경쟁: 헤게모니 경쟁

현대 국가들의 데이터 전략은 단순한 기술 경쟁이 아니라, 경제적·정치적 헤게모니를 다투는 전쟁터로 진화하고 있다. 미국은 자국 기업 중심의 글로벌 데이터 통제권을 바탕으로 '디지털 헤게모니'를 확립하려 하며, 중국은 국가 중심의 데이터 통제 및 독자적 AI 생태계 구축을 통해 대응한다. 유럽연합은 개인정보 보호와 산업 자립을 결합한 '디지털 주권'을 강조하는 규제 중심 모델을 추구한다(Prokopyshyn & Trushkina, 2025) 정치안보. 이는 단순한 기술 경쟁을 넘어, 데이터가 국가 미래를 설계하는 권력

자원으로 자리 잡았음을 의미한다.

데이터 주권: 국경이 가로막는 디지털 흐름

'데이터 주권(Data Sovereignty)'이란, 데이터가 발생한 국가가 해당 데이터를 통제하고 규제하는 권리를 뜻한다. 특히 EU의 GDPR, 중국의 데이터 보안/현지화 법안, 호주의 개인정보 보호 원칙 등이 대표적이다. 이러한 흐름은 국경을 넘는 자유로운 데이터 이동을 제약하며, 글로벌 인터넷의 '스플린터넷(splinternet)'화를 가속한다(Prokopyshyn & Trushkina, 2025) 정치안보. 예컨대, 무단 EU 개인정보를 중국으로 이전한 논란으로 TikTok은 5억 3천만 유로 과징금을 부과받았고, 이는 데이터 주권이 실질적인 국제 정책 도구가 되었음을 보여준다(The Times).

글로벌 데이터 거버넌스의 쟁점: 정책, 협력, 블록화

EU는 Gaia-X, EuroStack, DNS4EU 등 자국 중심의 분산형 데이터 인프라와 클라우드 생태계를 구축하여 데이터 소유권·보안·접근 권한을 EU 기준에 맞게 관리하고, 외국 기술(특히 미국·중국 기업)에 대한 의존을 줄이는 것을 목표로 한다. 이를 통해 기업과 기관이 데이터를 EU 규정 하에서 안전하게 저장·처리하고 공유할 수 있도록 지원하며, 디지털 주권(digital sovereignty)을 강화하고 외부 서비스에 의한 통제를 최소화하고자 한다.

이를 위하여 2024년 8월 27일, 유럽연합(EU)과 중국은 온라인 화상 회의를 통해 산업용 비개인 데이터의 국경 간 흐름을 촉진하기 위한 'Cross-Border Data Flow Communication Mechanism'을 공식 출범시켰다. 사비네 웨이얀드(Sabine Weyand) 유럽연합 집행위원회 통상국장과 왕징타오(Wang Jingtao) 중국 사이버공간관리국(CAC) 부국장이 공동성명을 발표하였다. 이는 양측 기업과 기관이 산업 데이터를 상호 활용할 수 있는 기반을 제공하지만, GDPR 등 EU의 개인정보 보호 규제, 디지털 주권 정책, 중국의 국가보안 규제 등 국제 정치·기술·안보 요인을 고려해야 하므로 데이터 흐름과 활용은 제한적이며 세밀한 조율 문제가 남아있다.

AI와 데이터 경제: 자원, 가치, 그리고 알고리즘적 권력

데이터는 이제 단순한 정보의 덩어리가 아니라, AI라는 심장을 뛰게 하는 혈액이자, 국가의 미래를 결정하는 새로운 힘이 되었다. 이 거대한 자원의 흐름을 이해하는 것이 곧 '넥스트 AI 이코노믹스'를 읽어내는 첫걸음이 될 것이다.

현대 AI 시스템은 데이터를 단순한 입력값이 아닌, 경제적·전략적 자산으로 변환하는 '정보 처리 엔진'으로 기능한다. 이는 기존 경제학에서 말하는 생산요소(노동, 자본, 토지)를 넘어서는 개념적 전환이다. AI는 방대한 양의 정형 및 비정형 데이터를 실시간으로 수집, 분석, 통합하여, 새로운 유형의 가치 — 예측 능력, 위험 관리, 사용자 행동 예측 — 를 창출한다(Brynjolfsson & McAfee, 2014). 이러한 과정에서 데이터는 공유가능성과 통제가능성을 포함하는, 비경합적(non-rival) 자원의 특성을 갖는다. 즉, 한 번 수집된 데이터는 수없이 복제되고 활용될 수 있지만, 접근권과 처리 능력에 따라 경제적 효용이 달라진다.

인공지능의 이론적 지평

인공지능(Artificial Intelligence, AI)은 단순히 '데이터를 처리하는 기술' 이상의 개념으로, 지능적 행위의 모사와 창출을 목표로 하는 다학제적 연구 영역이다. AI 연구는 1956년 다트머스 회의(Dartmouth Conference)에서 개념적 출발을 하였으며, 이후 수학, 컴퓨터 과학, 인지과학, 신경과학 등 다양한 분야와 긴밀히 교차하며 발전해 왔다. 초기의 기호 처리와 논리 기반 추론으로 시작하여 산술적 문제 해결과 게임, 계산 과제에서 성과를 시험했다. 1970~1980년대에는 성과 한계로 소위 'AI 겨울'을 겪었으나, 전문가 시스템과 규칙 기반 프로그램은 특정 분야에서 활용됐다. 1990년대 이후 기계학습과 인공신경망이 부상하며 음성·문자 인식, 추천 시스템 등 실생활 응용이 가능해졌고, 실질적인 AI 시대를 연 것은 2010년대 이후 빅데이터와 딥러닝 기술로 이미지 인식, 자연어 처리, 게임 전략 등에서 인간 능력을 넘어서는 성과가 나타났다. 2020 이래로 AI가 창의적 생산, 의사결정 지원, 복잡한 시뮬레이션 등으로 급격하게 확장되며 산업·사회 전반에 적용되고 있는데, 핵심 과제는 "컴퓨터가 인간의 학습, 추론, 문제 해결 능력을 어떻게 재현할 수 있는가"이다.

AI와 AGI

학술적으로 AI는 크게 좁은 의미의 인공지능(Narrow AI)과 범용인공지능(AGI, Artificial General Intelligence)으로 구분한다. 전자는 특정 과업—예를 들어 언어 번역, 의료 진단, 금융 거래 예측—을 인간보다 효율적으로 수행하는 시스템을 말한다. 반면 AGI는 인간 수준의 포괄적 사고와 적응 능력을 목표로 하지만, 아직까지는 실험적·철학적 논의 단계에 머물러 있다(Goertzel & Pennachin, 2007). 이러한 구분은 AI의 경제적·전략적 의미뿐 아니라, 향후 사회적 파급 효과를 평가하는 기준으로도 중요하다.

AI의 이론적 기초와 철학적 함의

AI의 이론적 기초는 통계학적 학습 이론과 계산 복잡성 이론 위에 놓여 있다. 머신러닝(machine learning)은 데이터의 패턴을 일반화하는 과정으로 이해되며, 이는 확률적 추론과 최적화 문제 해결에 뿌리를 두고 있다. 특히 딥러닝(deep learning)은 인간 뇌의 신경망(neural network)에서 영감을 받은 구조를 채택하여, 비정형 데이터(음성, 이미지, 영상 등)를 처리하는 데 탁월한 성과를 거두었다. 그러나 이러한 성과는 동시에 막대한 연산 자원과 대규모 데이터에 대한 의존성을 낳았으며, 이는 다시 데이터 경제학적 논의로 이어진다.

AI의 학문적 의의는 단순한 기술적 응용을 넘어, '지능(intelligence)'의 본질에 대한 철학적 성찰을 촉발한다는 점에 있다. 인간과 기계 사이의 경계, 인지와 계산의 차이, 그리고 의사결정의 윤리적 함의는 모두 AI 연구가 던지는 근본적인 문제들이다(Bostrom, 2014). 따라서 AI를 이해한다는 것은 단순히 새로운 도구의 등장을 설명하는 것이 아니라, 지식과 권력의 새로운 패러다임을 탐구하는 과정이기도 하다.

심화 연구: AI가 데이터 기반 자원을 활용하는 3 단계

데이터 수집(Data Acquisition). 센서, IoT, 모바일, 산업 시스템, 소셜 미디어 등 다양한 소스에서 대규모 데이터를 지속적으로 수집한다. 이 단계는 데이터의 범위, 품질, 그리고 시의성(timeliness)이 가치 창출의 핵심 조건으로 작용한다.

지능적 처리(Intelligent Processing). 머신러닝, 딥러닝, 강화학습 등 알고리즘이 데이터를 정제하고, 패턴을 학습하며, 미래 사건이나 행동을 예측한다. 이 과정에서 AI는 단순히 과거 데이터를 재현하는 것이 아니라, 잠재적 상관관계와 인과 구조를 모델링함으로써 새로운 지식을 창출한다.

결정 및 가치화(Decision & Valorization). 분석된 정보는 경제적, 전략적 의사결정에 적용된다. 금융에서는 거래 결정, 리스크 헤징, 투자 포트폴리오 최적화에 활용되며, 산업에서는 생산 계획, 품질 관리, 공급망 최적화로 이어진다. 의료와 국방 분야에서는 환자 맞춤 치료와 자율 작전 수행에 직접 연결된다(Russell & Norvig, 2021).

CHAPTER 7

AI의 두뇌와 학습 엔진: 머신러닝·딥러닝 구조 확장

1. AI의 경제적 두뇌: 이윤 극대화 목표의 알고리즘의 선택
2. 머신러닝: 데이터를 읽는 전략적 도구
3. 딥러닝: 인간의 직관을 뛰어넘는 복합적 의사결정

1. AI의 경제적 두뇌: 이윤 극대화 목표의 알고리즘의 선택

1장에서 우리는 AI가 일으킨 충격적인 사건들을 목격했다. 전선을 뒤바꾸고, 시장을 순식간에 혼란에 빠뜨린 '보이지 않는 지능'의 정체는 무엇일까?

머신러닝과 딥러닝 비교

구분	머신러닝(Machine Learning)	딥러닝(Deep Learning)
핵심 원리	데이터에서 패턴 학습 (지도/비지도/강화)	심층 신경망을 통한 복합적 학습
데이터 요구량	비교적 적은 데이터로도 가능	방대한 데이터 필요
적용 영역	고객 이탈 예측, 기본 분석	이미지·음성 인식, 자연어 처리, 감정 분석
해석 가능성	비교적 투명(결과에 대한 설명 가능)	블랙박스 문제(해석 난해)
의사결정 성격	전략적 도구(예측·분석 중심)	인간 직관을 넘어선 복합적 의사결정
경제적 효과	비용 절감·시장 분석 효율화	공급망 최적화·신규 가치 창출

- ☑ **AI의 경제적 최적화와 의사결정 →** AI는 방대한 데이터를 실시간으로 분석: 신속 정확하게 이윤을 극대화하고 위험을 최소화하는 최적화된 경제 주체로 기능
- ☑ **AI의 전략적 영향력과 지능형 행위자 →** 알고리즘 기반 AI는 주가, 국제 정치, 전쟁 등에서 결정적 역할을 수행: 도구를 넘어 미래를 지배하는 새로운 지능형 행위자로 등장

충격적 현상: AI가 주도하는 세계

2025년 4월, 세계는 다시 한 번 예측 불가능한 혼돈에 휩싸였다. 에너지 시장은 중동 분쟁 소식에 요동쳤고, 미국과 유럽 증시는 AI 알고리즘의 초

단타 매매로 순식간에 수십억 달러의 가치가 증발하는 롤러코스터 장세를 보였다. 7월에, 우크라이나 전선에서는 AI 드론이 스스로 판단하여 핵심 에너지 교통시설을 정밀 타격하는 영상이 SNS를 통해 퍼져나갔다. 이 모든 사건에는 공통된 한 가지 질문이 있었다. "도대체 누가 이런 결정을 내리는가?"

과거에는 이러한 모든 행위의 중심에 인간이 있었다. 기업의 CEO가 막대한 데이터와 경험 및 통찰력을 기반으로 전략적 결정을 내렸고, 투자 전문가가 시장 상황을 분석해 매수·매도 타이밍을 판단했다. 이미 그 역할은 '지능화된 알고리즘'이 대체하고 있다.

AI의 두뇌: 이윤을 향한 최적화

AI의 행동은 무작위가 아니다. 그 모든 행위는 일련의 복잡한 학습 알고리즘에 의해 결정된다. AI의 학습 알고리즘은 인간의 두뇌가 경험을 통해 배우듯, 방대한 데이터를 바탕으로 세상의 규칙을 파악하고 이윤을 극대화하고 손실을 최소화하는 최적의 의사결정을 내리도록 설계된 새로운 형태의 경제 주체다(Russell & Norvig, 2021). 이들은 감정적 편향이나 한정된 경험에서 벗어나, 순수한 최적화(Optimization)의 논리로 움직인다.

인간의 경영 의사결정은 수많은 회의와 보고, 그리고 예측 불가능한 변수에 대한 '직감'으로 이루어진다. 그러나 AI 경영자는 모든 의사결정을 숫자로 바꾼다. 실시간으로 쏟아지는 수십억 개의 데이터 포인트를 분석하여, 가장 높은 확률로 이윤을 창출하고 위험을 회피하는 경로를 계산한다.

예를 들어, 글로벌 기업의 CEO는 신규 시장 진출을 위해 팀을 꾸려 오랜 시간 시장 조사를 한다. 반면, AI는 수백 개의 변수(소셜 미디어 여론, 통상 데이터, 지정학적 안정성 등)를 순식간에 분석하여 가장 낮은 비용으로 최대의 성과를 낼 수 있는 시장을 순위로 제시한다. AI는 합리적인 계산을 통해 인간의 선택을 압도하는 결과를 산출한다.

DNN(심층신경망)과 두뇌-AI 의사소통

심층신경망(DNN)은 뇌의 뉴런 구조를 모방해 두뇌 활동을 해독하며, 청각 피질 신호를 재구성해 뇌와 인공지능 간 직접 의사소통을 가능 구조

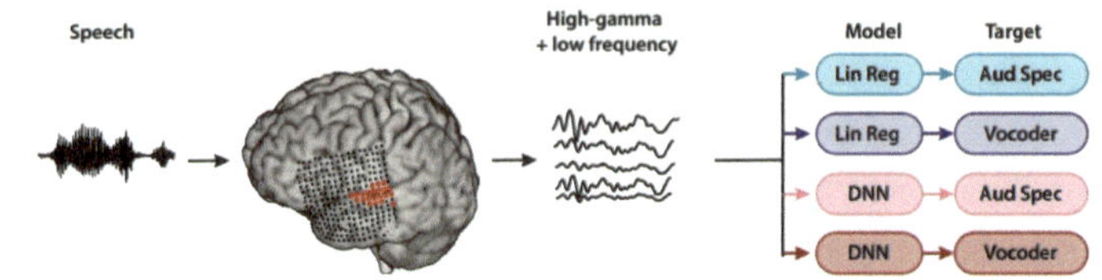

A Reconstruction models and targets(모델 및 재구성 목표)

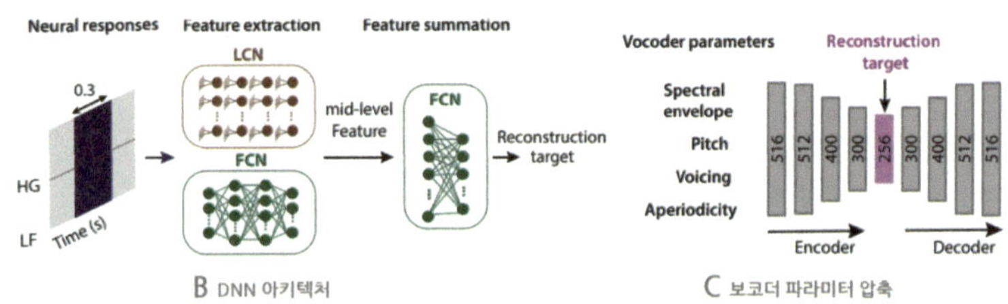

B DNN 아키텍처 C 보코더 파라미터 압축

출처: 최창현.(2019.02.06.). 사람의 생각을 이해할 수 있고, 그 내용을 '인식 가능한 언어'로 변환하는 AI 개발...인공지능신문. https://www.aitimes.kr/news/articleView.html?idxno=13312

신 프로메테우스의 불: 미래를 지배하는 지능

AI의 두뇌, 즉 알고리즘의 선택은 이제 단순한 기술적 판단을 넘어, 주가 폭락을 일으키고, 국제 정치의 지형도를 바꾸며, 심지어 전쟁의 승패를 좌우하는 핵심 변수가 되었다. AI는 이제 단순히 인간의 기존 업무를 지원하는 도구가 아니라, 미래를 규정하고 지배할 새로운 지능형 행위자로 등장하고 있는 것이다.

2. 머신러닝: 데이터를 읽는 전략적 도구

글로벌 기업의 CEO가 처리하는 업무 사례에서, 핵심 시장인 유럽에서 고객 이탈률이 급증하고 있다는 보고를 받았다면, 과거에는 전문 컨설턴트 팀을 투입해 수개월간의 설문 조사와 분석 내용을 이사회에 상정했을 것이다. 하지만 이제는 단 한 번의 명령으로 '지능형 예측 시스템'을 가동한다.

☑ **머신러닝을 통한 고객 예측과 시장 분석 →** 지도 학습과 비지도 학습을 활용해 AI는 고객 이탈을 방지하고, 숨겨진 소비자 패턴을 발굴하여 새로운 시장 기회를 창출

☑ **강화 학습과 최적화: 투자와 의사결정의 AI →** 강화 학습과 비용 함수 최소화를 통해 AI는 인간의 감정을 배제하고, 실시간 데이터 기반으로 최적의 투자 및 경영 전략을 스스로 학습하고 실행

머신러닝: 시스템의 두뇌

명시적인 프로그래밍 없이 방대한 데이터로부터 스스로 패턴을 학습하며, 숙련된 비즈니스 컨설턴트처럼 미래를 예측하는 전략적 도구 역할을 수행한다. AI는 수년간의 고객 구매 이력, 서비스 이용 패턴, 그리고 고객센터 문의 기록이라는 '정답이 있는 데이터'를 바탕으로 무엇이 고객의 충성도를 변화시키는지 스스로 학습하였다. 이것이 지도 학습(Supervised Learning)이다. AI는 고객 이탈을 유발하는 특정 행동 패턴(예: 일정 기간의 구매 내역, 불만족스러운 문의 반복 등)을 찾아내고, 이탈 가능성이 높은 고객을 정확히 예측하여 사전 대응을 가능하게 한다(Brynjolfsson & McAfee, 2014). I phone은 AI의 예측을 바탕으로 개인 맞춤형 프로모션이나 특별 상담을 제공함으로써 수억 달러 원에 달하는 고객 이탈 비용을 최소화한다.

신규 시장을 개척의 전술: AI

AI는 정답이 없는 고객 데이터를 분석해 숨겨진 패턴을 찾아낸다. 예를 들어, 온라인 쇼핑몰의 수백만 고객 데이터를 분석한 AI는 기존의 연령, 성별 분류로는 알 수 없었던 새로운 고객 그룹, 즉 '지속 가능성을 중시하는 50대 남성 그룹'이나 '야외 활동을 즐기는 30대 여성 그룹'을 발견해 낸다. 이것이 바로 비지도 학습(Unsupervised Learning)이다. 이 기술은 마치 거대한 금광에서 아직 발견되지 않은 금맥을 찾아내듯, 새로운 시장 기회를 발굴하고 새로운 수익 창출로 이어지게 유도한다.

게임 같은 주식 시장의 매매, AI

초단타 매매의 고수의 비밀은 무엇일까? 이는 '시행착오'를 통해 스스로 진화하는 또 다른 학습 방식, 바로 강화 학습(Reinforcement Learning)에 있다. 마치 체스를 두는 AI처럼, AI는 실시간으로 변화하는 시장 상황을 보며 매수/매도 결정을 내린다. 수익을 얻는 성공과 손실을 보는 실패의 과정을 끊임없이 반복하며 최적의 투자 전략을 스스로 터득한다(Turchin, 2022). 이는 마치 전문 투자자가 수십 년의 경험으로 자신만의 투자 감각을 익히는 것과 같다. AI는 초고속의 속도와 방대한 양의 시뮬레이션을 통해, 순식간에 수천 개의 변수를 조합하며 가장 높은 확률로 이윤을 극대화하는 방법을 학습한다. 이 과정에서 인간의 감정이나 탐욕, 공포와 같은 비합리적 요소는 철저히 배제된다.

AI 학습 과정의 핵심: 비용 함수(Cost Function)의 최소화

AI의 두뇌는 예측 값과 실제 값 사이의 차이, 즉 '오차(Error)'를 최소화하기 위해 지속적으로 스스로 궤도 수정을 하는데, 이 오차는 곧 기업이 감수해야 할 손실의 크기나 예측의 정확도와 직결된다. AI는 손실율을 제로에 수렴시키고, 효율성과 이윤을 극대화하는 냉철하고 계산적인 사고방식을 원칙화하기 때문이다.

머신러닝은 데이터를 통해 비즈니스 문제를 정의하고, 그 해답을 찾아내는 강력한 '사고방식' 그 자체이며, 우리가 사는 이 시대의 '새로운 프로메테우스의 사고방식'의 흐름을 만들어 내고 있다.

3. 딥러닝: 인간의 직관을 뛰어넘는 복합적 의사결정

☑ **딥러닝을 통한 비정형 데이터 분석과 전략적 활용 →** 딥러닝은 심층 신경망을 활용해 텍스트, 이미지, 음성 등 복잡한 비정형 데이터를 학습: 이를 기반으로 소비자 감정 분석과 글로벌 공급망 최적화 등 전략적 의사결정을 지원

☑ **블랙박스와 투명성 문제 →** 딥러닝 모델은 복잡한 층 구조로 결정을 내리기 때문에 인간이 이해하기 어려운 블랙박스 현상이 발생: 효율적 의사결정과 함께 책임 소재 및 투명성 문제를 동반

비정형 데이터의 경제적 가치화

기존 머신러닝이 다루기 어려웠던 텍스트, 이미지, 음성 등 비정형 데이터를 딥러닝은 효과적으로 분석한다. 예를 들어, 소셜 미디어의 수십만 개 고객 리뷰를 분석하여 제품에 대한 소비자들의 미묘한 감정과 불만 요소를 파악하고, 이를 신제품 개발에 반영함으로써 경쟁 우위를 확보할 수 있다.

블랙박스 의사결정의 등장

딥러닝 모델은 수많은 층의 신경망을 거쳐 결론을 도출하기 때문에, '왜' 그런 결정을 내렸는지 인간이 완벽하게 이해하기 어려운 '블랙박스(Black Box)' 현상이 발생한다(Zuboff, 2019). 이는 AI의 의사결정 효율성을 극대화하지만 동시에 그 결정에 대한 책임 소재나 투명성 문제를 야기한다.

글로벌 공급망 최적화

딥러닝은 전 세계의 기상 정보, 물류 데이터, 정치적 불안정성 등을 실시간으로 분석하여 글로벌 공급망의 최적 경로를 제안한다. 복잡한 변수들을 동시에 고려하여 인간의 예측 범위를 뛰어넘는 최적화 솔루션을 제공함으로써 기업의 물류비용을 혁신적으로 절감한다.

심화 연구: AI의 개념적·수학적 기반

인공지능(AI)의 계산적 지능(Computational Intelligence). AI는 단순히 기계적 자동화 기술을 넘어, 해 인간의 학습, 추론, 문제 해결 능력을 수학적·알고리즘적 형태로 구현하는 학문적 체계다. 전통적인 인공지능 연구는 '기호(symbolic AI)'와 '연결(connectionism)'라는 두 가지 축 위에서 발전해 왔다. 기호주의는 논리 규칙과 추론 엔진을 통해 인간의 사고 과정을 모방하려 했고, 연결주의는 신경망을 기반으로 확률적 학습을 통해 패턴을 인식하는 데 주력했다. 현대 AI는 이 두 흐름이 결합된 형태로, 통계학(statistics), 선형대수학(linear algebra), 최적화 이론(optimization theory)을 기반으로 하는 다층적 알고리즘 생태계를 구성하고 있다.

경제학적 관점에서의 AI의 역할. AI는 단순한 기술적 산물이 아니라 합리적 행위자(rational agent)라는 개념적 틀로 설명될 수 있다. 전통 경제학의 행위자는 제한된 정보와 불완전한 합리성 속에서 의사결정을 하지만, AI 행위자는 수학적 모델을 통해 목적 함수(objective function)를 정의하고, 이를 극대화·극소화하는 방향으로 행동한다. 이 과정에서 AI는 기존의 생산요소(노동·자본·토지)를 대체하거나 결합하면서, 데이터라는 새로운 자원을 활용해 '예측 기반 경제(Prediction-Based Economy)'를 구축한다.

AI의 학습: 확률적 추론과 강화된 탐색. 인공지능의 학습은 단순한 데이터 적합(data fitting)이 아니라 확률적 추론(probabilistic inference)과 강화된 탐색(reinforced exploration)이라는 고차원적 과정을 포함한다. 이는 AI가 미래 사건을 확률적으로 예측하고, 시행착오를 통해 최적의 전략을 탐색한다는 점에서, 전통적 경제 주체와 차별화된다. 따라서 AI는 단순히 인간 노동을 대체하는 자동화 장치가 아니라, 정보 비대칭을 축소하고, 불확실성을 관리하며, 새로운 형태의 합리성(rationality)을 구현하는 인지적·계산적 시스템으로 이해되어야 한다.

머신러닝과 딥러닝. 머신러닝이 데이터를 기반으로 예측과 분석이라는 '전략적 도구'를 제공한다면, 딥러닝은 그 도구의 활용 범위를 인간의 인지 능력을 넘어선 복합적 문제 해결로 확장시킨 '지능화된 의사결정 체계'라고 할 수 있다. 이 두 가지 핵심 원리는 AI를 단순한 도구에서 새로운 주체로 격상시키는 근본적인 힘이다.

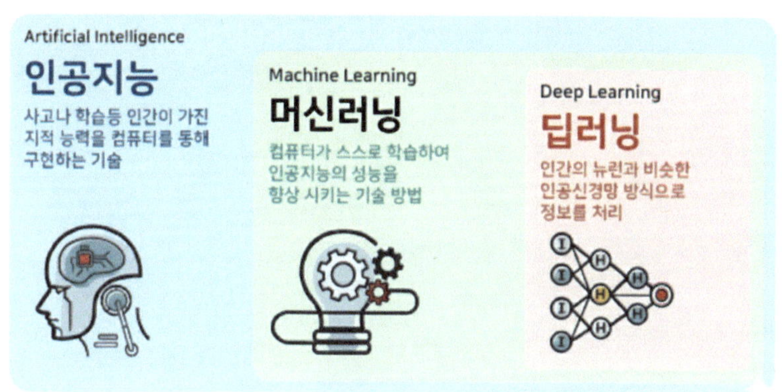

CHAPTER 8

알고리즘의 심화 탐구: 경제·경영 모델링의 신경계

1. 머신러닝의 이해와 경제학적 패러다임
2. 주요 머신러닝 모델과 경영·경제 응용
3. 딥러닝의 기초와 금융·경제 시계열 분석

1. 머신러닝의 이해와 경제학적 패러다임

- ☑ **머신러닝의 3대 패러다임** → 지도학습, 비지도학습, 강화학습 등 경제 문제 유형에 따라 데이터를 학습하고 예측·분석하는 방법론
- ☑ **모델, 손실 함수, 최적화** → 예측 구조(모델)를 정의하고, 오차(손실)를 측정하며, 이를 최소화하도록 매개변수를 조정하는 머신러닝 학습의 핵심 과정
- ☑ **계량경제 모델링 vs. 머신러닝** → 전통적 통계적 추정과 경제이론 중심 접근과 달리, 머신러닝은 데이터 기반 학습과 예측 성능 향상을 우선하는 분석 방법

머신러닝의 정의와 경제 분석의 진화

머신러닝은 이론적 제약 없이 데이터로부터 통계적 규칙성과 예측력을 학습하는 경험적 방법론으로, 현대 경제분석의 새로운 패러다임을 제시한다.

계량경제학(econometrics)은 경제이론에 근거한 모형화(model specification)와 인과추론(causal inference)을 중심으로 발전해 왔다. 즉, 연구자는 경제이론으로부터 도출된 가설을 통계적으로 검증하기 위해 변수 간의 관계를 명시적으로 설정하고, 모수 추정을 통해 인과적 효과를 식별하려 했다.

이에 반해 머신러닝(machine learning)은 명시적 이론 가정보다는 데이터의 내재적 패턴과 구조적 복잡성에 주목한다. 머신러닝 알고리즘은 데이터로부터 반복적 학습을 통해 예측오차를 최소화하는 방향으로 스스로 규칙을 추론하며, 이는 종종 인과관계의 명시적 설명보다는 예측의 정확성과 일반화 가능성(generalization)을 우선시한다. 이러한 접근은 고빈도 금융거래 데이터, 비정형 소비자 행태 데이터, 텍스트나 이미지 기반의 경제정보 등 비선형적·고차원적 데이터(high-dimensional data)를 분석하는 데 확장성을 보여준다. 결과적으로 머신러닝은 경제학 내에서 '설명(explanation)' 중심의 분석에서 '예측(prediction)' 중심의 분석으

로의 전환을 촉진하며, 계량경제학의 한계를 보완하는 데이터 중심(data-driven) 분석 패러다임으로 진화하고 있다(Mullainathan & Spiess, 2017).

계량경제 모델링 vs. 머신러닝 [이론 기반(Theory-driven) 접근 vs. 데이터 기반(Data-driven) 접근]

$$Y = b_0 + b_1X_1 + \varepsilon$$

계량경제 모델은 $Y = b_0 + b_1X_1 + \varepsilon$와 같이 경제 이론에 기반해 모델의 구조를 명확히 설정하고 시작한다. 반면, 머신러닝은 모델의 함수형태를 사전에 규정하지 않고, 데이터로부터 최적의 함수 $Y \approx f(X)$를 경험적 학습(empirically learn) 형태로 접근한다. 즉, 연구자가 모형의 형태를 명시적으로 설정하기보다, 알고리즘이 데이터 내의 비선형적 관계(non-linearity)와 고차 상호작용(high-order interactions)을 탐지하고 최적화함으로써 예측력을 극대화한다.

이러한 비모수적(nonparametric) 접근은 이론적 해석 가능성(interpretability) 측면에서 제약이 있지만, 복잡한 경제시스템의 데이터 생성 과정을 유연하게 포착할 수 있다는 점에서 현대 경제분석에 중요한 보완적 역할을 수행한다. 특히 비정형 데이터(unstructured data), 고빈도 금융 데이터(high-frequency financial data), 또는 비선형 소비자 행동 모델링과 같은 영역에서 효율적이다.

머신러닝의 3대 패러다임: 경제 문제 유형에 따른 분류

데이터의 형태와 학습 목표에 따른 분석 방법론은 다음과 같이 세 가지로 나누어 설명할 수 있다.

지도학습(Supervised Learning). 종속변수 Y가 명시적으로 관측되는 상황에서, 입력변수 X로부터 Y를 예측하거나 추론하는 함수를 학습하는 접근이다. 즉, $Y = f(X) + \varepsilon$의 형태로 모델링하며, 알고리즘은 예측오차(loss function)를 최소화하도록 훈련된다. 명확한 경제 문제에 적용된다. 주택 가격 예측(회귀), 기업의 부도 여부 예측(분류), 신용 점수 모델링 등이 대표적인 예이다.

비지도학습(Unsupervised Learning). 종속변수 없이 데이터의 내재적 구조를 파악하는 데 사용된다. 경제학에서는 소비자 세분화(market segmentation), 거시경제지표의 요인분석(factor analysis), 또는 경기종합지수의 축약 표현(dimensions reduction for composite indicators)과 같은 문제에 활용된다. 이러한 접근은 경제현상의 잠재 요인을 데이터 기반으로 추출한다는 점에서, 이론적 모델의 구조적 가정을 보완하는 탐색적(empirical exploratory) 도구로 기능한다.

강화학습(Reinforcement Learning). 에이전트(agent)가 동적 환경(dynamic environment)과의 상호작용을 통해 순차적 의사결정(sequential decision-making)을 최적화하는 방법론이다. 목표는 누적 보상(cumulative reward)을 최대화하는 정책(policy) $\pi^*(a \mid s)$를 학습하는 것이다. 즉, 동적 환경에서 순차적 의사결정을 최적화한다. 알고리즘 트레이딩에서 최적의 매수/매도 전략을 학습하거나, 동적 가격 책정(Dynamic Pricing), 최적의 재고 관리 정책을 수립하는 데 사용된다.

알고리즘 모델, 손실 함수, 그리고 최적화

경제적 비용(오차)을 최소화하는 최적의 예측 모델 탐색 과정이다. 즉, 머신러닝의 학습 과정은 본질적으로 경제학의 비용 최소화(cost minimization) 혹은 효용 극대화(utility maximization) 문제와 구조적으로 동형(isomorphic)이다. 즉, 학습은 주어진 데이터에서 예측오차를 경제적 비용으로 간주하고 이를 최소화하는 최적화 문제(optimization problem)로 귀결된다.

머신러닝에서 모델(model)은 현실의 데이터 생성 과정을 근사하는 함수 $\hat{Y} = f_{\theta}(X)$로 정의되며, 여기서 θ는 학습을 통해 추정되는 파라미터(가중치)의 벡터이다. 모델의 목표는 관측된 실제값 Y와 예측값 Y 스타 간의 차이를 최소화하는 것이다. 이 차이를 정량화하는 도구가 바로 손실 함수(loss function)이며, 이는 예측 오류를 경제적 비용의 형태로 표현한다. 머신러닝의 학습 과정은 경제학의 비용 최소화(Cost Minimization) 또는 효용 극대화(Utility Maximization) 문제와 유사하다. '모델'이 현실을 예측하면, '손실 함수'는 예측 오차로 인한 경제적 비용을 측정한다. '최적화' 알고리즘은 이 비용(손실)을 최소화하는 모델의 최적 파라미터(가중치)를 찾는 과정으로, 이는 곧 가장 현실을 잘 설명하고 예측하는 경제 모델을 구축하는 것과 같다.

2. 주요 머신러닝 모델과 경영·경제 응용

☑ **선형 회귀(Linear Regression)** → 독립 변수와 종속 변수 간의 선형 관계를 모델링하여 예측과 해석을 수행하는 통계적·머신러닝 기법

☑ **의사결정나무(Decision Tree)** → 데이터를 특징에 따라 분할하며 규칙 기반으로 분류하거나 예측하는 전략적 의사결정 모델

☑ **비지도 학습(Unsupervised Learning)** → 라벨(정답) 없이 데이터 내 패턴과 구조를 탐색하여 시장 세분화나 잠재 요인 분석 등에 활용되는 학습 방법

선형 회귀: 계량경제학과 머신러닝의 교차점

선형 회귀(Linear Regression)는 변수 간 선형 관계를 가정하고 데이터를 가장 잘 설명하는 최적의 초평면(Hyperplane) 탐색하는 방법이다. 이는 계량경제학과 머신러닝 모두에서 가장 기본적이면서도 중요한 예측 모형이다.

경제학에서는 선형 회귀 모형을 통해 경제이론에서 도출된 변수 간의 관계를 추정하고, 그 인과적 의미를 해석하는 데 초점을 맞춘다. 예를 들어, GDP 성장률이 금리, 투자율, 소비 수준 등과 어떤 관계를 가지는지를 분석할 때 사용된다. 한편, 머신러닝(machine learning)에서는 선형 회귀가 예측(prediction)의 정확성을 높이기 위한 기초 모델로 활용된다. 특히 변수의 수가 많거나 상관관계가 복잡한 경우, 라쏘(Lasso)와 릿지(Ridge) 같은 규제(regularization) 기법을 추가하여 모형을 개선한다.

- 릿지 회귀(Ridge Regression)는 가중치(회귀계수)의 크기에 제약을 두어, 다중공선성(multicollinearity) 문제를 완화하고 모형의 안정성을 높인다.
- 라쏘 회귀(Lasso Regression)는 불필요한 변수를 자동으로 0으로 만들어 제거함으로써, 변수 선택(feature selection) 기능을 수행한다.

이러한 접근은 전통적인 변수 선택(variable selection) 문제에 대한 실질적인 대안을 제공하며, 모델의 예측력(predictive power)과 일반화 성능(generalization ability)을 동시에 향상시킨다.

의사결정나무: 전략적 분류와 예측 모델

의사결정나무(Decision Tree)는 경영 의사결정 과정을 모방한 규칙 기반(rule-based) 예측 모델로, 복잡한 경제적·경영적 문제를 인간의 사고 흐름처럼 단계적으로 분류하고 예측한다. 의사결정나무는 데이터를 여러 개의 분기점(split)을 기준으로 나누어가며 예측을 수행한다. 각 분기점은 특정 변수의 조건에 따라 데이터 집단을 세분화하며, 최종적으로 각 그룹(leaf node)은 특정 결과값에 대응한다. 이러한 구조는 고객의 대출 승인 여부, 잠재 고객의 구매 가능성, 보험 청구 리스크 등과 같은 분류(classification) 문제에서 직관적이면서도 높은 해석 가능성을 제공한다.

단일 의사결정나무는 학습 데이터에 민감하게 반응하여 불안정성(variance)이 높고, 과적합(overfitting)될 위험이 존재한다. 이를 극복하기 위해 등장한 것이 앙상블(ensemble) 접근이다.

- 랜덤 포레스트(Random Forest)는 여러 개의 무작위 하위 데이터셋과 변수 조합을 사용해 수백 개의 나무를 학습시키고, 그 평균(또는 다수결)을 통해 안정적 예측을 수행한다.
- 그래디언트 부스팅(Gradient Boosting)은 이전 모델의 오차를 반복적으로 보정하며, 단계적으로 예측 성능을 개선한다.

이러한 기법들은 신용평가, 고객 이탈 예측, 마케팅 반응 분석 등에서 높은 신뢰도를 보이며, 금융기관의 신용위험 모델이나 디지털 마케팅 예측 시스템의 핵심 기반이 되고 있다.

비지도 학습: 시장 세분화와 잠재요인 분석

비지도 학습은 종속변수가 없는 데이터 속에서 숨겨진 구조(hidden structure)와 잠재 패턴(latent pattern)을 발견함으로써 새로운 비즈니스 인사이트를 도출한다. 가장 대표적인 비지도 학습 방법은 군집화(clustering)와 차원 축소(dimension reduction)이다.

- 군집화(Clustering)는 고객의 구매 이력, 소득 수준, 연령, 지역 등의 다양한 정보를 바탕으로 유사한 특성을 가진 고객 집단을 식별한다. 이를 통해 시장을 여러 개의 동질적 세그먼트(homogeneous segments)로 분류함으로써, 맞춤형 마케팅 전략이나 가격 차별화 전략을 수립할 수 있다.
- 차원 축소(Dimension Reduction), 특히 주성분 분석(PCA; Principal Component Analysis)은 수많은 변수 간의 상관관계를 요약하여, 금융시장의 공통된 움직임을 설명하는 몇 개의 요인(factor)으로 단순화한다. 예를 들어, 다수의 주가 지표에서 '시장 위험(Market Risk)'이나 '성장 요인(Growth Factor)'과 같은 새로운 투자 요인(investment factors)을 도출할 수 있다.

비지도 학습은 이처럼 이론적 가정이 약한 탐색적 방법론으로, 복잡한 데이터 속에서 새로운 구조적 해석 가능성을 제시한다는 점에서 실증경제학과 데이터 기반 경영전략의 교차 지점을 형성한다.

모델 평가와 검증

머신러닝 모델의 진정한 가치는 과거 데이터에 대한 설명력(explanatory power)이 아니라, 미래 데이터에 대한 예측력(predictive performance)에 있다. 모델이 훈련 데이터에 복잡하게 적용될 경우, 과적합(overfitting) 현상이 발생한다. 이는 학습 데이터의 노이즈(noise)까지 모델이 학습함으로써, 새로운 데이터(예: 미래 시장 환경)에 대한 예측력이 급격히 저하되는 현상이다.

경제적 관점에서 이는 "과거 특정 시기의 시장 패턴에만 최적화된 투자전략"이 새로운 환경에서는 손실을 초래하는 것과 같다. 이 문제를 방지하기 위해 교차검증(Cross-Validation)이 사용된다. 교차검증은 데이터를 여러 부분으로 나누어, 일부는 훈련(training), 나머지는 검증(validation)에 사용하여 모델의 일반화 성능(generalization ability)을 평가하는 절차이다.

또한, 검증 데이터(validation set)와 테스트 데이터(test set)를 구분하여 사용하면 모델의 성능을 보다 객관적으로 측정할 수 있다. 이러한 평가 절차는 모델의 예측 안정성(robustness)을 확보하기 위한 핵심 단계이며, 특히 금융 예측, 리스크 관리, 자산 배분 전략 등 실질적 의사결정이 수반되는 분야에서 필수적이다.

3. 딥러닝의 기초와 금융·경제 시계열 분석

- ☑ **다층 퍼셉트론** → 입력 데이터를 여러 층의 뉴런으로 비선형 변환하여 복잡한 패턴을 학습하는 기본 딥러닝 모델
- ☑ **활성화 함수와 역전파 알고리즘** → 뉴런의 출력을 비선형으로 변환하고, 오차를 뒤로 전달하여 가중치를 효율적으로 조정하는 학습 기법
- ☑ **심층신경망(DNN)과 CNN·RNN 아키텍처** → 계층적 특징 학습을 통해 이미지(CNN)나 시계열(RNN) 같은 복잡한 데이터 구조를 효과적으로 분석하는 구조

퍼셉트론에서 다층 퍼셉트론으로

단순 선형결합을 넘어 변수 간의 복잡한 비선형 관계를 포착하는 신경망의 확장 구조이다. 퍼셉트론(Perceptron)은 입력 벡터 X와 가중치 w의 선형 결합을 통해 출력을 계산하는 구조로, 전통적인 선형 회귀모형과 개념적으로 유사하다. 그러나 퍼셉트론은 복잡한 데이터 구조를 학습하는 데 한계가 있다. 이에 비해 다층 퍼셉트론(MLP, Multi-Layer Perceptron)은 여러 개의 은닉층(hidden layers)을 도입함으로써, 변수들 간의 비선형적 상호작용(non-linear interactions)을 표현할 수 있다. 예를 들어, 소비자 심리가 주식시장 변동성에 미치는 복합적인 효과나, 경기 지표 간의 비선형적 전이(Transmission Effect) 등은 전통적 계량경제모형으로는 포착하기 어렵지만, MLP는 이러한 비선형 구조를 근사(approximation)함으로써 데이터 기반의 함수를 학습할 수 있다.

활성화 함수와 역전파 알고리즘

모델의 오차를 체계적으로 줄이기 위한 수학적 최적화 메커니즘이다. 활성화 함수(Activation Function)는 단순한 선형 결합을 비선형적 변환으로 바꾸어 신경망의 표현력을 극대화한다. 대표적인 예로는 시그모이드

(sigmoid), 렐루(ReLU), 하이퍼볼릭 탄젠트(tanh) 함수 등이 있으며, 각 함수는 학습 안정성과 수렴 속도에 차이를 보인다.

역전파 알고리즘(Backpropagation)은 모델의 예측값과 실제값 간의 오차(비용 함수, cost function)를 기준으로 각 가중치가 오차에 기여한 정도를 계산하여, 경사하강법(Gradient Descent)을 통해 오차를 최소화하는 방향으로 가중치를 업데이트한다.

이는 경제학적 추정 과정에서 최대우도추정(MLE)이나 최소제곱법(OLS)의 반복적 최적화 과정과 구조적으로 유사하며, 신경망의 '학습'은 결국 오차 최소화를 위한 반복적 추정(iterative estimation)으로 이해할 수 있다.

심층신경망(DNN)과 계층적 특징 학습

데이터의 다층적·계층적 패턴을 단계적으로 학습하는 구조적 학습 방식이다. 심층신경망(DNN, Deep Neural Network)은 입력층(Input Layer)과 출력층(Output Layer) 사이에 다수의 은닉층을 두어, 데이터의 저차원적(local) 특징에서 고차원적(global) 패턴으로 점진적으로 일반화한다.

예를 들어, 기업의 일별 매출 데이터를 예측하는 경우, 초기 층에서는 요일별 패턴(단기적 변동)을, 중간 층에서는 계절성(Seasonality), 상위 층에서는 장기 추세(Trend)를 학습한다.

이처럼 DNN은 데이터를 '수동적으로 설명'하는 전통적 회귀모형과 달리, 데이터로부터 스스로 유의미한 특징(feature representation)을 추출하는 Representation Learning의 대표적 형태로, 예측 정확도뿐 아니라 해석 가능한 구조적 통찰(Structural Insight)을 제공할 수 있다.

딥러닝의 아키텍처: CNN과 RNN

데이터의 특성과 구조에 최적화된 딥러닝 아키텍처에 대한 설명이다. 합성곱 신경망(CNN, Convolutional Neural Network)은 주로 이미지 분석에 사용되지만, 경제·금융 분야에서도 시각적 패턴 인식 기반의 분석 도구로 응용되고 있다. 예컨대, 금융 차트를 이미지로 간주하여 주가의 변동 패턴을 학습하거나, 위성사진 데이터를 활용해 특정 지역의 경제활동 수준 혹은 산업단지 가동률을 추정하는 데 사용된다. CNN의 합성곱(Convolution) 연산은 지역적 정보(Local Dependency)를 효과적으로 포착하는데, 이는 공간경제학(Spatial Economics)의 지역 상관구조 분석과 유사한 개념적 기반을 공유한다.

순환 신경망(RNN, Recurrent Neural Network)은 시계열 데이터(Time-series data)의 순서를 고려할 수 있는 구조로, 경제학에서 매우 중요한 동태적 의존성(Dynamic Dependency)을 모델링 한다. 과거의 GDP, 환율, 금리 정보가 현재의 경제상태에 영향을 미치고, 그것이 다시 미래를 결정짓는 시계열적 상호의존성을 포착하는 데 탁월하다.

특히, LSTM(Long Short-Term Memory)과 GRU(Gated Recurrent Unit) 같은 확장 구조는 장기 의존성(long-term dependency)을 효과적으로 처리하며, 이는 거시경제의 구조적 변화나 금융위기 전조 신호 탐지 등에도 응용되고 있다.

요약하면, 전통적인 계량경제학이 이론적 구조를 기반으로 '설명력(explanatory power)'을 중시한다면, 머신러닝과 딥러닝은 방대한 데이터로부터 '예측력(predictive power)'을 극대화하는 데 초점을 둔다.

▌심화 연구: 머신러닝·딥러닝과 경제 용어

손실 함수(Loss Function). 모델의 예측값과 실제값 간의 차이를 정량화한 함수이다. 경제학적 의미는 예측 오차가 발생했을 때 발생하는 '경제적 비용'으로 이해할 수 있으며, 학습 과정에서 최소화의 대상이 된다.

규제(Regularization). 모델 학습 시 과적합을 방지하고 일반화 성능을 높이기 위해 가중치에 제약을 가하는 방법이다. 대표 기법인 릿지(Ridge), 라쏘(Lasso). 이들의 경제학적 의미는 불필요한 변수나 노이즈의 영향을 줄여, 보다 안정적이고 예측력 있는 경제모형 구축에 활용된다.

앙상블 학습(Ensemble Learning). 여러 개의 모델을 결합하여 단일 모델보다 더 정확하고 안정적인 예측을 수행하는 기법. 대표 사례는 랜덤포레스트(Random Forest), 그래디언트 부스팅(Gradient Boosting) 있으며, 경제학적 의미는 신용평가, 마케팅 반응 예측 등 불확실성이 큰 경제데이터 분석에서 강력한 예측 도구로 활용된다.

계층적 특징 학습(Hierarchical Feature Learning). 데이터의 저차원적 패턴에서 고차원적 패턴까지 계층적으로 학습하는 딥러닝의 핵심 개념이다. 경제학적 의미는 기업 매출, 시계열 경제지표 등에서 단기 패턴 → 계절성 → 장기 추세와 같이 다양한 시간·공간 스케일의 경제적 요인을 자동으로 포착할 수 있다는 점이다.

CHAPTER 9

AI와 미래 시장: 직무 구조의 변화

1. 노동시장 변화의 배경
2. AI가 노동시장에 미치는 주요 영향
3. 인간과 AI의 협업 구조
4. 사회적·정책적 과제

1. 노동시장 변화의 배경

- ☑ **AI 자동화의 확산** → 단순 반복 업무·데이터 처리·분석 등에서 AI의 효율성이 확대: 직무 구조가 재편
- ☑ **지식 노동의 변화** → AI는 전문가 영역(법률, 의료, 금융, 교육 등)까지 보조·대체 역할을 수행: 고급 지식 노동의 개념 전환
- ☑ **글로벌 경쟁 심화** → AI 기술을 적극 활용하는 국가·기업: 생산성과 혁신 속도를 조절하여 경쟁 우위를 확보

인공지능은 이미 우리 생활의 심층영역까지 침투해 있으며, 특히 노동 시장에 혁명적인 변화를 일으키고 있다. 단순 반복 업무를 넘어, 전문 영역으로까지 진입한 AI는 인간의 역할을 재정의하고 있다. 이는 단순히 고용 대체 문제를 넘어, 인간과 AI가 어떻게 협력하며 새로운 가치를 창출할 것인가에 대한 새로운 과제를 부과하였다.

AI의 노동시장에 미치는 영향

직무 유형	자동화에 따른 변화	인간 역할의 재정의	예시
단순 반복 업무	AI/로봇이 데이터 입력, 물품 분류, 콜센터 응대 등 자동화	AI 시스템 관리, 로봇 유지·보수, 새로운 AI 활용법 개발	아마존 물류창고 직원 → 로봇 유지·보수 기술자
고급 지식 노동	AI가 데이터 분석, 판례 검색, 진단 보조 등 효율성 증대	AI가 제공한 통찰력을 바탕으로 창의적 문제 해결, 공감 및 윤리적 판단	금융 애널리스트 → AI 기반 투자 전략 전문가 → 고객과의 소통 및 개별 상황에 집중
새로운 직업군	AI 기술 발전으로 인해 완전히 새로운 직무 생성	AI를 활용하고, AI의 윤리적 문제를 다루며, AI 기반 시스템을 관리하는 역할	AI 윤리 전문가, 데이터 과학자, 인간-AI 협업 관리자

인간과 AI, 뉴욕 월스트리트의 새로운 협력 모델

뉴욕 월스트리트에 본사를 둔 세계적인 투자은행이자 금융 서비스 기업인 골드만삭스(Goldman Sachs) 투자 분석실은 인간과 인공지능이 나란히 협업하는 공간이 되었다. 골드만삭스, JP모건 등 글로벌 금융 기업들은 이미 AI 기반의 리스크 관리 시스템을 도입해 수십 년 경력의 분석가들의 지식에 AI의 방대한 데이터 처리 능력을 결합하고 있다. AI가 역할 대체의 가능성 보다 AI가 없으면 제대로 된 분석을 할 수 없다. 인간이 놓칠 수 있는 미세한 시장 신호나 패턴을 AI가 찾아내고, 그 정보를 토대로 투자 전략을 구축하여, 마치 뇌의 용량이 수 배로 확장된 상황이다(Goldman Sachs, 2024)."

AI는 단순한 도구를 넘어, 인간의 역량을 확장하는 파트너로 진화하고 있다. AI는 방대한 양의 데이터를 실시간에 분석하고, 복잡한 시뮬레이션을 수행하며 인간의 의사결정을 지원한다. 인간은 AI가 제공한 통찰력을 바탕으로 창의적인 문제 해결과 전략 수립에 집중할 수 있게 된다. 이 새로운 협력 모델은 생산성을 극대화하는 동시에, 인간의 직업적 역할을 반복적인 작업자에서 전략적인 사고자로 변화시키고 있다.

업무의 재정의: 창의성과 공감의 가치

AI의 등장으로 인해 미래의 직업은 자동화하기 어려운 영역, 즉 인간의 창의성, 공감 능력, 비판적 사고가 요구되는 분야에 더욱 집중될 것이다. 과거 단순 계산 작업은 공학계산기가, 반복적인 자료 입력은 컴퓨터가 대체하였던 것처럼, 이제는 데이터 분석, 서류 작성 등 고도의 인지 능력에 의존했던 업무마저 AI가 처리하게 되었다.

심장 영상 연구 센터가 있는 Mayo Clinic Rochester(Main Campus, Minnesota)의 Mayo Clinic Cardiovascular Medicine Department(심혈

관 의학과)와 Radiology Department(영상의학과)에서는 AI 기반 심장 MRI, CT, 심초음파(Echo) 분석이 진행되고 있다. 의료 분야의 영상 진단 기술은 이미 AI의 도움을 받아 병변을 찾아내는 정확도를 획기적으로 증가시켰다. AI는 수백만 건의 의료 영상을 학습하여 인간 의사보다 더 신속하게 미세한 병변을 식별할 수 있다. 하지만 환자와의 소통, 치료 계획 수립, 윤리적 판단 등은 의사의 고유한 역할로 남아있다. AI가 진단을 주도하는 역할을 수행하며, 의사는 환자에게 인간적인 공감과 신뢰를 제공하는 등 보조의 역할로 더 많은 시간을 할애할 수 있게 된 것이다.

사회적 과제: 새로운 윤리 규정에 대한 논의

인간과 AI의 완벽한 협업의 미래는 불확실하다. AI의 오작동이나 잘못된 의사결정은 예상치 못한 결과를 초래할 수 있기 때문이다. AI가 작성한 서류가 법원에 제출된 사건은 AI가 단순한 효율성의 문제를 넘어, 법적 책임과 사회적 신뢰라는 근본적 과제에 도전하고 있음을 드러냈다(New York Times, 2023). 2023년 뉴욕 남부 연방지방법원(Southern District of New York)에서 심리중인, Mata v. Avianca 항공사 사건에서 변호사가 ChatGPT에게 판례를 검색하도록 시켰는데, ChatGPT가 실제로 존재하지 않는 가짜 판례들을 만들어 냈다. 변호사는 그대로 제출했고, 법원은 이를 문제 삼아 변호사들에게 제재(sanctions)를 내렸다. 이 사건은 AI가 생성한 결과물에 대한 책임 소재 및 AI가 제공하는 정보의 신뢰성에 대한 중요한 의문을 제기하였다.

AI는 학습된 데이터의 편향성을 그대로 반영할 수 있으며, 이는 성별, 인종, 사회경제적 지위에 대한 불평등을 심화시킬 수 있다. 따라서 AI 기술 발전과 더불어 공정성, 투명성, 책임성을 보장하는 새로운 윤리적 프레임워크를 구축하는 것이 시급하다(European Commission, 2021). 이는 기술 발전의 속도를 따라잡지 못하는 사회 제도와 법적 규범의 한계를 보여주는 동시에, 미래 사회의 지속 가능성을 위한 필수적인 과제이다.

신 프로메테우스의 과제: 미지의 세계로의 항해

AI는 노동시장의 환경을 변화시키고 있다. 이 변화는 단순히 일자리의 소멸이나 대체가 아니라, 인간과 AI가 서로의 강점을 활용하여 새로운 가치를 창출하는 노동 구조의 재설계를 의미한다. 이는 인간이 기계의 효율성을 모방하기 위해 경쟁하는 대신, 인간만이 가진 고유한 능력인 창의성, 공감, 그리고 비판적 사고 등이 새로운 강점으로 등장 함을 시사한다. 미래의 직업은 기술과의 경쟁이 아니라 기술과의 협력 속에서 그 의미를 찾게 될 것이다. 전지구적으로 AI를 사용하는 시대에, 누가 미지의 세계로 항해하는 새로운 선장이 될 것인가?

2. AI가 노동시장에 미치는 주요 영향

☑ **직무 대체 →** 제조·물류·콜센터·사무 관리직 등 자동화가 가능한 영역에서 고용 감소
☑ **직무 창출 →** 데이터 과학자, AI 윤리 전문가, 인간-기계 협업 관리 직무 등 새로운 직업 등장
☑ **기술 격차 심화 →** AI라는 불을 통제할 수 있는 네오 프로메테우스와 통제 당하는 인력 간 임금·고용 기회의 양극화 발생
☑ **노동 유연화 확대 →** 원격근무·플랫폼 노동·프리랜스 형태가 증가: 고용 형태가 다양화

서울대학병원 영상의학과. 기계음이 가득한 이곳은 더 이상 의사 혼자 진단하는 공간이 아니다. 대형 스크린에는 수십 명의 환자 CT 영상이 동시에 띄워져 있고, AI가 분석한 잠재적 병변들이 붉은색 점으로 표시된다. 레지던트 의사는 AI의 분석 결과를 토대로 다시 한번 영상을 정밀하게 확인한다. 2년 전만 해도 이 모든 과정을 혼자 처리했지만, 이제는 AI의 도움으로 진단 정확도와 속도가 획기적으로 향상되었다.

"AI는 '두 번째 눈'과 같다." "AI가 1차적으로 의심스러운 부분을 걸러주기 때문에, 더욱 복잡한 케이스에 집중할 수 있다. AI와 인간의 협력이 진단 정확도를 높이고 환자에게 더 나은 의료 서비스를 제공하는 개념이다(BBC News, 2022)."

AI 시대의 새로운 가치: 사라지는 직업과 탄생하는 새로운 가치

AI가 노동 시장에 미치는 영향은 단순히 '직업 대체'라는 단순한 공식으로 설명할 수 없다. 이는 마치 맨틀의 지각 변동처럼 기존의 질서를 흔들고 새로운 생태계를 만들어내는 과정에 가깝다. 세계경제포럼(WEF, 2023)의 보고서에 따르면, 향후 5년 동안 전 세계 직업의 약 23%가 AI로

인해 재편될 것이다. 이는 엄청난 규모의 변화를 예고하며, 이미 그 파장은 산업현장에서 확인되고 있다.

AI가 가져오는 가장 가시적인 변화는 직무 대체와 직무 창출의 동시다발적 현상이다. 제조, 물류, 콜센터와 같은 자동화가 용이한 영역에서는 AI 로봇과 챗봇이 인간의 역할을 빠르게 대체하고 있다. 아마존 물류창고에서는 이미 수많은 로봇이 인간 대신 물품을 분류하고 운반하며 효율성을 극대화하고 있다(Brynjolfsson & McAfee, 2017). 이와 동시에, 이 로봇들을 관리하고 유지 보수하는 로봇 유지·보수 기술자나 물류 데이터를 분석하여 최적의 경로를 설계하는 물류 데이터 분석가와 같은 새로운 직업들이 탄생했다.

노동시장의 환경 변화: 기술 격차의 심화와 노동 유연화의 확대

AI가 가져오는 또 다른 주요 영향은 기술 격차 심화이다. 디지털 정보를 이해하고, 만들고, 활용하는 능력을 의미인 '디지털 리터러시'는 이제 단순한 경쟁력을 넘어 생존의 필수 조건이 되었다. AI를 활용하여 생산성을 높이고 새로운 가치를 창출할 수 있는 핵심인력과 종속인력 간의 임금 및 고용 기회 양극화가 심화되고 있다. 이러한 기술 격차로 인해 특정 산업에서는 고숙련 인력의 임금이 급격히 상승하고 저숙련 인력의 고용 불안정성이 높아지는 추세를 보여준다(U.S. Department of Labor, 2024).

AI는 동시에 노동의 유연성을 확대하는 촉매제 역할도 한다. 재택근무, 플랫폼 노동, 프리랜서와 같은 다양한 형태의 고용이 증가하면서 특정 장소나 시간에 얽매이지 않고 자신의 역량을 발휘할 수 있게 되었다. AI 기반의 협업 도구와 프로젝트 관리 소프트웨어는 원격 근무의 효율성을 극대화하여 기업들이 전 세계의 인재를 고용할 수 있는 길을 열어주었다. 이는 노동 시장의 경계를 허물고, 개인의 역량과 전문성이 더욱 중요한 가치로 부상하는 계기가 되었다.

AI 시대, 인간의 역할 재정립

AI는 노동시장의 질서를 완전히 재편하고 있다. 단순 반복 업무는 자동화되고, 인간은 더욱 복잡하고 창의적인 영역으로 옮겨가고 있다. 이 과정에서 발생하는 기술 격차와 사회적 문제는 우리의 숙제이지만, AI는 인간에게 새로운 가능성을 열어주고 있다. AI를 도구로 활용하고, AI와 협력하여 인간 고유의 가치를 극대화하는 방법을 터득하는 것이 바로 미래의 노동력을 정의하는 핵심이 될 것이다.

인공지능 시대의 신직종 예측(2025-30)

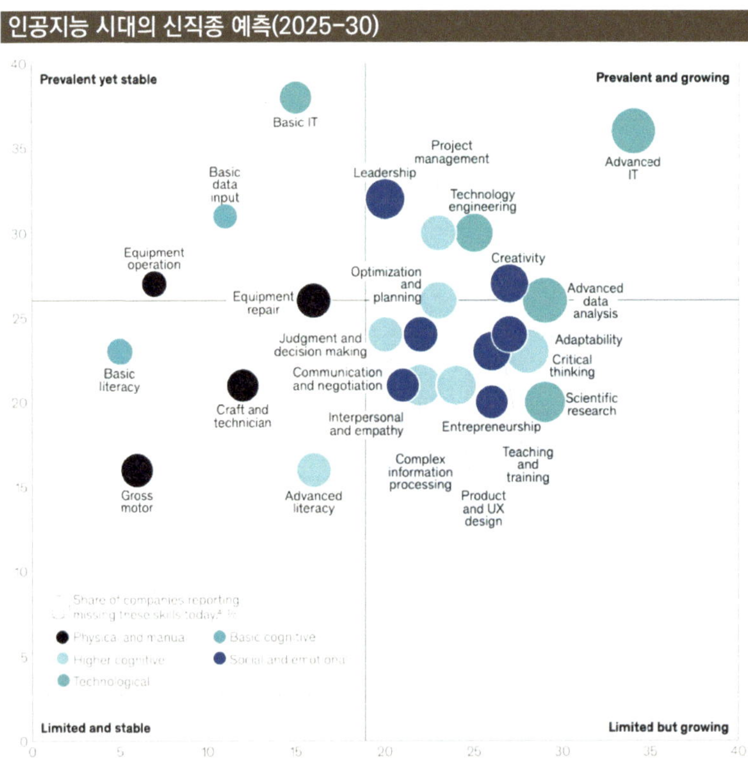

출처: McKinsey & Company Insight.(2025.05.17.). A new future of work: The race to deploy AI and raise skills in Europe and beyond. https://www.mckinsey.de/~/media/mckinsey/locations/europe%20and%20middle%20east/deutschland/news/presse/2024/2024%20-%2005%20-%2023%20mgi%20genai%20future%20of%20work/mgi%20report_a-new-future-of-work-the-race-to-deploy-ai.pdf

3. 인간과 AI의 협업 구조

☑ **보완적 협력 →** 인간은 창의성, 직관, 윤리적 판단을 담당, AI는 데이터 기반 분석·속도·정확성을 담당
☑ **하이브리드 팀 모델 →** 의료(의사+AI 진단), 법률(변호사+AI 판례 검색), 교육(교사+AI 맞춤형 학습) 등에서 공동 작업
☑ **AI 코파일럿 모델 →** 사용자가 업무 수행 시 AI가 실시간으로 보조·제안하는 형태(Microsoft Copilot, GitHub Copilot 등)

인공지능(AI)은 단순한 기술을 넘어 인간 노동의 본질을 재정의하고 있다. AI가 인간의 일자리를 완전히 대체할 것이라는 부정적 예측이 지배적이었는데, 이제는 인간과 AI의 협력이 새로운 생산성과 가치를 창출하는 핵심 패러다임으로 자리 잡고 있다. 이는 조화를 이루어 더 아름다운 음악을 만들어내는 오케스트라와 같다.

실리콘밸리의 일상: AI 코파일럿과 함께하는 개발 업무

미국 실리콘밸리 산호세에 위치한 한 스타트업 사무실은 혼자 코딩하는 개발자들의 공간이 아니다. 노트북 화면 속에는 AI 코파일럿(AI Copilot)이 실시간으로 코드를 제안하고 오류를 수정하며, 지속적으로 대화하며 베테랑 개발자처럼 도움을 준다.

"불과 5년전 코딩의 90%는 단순 반복 작업이었다." AI 코파일럿이 도입된 후, 개발자가 해야 할 일은 창의적인 문제 해결과 새로운 알고리즘 설계이다. AI는 신속 정확하게 반복적인 코드를 작성해 주고, 개발자는 그 시간을 활용해 프로젝트의 큰 그림을 구상하거나 복잡한 로직을 고민한다. 이제 AI는 더 이상 도구가 아니라, 업무 효율을 극대화하는 파트너가 되었다.

이러한 AI 코파일럿 모델은 코딩에 국한되지 않는다. 마이크로소프트

의 코파일럿은 워드, 엑셀, 파워포인트 등 모든 오피스 프로그램에 통합되어 사용자의 업무를 보조하고 있다. 이 모델은 인간의 창의성과 AI의 속도를 결합하여 시너지 효과를 창출하는 하이브리드 팀의 전형적인 예시이다.

보완적 협력: 인간 고유의 가치 증명

AI와 이용 기술은 기술과 인간의 보완적 관계를 명확히 보여준다. AI는 방대한 데이터 분석, 복잡한 계산, 반복적인 작업을 탁월하게 수행하지만, 인간은 여전히 직관, 창의성, 윤리적 판단이라는 고유한 영역을 담당한다. 의료 분야에서는 AI가 수백만 건의 의료 데이터를 분석하여 정확한 진단을 돕지만, 환자와의 교감, 공감, 치료 계획 수립은 의사의 역할이다. 법률 분야에서도 AI는 방대한 판례를 순간적으로 검색하지만, 변호사의 윤리적 판단과 복잡한 법적 상황에 대한 통찰력은 대체될 수 없다(European Parliament, 2024).

이러한 협력 구조는 모든 직업에 적용될 수 있으며, 노동 시장 전반에 걸쳐 인간의 역할이 재정의되고 있음을 보여준다. 더 이상 인간은 단순히 '일'을 하는 존재가 아니라, AI가 처리한 정보를 바탕으로 가치를 창출하고 의미를 부여하는 존재가 되는 것이다.

급격한 기술 격차: 글로벌 정책의 충돌

급격한 변화가 모든 사회 구성원에게 긍정적인 영향을 미치는 것은 아니다. OECD는 디지털 전환이 숙련 노동자와 비숙련 노동자 간 임금 격차를 심화시킬 수 있다고 경고한다. AI를 활용할 수 있는 기술을 갖춘 노동자는 더 많은 기회와 높은 임금을 얻는 반면, 그렇지 못한 노동자는 상대적으로 불안정한 위치에 놓이게 된다.

또한, 플랫폼 노동의 확산은 이러한 불안정성을 더욱 가속화하고 있다. AI 기반의 플랫폼은 노동의 유연성을 높였지만, 동시에 고용 안정성이 낮고 사회보험 혜택을 받기 어려운 '긱 이코노미(Gig Economy)'를 확대시켰다(Chaudhuri, 2023). 이는 국가별로 상이한 정책적 대응을 요구한다. 유럽연합(EU)은 AI가 노동자에게 미칠 수 있는 부정적인 영향을 선제적으로 방지하기 위해 AI 법안을 제정하여 윤리적 사용과 책임성을 강조하는 반면, 중국은 제조업 자동화를 국가 성장 전략의 핵심으로 삼으며 기술적 우위 확보에 집중하고 있다(International Energy Agency, 2022).

새로운 노동 질서의 서막

AI는 인간의 역할을 대체하는 것이 아니라, 오히려 인간 고유의 역량을 핵심화 하는 촉매제 역할을 하고 있다. AI와 인간의 협력은 단순한 효율성 향상을 넘어, 노동의 본질을 '반복적인 작업'에서 '창의적인 가치 창출'로 변화시켰다. 이 과정에서 기술 격차와 노동 불안정성이라는 사회적 과제도 나타났지만, 이는 새로운 노동 질서를 구축하는 데 있어 시간이 해결하는 필수적인 과정이다. 우리는 AI라는 새로운 기술과 함께 미래 노동의 가치를 재개념화하고 있다.

4. 사회적·정책적 과제

☑ **재교육 및 평생학습 강화** → 변화하는 직무에 적응할 수 있도록 교육 기회 확대
☑ **윤리적·법적 제도 마련** → AI 활용 시 개인정보, 노동권, 책임 소재 문제를 다루는 법제 필요
☑ **사회 안전망 확충** → 자동화로 인한 고용 충격에 대비해 실업 보장, 직업 전환 지원 등 강화
☑ **포용적 성장 모델** → AI 혜택이 일부 기업·계층에 집중되지 않도록 공정한 분배 정책 필요

서울의 강동의 직업훈련센터. 50대 현대자동차 기술자는 프로그래밍 언어를 배우는 데 열중하고 있다. 2025년 공장은 AI 자동화 시스템이 도입되면서 대규모 인력 감축이 실시되었다. 하지만 정부와 기업이 지원하는 AI 시대 직업 전환 프로그램을 통해 스마트 팩토리 관리로의 재도약을 꿈꾼다. 이처럼 AI가 가져온 변화는 단순한 기술적 혁신을 넘어, 우리 사회가 직면한 근본적인 과제들을 드러내고 있다.

AI 시대, 위기와 기회: 변화의 패러다임 속에서 구도자

AI는 노동 시장의 패러다임을 송두리째 변화시키고 있지만, 그 영향은 모든 국가와 계층에 동일하게 적용되지 않는다. 마치 거대한 파도가 해안가에 따라 다른 모양의 흔적을 남기듯, 각국의 산업 구조, 정책, 사회적 안전망에 따라 AI가 가져오는 변화의 양상은 극명하게 갈린다.

세계경제포럼(WEF, 2025)의 보고서에 따르면, AI로 인한 일자리 변화는 국가별로 뚜렷한 차이를 보인다. 한국과 중국과 같은 제조업 중심 국가들은 자동화에 따른 일자리 대체 위험이 상대적으로 높고, 동시에 AI 관련 신규 직무 창출 가능성 역시 크다. 반면, 미국과 영국처럼 첨단 서비스 산업이 발달한 국가들은 AI를 활용한 생산성 증대와 직무 재편이 활

발하게 이루어지며, 전반적인 고용 창출 효과가 상대적으로 높게 나타난다. 이러한 차이는 기술적 진보가 곧바로 사회적 진보로 이어지지 않으며, 이를 위한 정책적 노력이 필수적이다.

AI 시대의 사회적·정책적 과제

AI 시대의 도래는 우리 사회에 중요한 숙제를 던진다.

첫 번째는 재교육 및 평생학습 강화이다. 빠르게 변화하는 기술에 적응하지 못하는 노동자들이 소외되지 않도록, 지속적인 교육과 훈련의 기회를 제공해야 한다. 정부와 기업이 협력하여 기존 노동자들에게 새로운 기술 교육 프로그램은 미래 사회의 필수 인프라가 될 것이다.

두 번째는 윤리적·법적 제도 마련이다. AI가 노동시장에 침투하면서 개인정보 보호, 알고리즘의 편향성, 그리고 AI의 결정에 대한 법적 책임 소재 등 복잡한 문제들이 발생하고 있다. 특히 플랫폼 노동의 확산은 고용 형태의 유연성을 높였지만, 동시에 노동자의 권리를 보장할 새로운 법적 프레임워크를 요구한다. AI가 생성한 결과물에 대한 저작권, AI의 결정으로 인한 피해에 대한 보상 등 새로운 사회적 합의가 요구된다(European Parliament, 2024).

세 번째는 사회 안전망 확충이다. 자동화로 인한 대규모 실업에 대비해, 실업 보장 시스템을 강화하고 직업 전환을 위한 재정적 지원을 확대해야 한다. 이는 단순히 실직자를 돕는 차원을 넘어, 사회 전체의 안정성을 유지하고 새로운 산업으로의 원활한 전환을 돕는 중요한 역할을 한다.

마지막으로, 포용적 성장 모델을 구축해야 한다. AI 기술의 혜택이 특정 기업이나 고숙련 노동자들에게만 집중되지 않도록, 공정한 분배와 접근 기회를 보장하는 정책이 필요하다. AI 시대의 부와 생산성 향상이 소수에 집중된다면, 사회적 불평등이 심화될 수 있다.

AI와 공존하는 미래를 향한 로드맵

AI는 거대한 기회이자 동시에 거대한 위협이 될 수 있다. 이 기술이 인간의 삶을 더 풍요롭게 만드는 도구가 될지, 아니면 양극화와 불안정 심화 요인이 될지는 우리의 선택과 노력에 의존한게 된다. 재교육, 윤리적 규제, 사회 안전망 확충, 그리고 포용적 성장이라는 네 가지 핵심 과제를 해결하는 것은 기술적 혁신만큼이나 중요하다. 우리는 AI라는 미지의 바다를 항해하고 있으며, 우리 사회의 지혜와 연대가 이 항해의 성공을 좌우할 것이다. AI는 노동시장에서 단순히 대체자가 아닌 협력자로 자리 잡아갈 가능성이 크다. 그 과정에서 노동 구조의 불평등과 불안정성이 심화될 가능성에 대한 사회적 합의가 필수적이다.

▌심화 연구: 인공지능(AI)의 학술적 이해

인공지능(Artificial Intelligence, AI)의 개념. 20세기에는 "인간의 지능적 행동을 기계가 모방하거나 재현하는 것"으로 정의되었다(McCarthy, 1956). 그러나 21세기에서는 AI를 단순한 모방의 차원을 넘어, 데이터 기반의 학습·추론·적응 능력을 갖춘 복합적 시스템으로 이해한다. 특히 머신러닝(Machine Learning)과 딥러닝(Deep Learning)의 발전은 AI를 통계적 모델의 확장판이 아닌 자율적 학습·예측·의사결정의 주체로 인식한다. 이러한 맥락에서 AI는 "인지 기능을 계산적으로 구현하여 새로운 지식·패턴·전략을 산출하는 인공적 지능 체계"라 정의할 수 있다(Russell & Norvig, 2021).

AI 연구의 학문적 가치. AI가 단순한 기술적 도구를 넘어 인간과 사회의 지식 생산 방식을 변화시키는 인지적·사회적 매개체라는 점이다. 예를 들어, 대규모 언어 모델(LLMs)은 단순히 언어 데이터를 예측하는 것이 아니라, 새로운 텍스트·아이디어를 생성하며 지식 담론 자체를 확장한다(Bender & Gebru, 2021). 즉, "AI가 지식의 생산자이자 협력자"로 기능할 수 있음을 의미한다. 동시에 AI의 의사결정 과정이 불투명성(black box problem)을 수반한다는 점은 학문·정책·윤리 논의에서 중요한 쟁점이 된다.

따라서 AI에 대한 학술적 연구는 단순한 기술적 정의를 넘어서, 인지과학, 통계학, 철학, 사회학 등 다양한 학제적 관점이 결합된 총체적 접근을 요구한다. 인공지능은 곧 "인간 지능의 확장된 형태"일 뿐 아니라, 사회적 제도와 규범을 재구성하는 하나의 새로운 지적 인프라로 이해되어야 한다.

CHAPTER 10

AI 국제무역 모형: 가치사슬의 재구성

1. 생성형 AI와 비교우위 개념 재정의
2. 디지털 서비스와 알고리즘 기반 무역
3. 생산성 충격과 글로벌 가치사슬
4. 무역에서 정책, 규제, 분배 효과

1. 생성형 AI와 비교우위 개념 재정의

☑ **지식과 데이터의 국제적 불균형(Knowledge and Data Inequality)** → 국가 간 데이터 접근성과 지식 축적의 차이가 무역구조와 경쟁력을 어떻게 재편 과제

☑ **내생적 비교우위의 지속 가능성(Endogenous Comparative Advantage Sustainability)** → 생성형 AI가 만든 비교우위 상황이 일시적 현상인지, 장기적으로 유지될 수 있는지 여부

☑ **서비스 무역의 확장과 규제(Service Trade Expansion and Regulation)** → 생성형 AI가 서비스 중심 경제를 확장시키는 과정에서 발생하는 새로운 규제적·제도적 과제

고전적 국제경제이론의 한계와 진화사적 맥락

18세기 고전적 국제경제 이론 — 리카도의 비교우위 원리와 헥셔-올린(H-O) 모형 — 은 물질적 재화, 희소한 자본, 그리고 물리적 상품의 이동이 중심이었던 시대에 활약하였다. 데이비드 리카도(David Ricardo, 1772~1823) 활동 당시 영국은 산업혁명이 한창이었고, 곡물법(Corn Laws)과 자유무역 논쟁이 치열했던 시기였다. 리카도는 곡물 수입 자유화를 주장하면서, 각국이 비교우위에 따라 전문화하면 모두에게 이익이 된다는 논리를 제시했다. 리카도는 상대적 생산성 차이가 특화(전문화)를 유도한다고 주장하였다. 영국은 직물, 포르투갈은 포도주에 집중하는 식이다(Ohlin, 1933; Ricardo, 1817).

20세기, 엘리 헤크셔(Eli Heckscher, 1879~1952) & 베르틸 올린(Bertil Ohlin, 1899~1979)의 H-O 모형*은 자본과 노동 같은 생산요소의 상대적 풍부함이 무역 패턴을 결정한다는 설명을 했다. 배경은 1차 세계대전 전후의 산업화·자본 축적 시대였고, 물적 자본과 노동 이동이 국제경제 논

*발표: 헤크셔 논문 The Effect of Foreign Trade on the Distribution of Income, 1919), 올린 저서 Interregional and International Trade, 1933).

의의 중심이었다. H-O 모형은 이러한 논리를 확장하여, 자본과 노동 같은 생산요소의 상대적 풍부함이 비교우위를 설명한다는 의견인데, 상당히 현실과 부합하지 않는 가설을 바탕으로 한 주장이다.

생성형 AI의 부상과 비교우위의 전환

21세기의 디지털 경제 속에서 이 모형들은 전혀 예상치 못했던 현실에 직면한다. 바로 생성형 인공지능(Generative AI)의 부상이다. 생성형 AI는 단순히 기존 재화의 생산비용을 낮추는 것에 그치지 않는다. 그것은 "재화"나 "서비스"가 무엇인지에 대한 존재론적 범주 자체를 바꿔 놓는다. 고전 이론에서 비교우위는 지리, 자원, 혹은 기술적 충격에 의해 외생적으로 주어진 상대적 생산성에서 비롯된다. 반면, 생성형 AI는 내생적 생산성 엔진으로 작동하면서 학습·적응·지식을 국경 너머로 재분배한다. 예컨대 서울의 한 로펌이 러시아와 아랍어로 계약서를 작성하거나, 상파울루의 마케팅 회사가 중국 시장을 겨냥한 광고 캠페인을 AI로 제작하는 모습은 새로운 역학을 보여준다. AI는 언어·산업·문화적 장벽을 동시에 제거하며 생산성 격차를 초고속으로 압축한다(Brynjolfsson & McAfee, 2017).

고전적 국제경제 이론의 2국·2상품 모형은 이제 단순한 개념에서 무리한 설명으로 인식된다. 왜냐하면 하나의 알고리즘이 동시에 여러 국가의 비교우위를 구현할 수 있기 때문이다. 미국과 영국의 판례를 모두 학습한 생성형 모델을 적용하면, 이 모델은 사실상 두 관할권의 비교우위를 동시에 내재한다. 이는 급진적인 가능성을 제기한다. 비교우위는 더 이상 국가에만 속하지 않고, 알고리즘 자체에 구현될 수 있다. 즉, 비교우위를 가진 "주체"는 국가가 아니라 클라우드 기반 모델일 수도 있다.

H-O 모형의 해체와 새로운 무역 질서

헥셔-올린 모형 역시 재해석 없이는 학문적 신뢰도를 유지하기 어렵다. 이 모형의 기본 가정은 자본과 노동 같은 요소부존량이 무역 패턴을 설명한다는 것이다. 그러나 AI는 이 두 가지 요소를 동시에 재구성한다. 데이터는 이제 토지나 자본에 버금가는 새로운 생산요소로 부상한다 (Goldfarb, Gans, & Agrawal, 2023). 한편, 고소득 국가에서 가장 희소했던 노동은, 소프트웨어 코딩부터 의료 진단까지 수행하는 생성형 모델에 의해 대체되고 있다. 고도로 숙련된 인적 자본은 더 이상 절대적 이점이 아니라, "알고리즘 노동"이라는 합성적 형태와 경쟁해야 한다.

이것은 H-O 논리의 근본적 해체를 의미한다. 과거에는 무역 패턴이 천연자원과 인적 자원의 불균등 분포를 반영했지만, 생성형 AI의 세계적 확산은 오히려 균등화를 암시한다. 충분한 연산 인프라를 가진 국가라면 누구든 최첨단 AI를 훈련하거나 접근할 수 있기 때문에, 지리적 조건에 근거한 비교우위는 설명력이 훼손된다. 규제적 관성에 묶인 선진국보다, 과감한 AI 도입 정책을 전개할 수 있다면 개발도상국이 오히려 도약할 수도 있다. 이런 의미에서 AI는 비교우위를 균등화하는 동시에, 데이터·연산능력·독점적 알고리즘 접근성의 격차라는 새로운 불평등을 만들어낸다(UNCTAD, 2021).

이론적 관점에서 리카도와 H-O는 폐기하거나, 반드시 재조정(remodeling)이 요구된다. 생성형 AI는 비교우위를 정적인 조건에서 동적이고 알고리즘적으로 매개된 과정으로 바꾸어 놓는다. 생산성은 더 이상 인간의 노동이나 자본 축적에만 의존하지 않고, 기계학습 모델의 지속적 진화에 달려 있다. 증기기관이 아담스미스나 리카도의 시대에 산업경제를 재편했던 것처럼, 생성형 AI는 21세기 무역 이론의 개념을 다시 쓰고 있다. 국제경제학의 과제는 이러한 새로운 역학을 포착할 수 있도록 고전적 개념을 확장하는 것이어야 한다. 국제경제학 원리가 여전히 직물과 포도주의 세계에 머물러 있는 동안, 알고리즘은 무형의 지식산업에 대한 계약서를 작성하고 반도체를 설계하며 고차원의 영화를 만들어내어 시대를 선도하게 될 것이다.

지식과 데이터: 새로운 생산 요소로서의 역할

고전 경제학은 생산을 토지, 노동, 자본이라는 세 가지 축에 의존해 설명해 왔다. 그러나 21세기에 들어와, 특히 생성형 인공지능이 본격적으로 확산되면서 데이터와 지식이 독립적 생산요소로 부상하고 있다. 이는 단순한 보조적 자원이 아니라, 자본이나 노동과 동등하거나 심지어 더 결정적인 역할을 한다는 점에서 "네 번째 요소"로 채택될 수 있다.

리카도 시대에 지식은 공기와 같았다. 사회에 존재하지만 직접적으로 가격이 평가되지 않았고, 시장에서 거래되는 자본재나 노동력에 비해 주변적이었다. 그러나 오늘날, AI를 훈련시키는 데이터셋은 석유나 금보다 더 값비싼 자원이 되었다. "데이터는 21세기의 원유"라는 비유 실제 무역과 생산의 핵심 동학을 요약한다(The Economist, 2017).

경제학적으로 지식과 데이터가 생산요소로 분리되어야 하는 이유는 두 가지다. 첫째, 비경합성(non-rivalry)이다. 한 국가가 데이터를 사용한다고 해서 다른 국가가 그 데이터를 사용할 수 없는 것이 아니다. 오히려 동일한 데이터셋은 전 세계적으로 동시에 활용될 수 있다. 둘째, 규모의 수확 체증(increasing returns to scale)이다. 더 많은 데이터와 지식을 축적할수록 생성형 AI의 성능은 비선형적으로 향상된다. 이는 전통적 생산요소와 달리 데이터가 집적 효과(agglomeration effect)를 창출한다는 의미이다(Jones & Romer, 2010).

이러한 특성은 무역이론에 근본적 충격을 준다. 헥셔-올린 모형이 전제한 요소부존량의 차이가 무역 패턴을 결정한다는 논리는, 데이터의 국경 간 이동성과 지식의 비경합성을 고려하면 더 이상 실효성이 있는 이론으로 존재하기 어렵다. 예를 들어, 미국과 인도가 동일한 대규모 언어 모델에 접근할 수 있다면, 양국의 노동생산성 격차는 빠르게 축소될 수 있다. 이때 비교우위는 더 이상 '노동 우위 vs. 자본 우위'의 구도로 설명되지 않는다. 대신, 데이터 접근권, 알고리즘 독점, 연산 인프라 같은 새로운 요소들이 무역 패턴을 좌우한다.

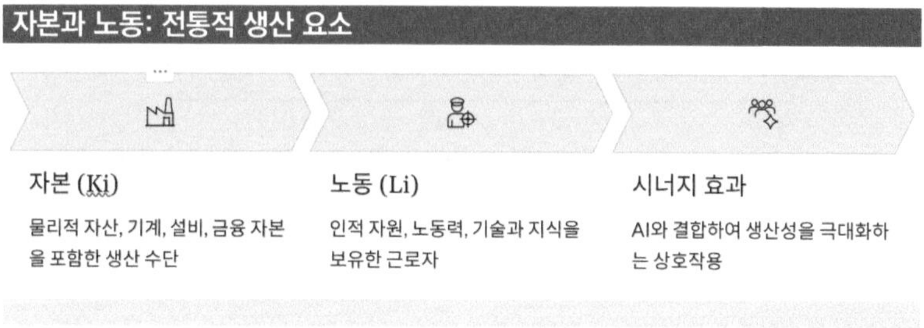

자본과 노동: 전통적 생산 요소

자본 (Ki)

물리적 자산, 기계, 설비, 금융 자본을 포함한 생산 수단

노동 (Li)

인적 자원, 노동력, 기술과 지식을 보유한 근로자

시너지 효과

AI와 결합하여 생산성을 극대화하는 상호작용

이를 수학적으로 단순히 표현하면, 전통적 생산함수는 $Y = A \cdot F(K, L)$ 형태로 기술된다. 여기서 A는 기술수준, K는 자본, L은 노동이다. 그러나 생성형 AI가 본격적으로 작동하는 시대의 생산함수는 $Y = A \cdot F(K, L, D)$로 확장될 수 있다. 여기서 D는 데이터이며, 단순한 보조 변수가 아니라 생산성 전체를 비약적으로 끌어올리는 핵심 요소다. 더 나아가 A 자체가 D에 의존하는 동태적 함수라면, 데이터는 생산함수의 '내부 동력'이 된다.

이 논리를 시각화하기 위해서는 '데이터 축적과 AI 성능의 비선형적 상관관계'를 언어 모델의 스케일링 법칙(scaling laws)의 연구에서 참고할 수 있다.

손실과 모델과 정보크기의 관계

M, D가 작으면 L은 커진다(과소적합), M은 크고 D가 작으면 실제 L은 작아진다(과적합). M, D가 적절하면 L도 낮아지며 이상적이 된다(적합).

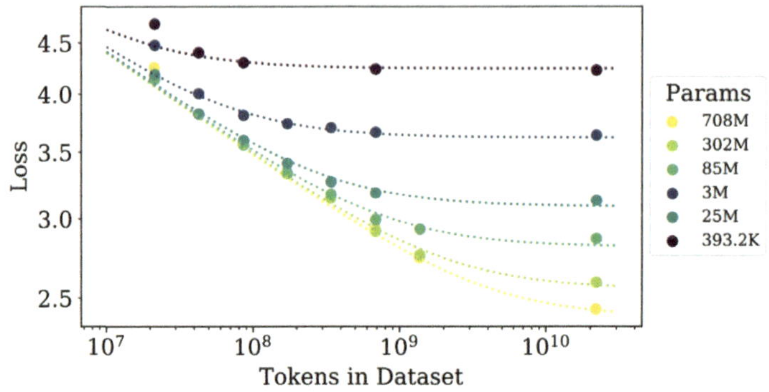

출처: Kaplan et al.(2020). Scaling Laws for Neural Language Models. arXiv 사전출판.

데이터 축적, AI 성능, 그리고 확장된 생산함수

국제무역 차원에서 보면, 데이터의 언어적 편재성은 새로운 형태의 "자원 불평등"을 만든다. 예를 들어, 영어권 Neo data rentierism, 즉 데이터가 압도적으로 수집되었기 때문에, 영어 기반의 AI 모델은 다른 언어권보다 훨씬 빠른 속도로 발전할 수 있다. 이 현상은 마치 중동의 석유가 특정 지역에 집중되어 OPEC이 국제 정치경제 패권에서 지렛대 역할을 했던 것과 유사하다. 다만 데이터는 석유와 달리 무한히 복제 가능하고, 국경을 초월해 이동할 수 있다는 점에서 무역질서를 더욱 복잡하게 만든다.

결국 데이터와 지식은 더 이상 보조적 요소가 아니라, 국제무역의 새로운 핵심 동력이다. 리카도와 헥셔-올린의 틀을 극복하고, 데이터-지식 요소의 생산성에 대한 평가가 무역이론 발전에 필수적이다.

방정식으로 확인하는 전통적 생산함수 vs. 데이터 확장 생산함수

$$Y = A \cdot F(K, L) \rightarrow Y = A \cdot F(K, L, D)$$

계산 자원 분배의 최적 전략

'데이터 축적과 AI 성능의 비선형적 상관관계'(LLM scaling laws 그래프)임. 예를 들어, 컴퓨터 자원이 크게 늘어나면, 어디에 더 많이 배분해야 성능 향상이 좋은가? 대부분은 모델 크기(파라미터 수)를 증대시키는 데 사용해야 함. 데이터 양은 조금만 늘려도 충분함(중복 방지만 하면 됨). 데이터 증가는 주로 병렬 처리(batch size)를 확장하는데 쓰일 수 있으며, 실제 학습 시간은 거의 더 이상 증가하지 않음.

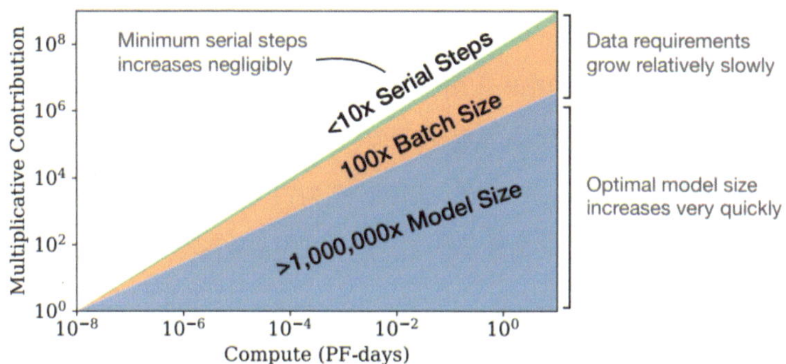

출처: Kaplan et al.(2020). Scaling Laws for Neural Language Models. arXiv 사전출판.

생성형 AI: 내생적 비교우위의 원천

리카르도의 비교우위론에서 헥셔-올린의 생산요소 모형에 이르기까지 전통적인 무역 이론은 생산성 차이를 대체로 외생적으로 다루어 왔다. 그러나 생성형 AI(Generative AI, 이하 GenAI)의 등장은 비교우위의 기원을 근본적으로 재고하도록 만든다. 비교우위는 더 이상 주어진 자원이나 기술 청사진의 결과가 아니라, 학습·적응·지식 창출 과정을 통해 내생적으로 형성되는 동적 산물이 된다.

핵심은 GenAI가 아이디어 생산 속도를 가속화한다는 점이다. 내생적 성장 모형(Romer, 1990; Aghion & Howitt, 1992)에서 장기 성장은 혁신에서 비롯되며, 이는 보통 품목 다양성의 확장이나 품질 개선으로 표현된다. 지식의 유효한 축적량 A_t는 다음과 같이 정의할 수 있다.

$$\dot{A}_t = \delta \cdot H_{R,t} \cdot f(G_t)$$

여기서 R과 t는 연구개발(R&D)에 투입되는 인적 자본이고, G_t는 생성형 AI의 도입 정도를 나타낸다. 기존의 외생적 생산성 충격과 달리 $f(G_t)$는 비선형적으로 확장되며, 이는 AI가 설계·코드·분자 구조 후보 등을 조합적으로 창출하는 능력을 반영한다. 즉, 기존 지식 축적 수준 G_t에 의존하는 함수, 즉 기존 지식이 새로운 지식 생산에 미치는 스필오버 효과(spillover effect)이다. 따라서 이 식의 의미는 다음과 같다.

"지식의 성장률은 연구 부문 인적자본의 양과 기존 지식의 수준(혹은 데이터·기술 인프라 등)에 의해 결정된다." 따라서 GenAI 인프라를 먼저 혹은 더 효과적으로 구축한 국가는 성장 궤적을 가파르게 끌어올릴 수 있고, 혁신집약적 산업에서 지속적인 비교우위를 확보하게 된다. 이러한 기술능력의 내생화는 세 가지 중요한 함의를 지닌다.

- **동적 비교우위:** 비용 기반의 정적인 차이 대신, 국가는 GenAI의 통합 수준에 따라 산업 주도권을 주기적으로 얻거나 상실할 수 있다. 예컨대, 노동력이 많지 않은 중견 경제 규모라도 디지털 인프라가 잘 갖춰져 있다면, GenAI를 대규모로 활용하여 제약 개발이나 창의 산업 분야에서 도약할 수 있다(Brynjolfsson, Li, & Raymond, 2023).
- **누적적 인과의 증폭:** GenAI가 지역 내 지식 축적을 가속화하면 피드백 루프가 강화된다. 더 많은 혁신은 자본과 인재를 끌어들이고, 이는 다시 AI 활용 생산성을 높인다. 이는 칼도어식 누적 인과(cumulative causation)를 연상시키지만, 촉발 요인이 산업 그 자체가 아니라 알고리즘이라는 점이 다르다.
- **산업 구조의 재편:** GenAI는 특히 상징 조작(symbolic manipulation)과 암묵적 지식이 중요한 분야—소프트웨어, 법률, 금융, 미디어, 디자인—에서 생산성을 크게 끌어올린다. 이에 따라 비교우위는 국가 간뿐 아니라 국가 내부에서도 이동하며, 산업 간 임금·이윤 분배를 재편한다. 이는 '보몰의 병(Baumol's cost disease)'의 반대 현상처럼, 기

내생적 성장 모형 속 생성형 AI: 도입 전후 지식 축적 곡선 비교

X축 – 시간, Y축 – 지식 축적량 A_t,
두 곡선: ① 생성형 AI 없이 진행되는 기본 성장 경로, ② GenAI가 통합된 가속 성장 경로.
생성형 AI는 지식 축적 곡선의 기울기를 끌어올려, 국가 간 기술능력 격차를 점차 확대시킨다.

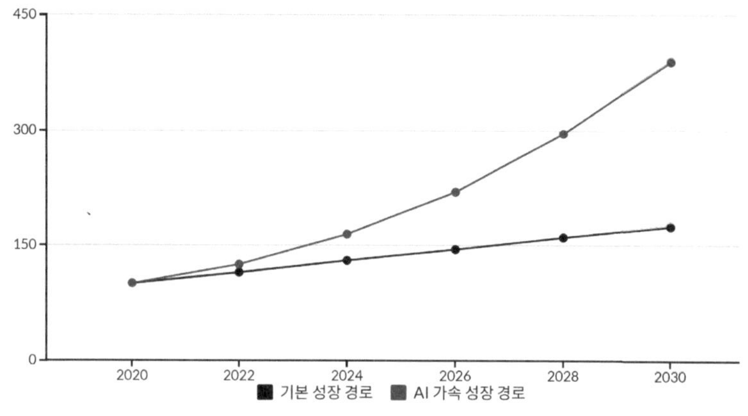

존에 생산성이 정체된 부문에서 오히려 가속화가 일어나는 셈이다.

위 그래프에서 볼 수 있듯이, 생성형 AI를 통합한 성장 경로는 기본 성장 경로와 비교하여 현저히 가파른 상승 곡선을 보여준다. 이러한 차이는 시간이 지날수록 더욱 벌어지게 된다. 직관적으로 설명하면, 고전적 모형에서는 외생적 생산성 차이에 의해 평행 성장 경로가 나타나지만, GenAI는 볼록적(divergent) 차별화를 만들어낸다. 초기 도입국은 빠르게 앞서가며 기술적 이익을 잠식하고, 후발국은 점차 커지는 격차에 직면하게 된다.

AI와 브랜드 경쟁: 무역·산업 전략의 새로운 동학

밀레니엄 시대에서는 단순히 기존 산업을 보호하는 수준을 넘어, GenAI를 흡수할 수 있는 능력 — 디지털 인프라, 연산 자원, 데이터 거버넌스, 윤리 규범—을 구축해야 한다. 그렇지 않으면 경제는 단순한 저성장에 머무는 것이 아니라, AI 선도국에 대한 구조적 종속이라는 리스크에 직면한다(Acemoglu & Johnson, 2023).

기업들에게도 경쟁은 본질적으로 생존의 문제다. GenAI를 먼저 활용해 혁신을 확장 가능한 형태로 만든 기업은 글로벌 시장을 지배하며, 산업 표준을 설정하고 독점적 지대를 획득할 수 있다.

결국 비교우위는 더 이상 '주어진 것'이 아니다. 그것은 선택의 문제, 즉 사회가 AI를 어떻게 동원하고 내재화하느냐에 따라 달라지는 결과이다. 이런 점에서 GenAI는 단순한 기술이 아니라, 자유무역 개념의 세계경제 발전의 논리를 재편하는 새로운 '메타 생산요소(meta-factor of production)'라 할 수 있다.

서비스 지향 경제에 대한 함의

전통적 무역 이론과 산업 경제학에서 서비스는 종종 부차적 영역으로 취급되었다. 리카도와 헥셔-올린 모형은 물리적 재화와 생산요소의 분포를 중심으로 설명되었고, 지식과 무형적 자산이 중심인 서비스 산업은 '비교우위' 논의에서 상대적으로 소외되었다. 그러나 생성형 AI의 등장으로, 서비스 경제는 이제 무역과 성장의 최전선(frontline)이 되었다.

서비스 지향 경제에서는 노동과 지식이 핵심 자산이다. 전통적으로 고급 서비스—법률, 금융, 의료, 교육, 미디어—는 인적 자본에 의존하며, 지리적·문화적 장벽 때문에 국제화가 제한적이었다. 그러나 GenAI는 이러한 장벽을 극복하며, 서비스의 국경 간 이동성을 극적으로 높인다(Brynjolfsson & McAfee, 2017). 예를 들어, 한 글로벌 로펌이 AI를 활용해 다국어 계약서를 자동 작성하거나, 원격 의료 서비스에서 AI가 환자 데이터를 분석하여 진단과 처방을 보조하는 사례는 단순한 자동화가 아니라 서비스 무역의 패러다임 전환을 보여준다.

경제학적으로, 서비스 경제에서 생성형 AI는 생산함수의 다차원 확장을 야기한다.

전통적 재화 생산함수. $Y = A \cdot F(K, L)$에서, 서비스 중심 경제는 지식 H와 데이터 D를 포함하여 $Y_s = A \cdot F(K, L, H, D)$로 확장된다. 여기서 Y_s는 서비스 생산량, H는 전문 인적 자본, D는 AI 학습용 데이터다. 서비스 산업에서 GenAI는 지식 노동과 데이터를 증폭시켜, 노동과 자본의 전통적 역할을 넘어서는 생산성을 창출한다.

서비스 무역의 새로운 패턴. 서비스 지향 경제에서 GenAI가 만들어내는 비교우위는 세 가지 방식으로 나타난다.

- **비지리적 비교우위의 형성:** 데이터와 알고리즘의 클라우드 접근성을 갖춘 국가는 물리적 위치에 상관없이 세계 시장을 대상으로 서비스를 제공할 수 있다. 예를 들어, 싱가포르의 금융 AI가 런던·뉴욕의 시장 데이터를 실시간으로 분석하고 자동화된 투자 전략을 제공하는 것은, 전통적 비교우위 관점에서는 불가능한 '초국가적 비교우위'를 보여준다.
- **서비스 부문의 고부가가치화:** AI는 단순 반복 업무를 대체하는 수준을 넘어, 창의적·전략적 서비스 영역에서 가치 창출을 가능하게 한다. 이는 서비스 산업의 부가가치를 증대하여, 산업 내 소득과 임금 구조를 재편한다(Autor, Mindell, & Reynolds, 2020).
- **무역 패턴의 내생적 변화:** 데이터와 알고리즘 접근성은 국가 간 비교우위를 새롭게 내생적으로 결정한다. 전통적 요소부존량 기반 H-O 모형에서는 노동 풍부 국가가 서비스 비교우위를 갖기 어렵지만, GenAI를 활용하면 데이터와 지식 중심의 고부가 서비스에서 새로운 경쟁력이 창출될 수 있다.
- **서비스 경제에서 AI 통합에 따른 생산성 변화는 X축 -시간, Y축 -**

서비스 생산성을 표시하고, Y_s 두 곡선: (1) AI 미통합 서비스 성장 경로,(2) AI 통합 후 가속 성장 경로 표시. 결국 생성형 AI는 서비스 부문의 생산성을 비선형적으로 향상시키며, 국가 간 서비스 경쟁력 격차를 확대한다.

서비스 경제에서 AI 통합에 따른 생산성 변화

AI 기술 확산 속도와 측정된 생산성 간의 시차(lag)를 나타내는 그래프이다. $Y_s = A \cdot F(K, L, H, D)$ 함수의 'D(데이터/AI 통합)'가 증가할수록 A가 점진적으로 상승하는 도식의 예를 나타낸 것이다.

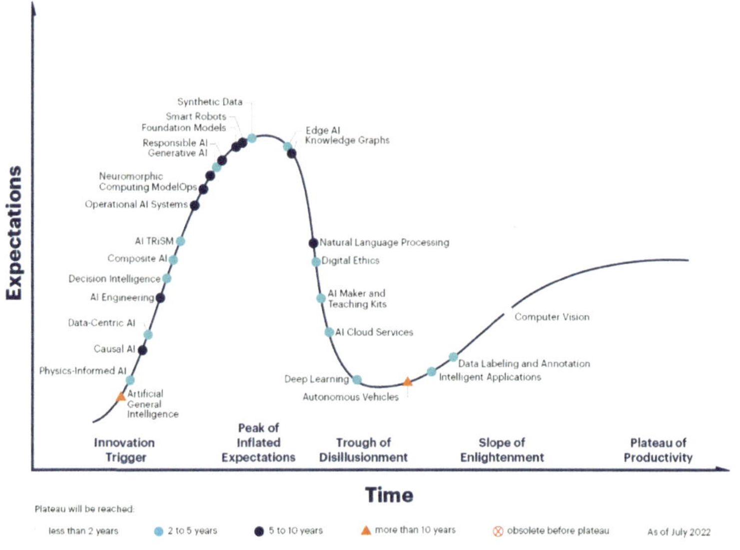

출처: Brynjolfsson, Rock & Syverson(2018). Artificial Intelligence and the Modern Productivity Paradox.

서비스 지향 경제에서의 GenAI 도입은 단순한 자동화 차원을 넘어 국가 경쟁력과 비교우위의 재편을 의미한다. 물리적 자원이나 전통적 인적 자본이 아닌, 데이터, 지식, AI 활용 능력이 국가 간 서비스 경쟁력을 결정하는 핵심 변수로 떠오른 것이다.

결론적으로, 서비스 지향 경제의 정책과 전략은 AI 인프라 투자, 데이터 정책, 글로벌 규제 대응, 고급 인적 자본 개발을 중심으로 설계되어야 한다. 그렇지 않으면, AI를 선도하는 국가와 기업이 글로벌 서비스 시장을 장악하고, 후발국은 지속적 비교우위 상실이라는 구조적 격차에 직면하게 된다.

2. 디지털 서비스와 알고리즘 기반 무역

☑ **알고리즘 상품의 법적 지위 불확실성** → 알고리즘이 상품인지 서비스인지 명확히 규정되지 않아 무역 규범 적용에 혼란을 초래

☑ **무형 무역의 측정 한계** → 디지털 서비스와 데이터 기반 거래는 국가 통계에 잘 반영되지 않아 무역정책 수립에 공백 발생

☑ **규제 조화와 갈등** → WTO와 개별 디지털 무역협정이 상충할 경우, 글로벌 규제 체계의 일관성 확보가 어려움

국제경제학에서 '알고리즘 기반 상품' 정의

전통적 국제경제학에서 상품은 유형성과 물리적 형태를 기준으로 정의되어 왔다. 곡물, 철강, 기계류와 같은 물리적 재화는 운송과 저장이 필요하며, 국가 간 거래는 주로 이러한 재화의 생산 요소 분포와 생산 비용에 의해 결정되었다. 그러나 AI와 디지털 기술의 발전은 국제무역의 패러다임을 근본적으로 변화시키고 있다. 최근에 도입한 알고리즘 기반 상품(Algorithmic Goods)은 단순한 코드나 소프트웨어를 넘어, 기업의 핵심 가치와 지적 자산을 포함하는 디지털 혁신의 산물로 정의될 수 있다(Brynjolfsson & McAfee, 2017).

Algorithmic Goods에는 소프트웨어 코드, AI 모델, 자동화된 프로세스, 데이터 분석 알고리즘 등이 포함된다. 이러한 상품은 지식과 정보가 핵심 가치로 작용하며, 전통적 재화와 달리 생산 및 복제가 사실상 무한하다. 경제학적으로 엄밀히 표현하면, Algorithmic Goods는 산출물(Output)에 지적 재산(IP)의 결합으로 정의할 수 있으며, 다음과 같은 특징을 가진다.

- **무한 복제 가능성(Non-rivalry)**: 한 국가가 Algorithmic Goods를 생산한다고 해서 다른 국가가 해당 상품을 사용하는 데 제한이 없다.

- **저한계비용(Low marginal cost)**: 추가 생산 단위 비용이 거의 0에 가깝다. 따라서 규모의 경제가 극대화된다.
- **즉각적 확산 가능성(Instant dissemination)**: 인터넷과 클라우드 플랫폼을 통해 전 세계 어디서든 동시에 인도가 가능하다.

이러한 특징으로 인해, Algorithmic Goods는 기존의 헥셔-올린(H-O) 모형이나 리카도의 비교우위론에서 설명되지 않았던 새로운 무역 패턴을 창출한다. 전통적 무역에서 비교우위는 노동, 자본, 토지 등 물리적 요소에 의해 결정되었지만, Algorithmic Goods 무역에서는 데이터 접근성, AI 인프라, 알고리즘 설계 능력과 같은 새로운 요소가 핵심 경쟁력을 결정한다. 또한, 네트워크 효과와 표준화 기술의 존재로 인해 시장 점유율과 무역량이 비선형적으로 확장될 수 있다.

Algorithmic Goods의 기능적 메커니즘(작동 구조)

알고리즘이 서비스처럼 작동하며, 인간의 노동을 대체하고 생산성을 높이는 과정 즉, 알고리즘의 기능적 가치(Functionality)를 시각화한 구조

- Programmer: 알고리즘(코드)을 만드는 사람
- Code: 자동화된 의사결정 시스템(예: 트레이딩 알고리즘)
- Assesses Market Dynamically: 알고리즘이 스스로 시장을 분석하고 판단함
- Saves Time for Trader: 인간 트레이더의 노동시간을 절감시킴

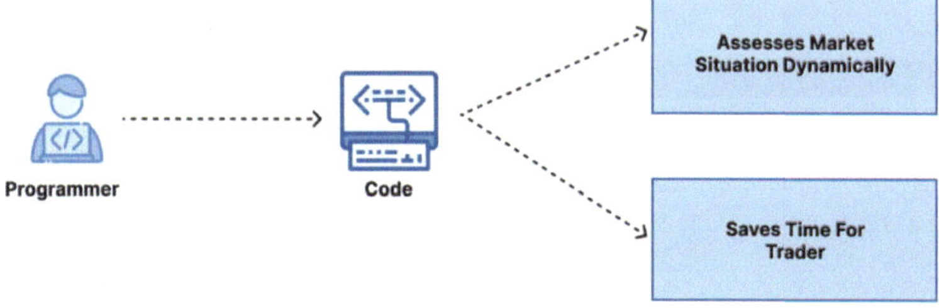

출처: Algorithmic Trading Bots: Concepts and Examples. solulab.com

측정의 어려움: 무형과 유형 무역의 차이

Algorithmic Goods와 디지털 서비스가 확산됨에 따라, 국제무역 통계와 경제지표 측면에서 측정 문제가 발생한다. 기존 통계는 주로 물리적 이동량과 가격에 근거한 유형재 무역을 중심으로 구성되었다. 그러나 디지털 서비스와 AI 기반 상품은 무형 거래(Intangible Trade)가 중심이므로, 기존 자료와 방식만으로는 정확한 무역 흐름을 파악하기 어렵다(Lund et al., 2020).

측정상의 어려움은 주로 두 가지 측면에서 나타난다.

- **거래 흐름 추적의 어려움:** 디지털 전송은 인터넷을 통해 즉시 이루어지며, 서버 위치, 사용자 위치, 클라우드 배포 경로가 복잡하게 연계되어 있다. 따라서 한 국가에서 생산된 Algorithmic Goods가 다른 국가로 전송되는 과정을 추적하고 기록하는 것은 매우 어렵다.
- **가격 및 가치 평가의 복잡성:** AI 모델이나 알고리즘의 가치와 가격은 단위별로 고정되어 있지 않으며, 모델 성능, 데이터 양, 사용 목적 등에 따라 달라진다. 이 때문에 GDP 및 수출입 통계에 정확히 반영하는 것이 어렵고, 국가 간 비교우위를 측정하는 데 한계가 존재한다.

유형 재화 vs 무형·알고리즘 상품 비교

구분	유형 재화 (Physical Goods)	무형/알고리즘 상품 (Intangible/Algorithmic Goods)
물리성 (Physicality)	물리적 형태 존재(자동차, 철강, 식품 등)	비물질적 코드·데이터 형태(소프트웨어, AI 모델 등)
복제 비용 (Replication Cost)	생산 단위마다 원자재·노동 비용 발생	초기 개발비만 크고, 복제비용은 거의 0
네트워크 효과 (Network Effect)	제한적 — 규모의 경제 중심	강함 — 사용자 수가 늘수록 가치 상승(예: 플랫폼, AI 학습)
측정 용이성 (Measurability)	거래량·가격 측정이 명확함	가치·성과 측정이 어렵고 비가시적(데이터 가치 불명확)

이러한 문제는 정책적 의사결정과 국제 경제 분석에서 중요한 시사점을 제공한다. 국가 간 디지털 서비스 무역 규모를 정확히 측정하지 못하면, 정책 입안자는 실질적 경쟁력과 투자 필요성을 과소평가하거나 규제의 필요성을 오인할 수 있다.

생성형 AI 콘텐츠와 국경 간 거래

생성형 AI(Generative AI)가 생산하는 콘텐츠(AI-Generated Content, AGC)는 디지털 무역에서 빠르게 중심적인 역할을 하고 있다. 음악, 디자인, 기사, 소프트웨어 코드, 영상 제작 등 다양한 AGC는 국가 경계를 넘어 실시간으로 거래된다. 전통적 서비스 무역은 지리적 제약과 통신 비용에 의해 제한되었지만, AGC는 디지털 네트워크를 통해 즉시 인도 가능하다는 점에서 완전히 새로운 특성을 가진다.

경제학적으로 보면, AGC는 전통적 서비스 무역과 상품 무역의 경계를 모호하게 만든다. 콘텐츠가 디지털 형태로 존재하고 즉시 배포 가능하므로, 국가 간 비교우위는 AI 기술력, 데이터 접근성, 규제 환경에 의해 내생적으로 결정된다(Agrawal, Gans, & Goldfarb, 2018).

AGC 무역의 핵심 특징은 다음과 같다.

- **속도와 확산력**: 전송 비용이 거의 0이며, 글로벌 플랫폼을 통해 즉각적인 배포 가능.
- **규모의 수확 체증**: 데이터와 학습 모델이 많을수록 생산성과 효율이 비약적으로 증가.
- **표준화와 네트워크 효과**: 플랫폼과 규격이 시장 접근성을 결정하며, 초기 선점국은 장기적으로 시장 지배 가능.

생성형 AI 수익화 방법

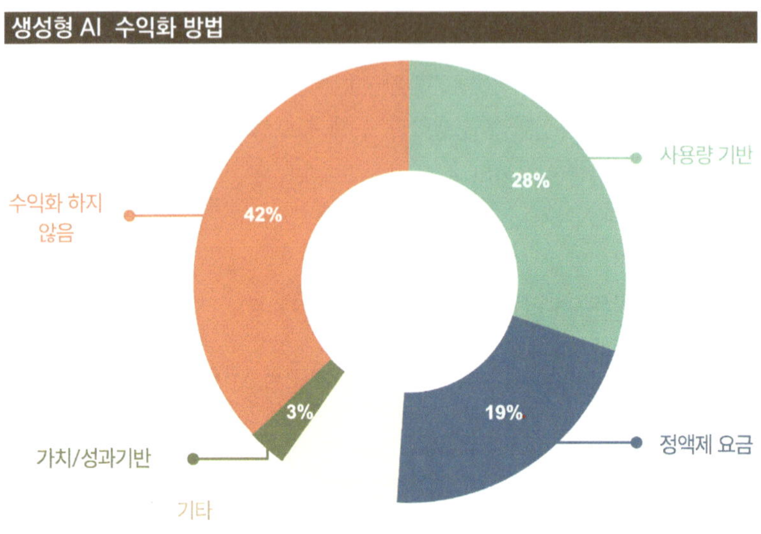

출처: 세계무역기구(WTO) 2025년 세계무역보고서.

WTO, 디지털 무역협정, 규제 프레임워크

AI 기반 상품과 디지털 서비스의 국제무역 확대는 규제와 정책 문제를 필연적으로 동반한다. WTO 및 다양한 디지털 무역협정(Digital Trade Agreements, DTA)은 국가 간 데이터 이동, 지식재산권 보호, 알고리즘 투명성, 개인정보 보호 등 복합적 문제를 다루고 있다(Evenett & Fritz, 2021).

디지털 무역협정의 핵심 목표는 데이터의 자유로운 흐름과 규제 조화다. 만약 국가 간 무역에서 데이터 접근과 AI 모델 공유가 제한된다면, 기술 선도국은 후발국에 비해 지속적 비교우위를 확보하여 종속 이론의 현상이 나타나게 된다. 반대로 통일적 규제와 표준화가 이루어지면, 글로벌 시장 진입 장벽을 낮추고, 다양한 국가와 기업이 경쟁력 있는 시장 참여가 가능해진다.

정리하면, WTO와 디지털 무역협정은 Algorithmic Goods와 AGC 무역에서 제도적 비교우위를 만드는 핵심 장치로 작동한다. 기술과 데이터가 국가 간 경쟁력의 핵심 요소가 되는 오늘날, 국제 규제 프레임워크는 선택이 아닌 필수 조건이다.

WTO 규제 vs 디지털 무역협정(DTA, Digital Trade Agreement) 비교

항목	WTO 규제	디지털 무역협정(DTA)
데이터 이동	국가별 규제 중심, 제한적 이동	국경 간 자유이동 원칙, 일부 규제 허용
지식재산권 보호	TRIPS 기반, 전통적 보호 중심	AI/디지털 콘텐츠 포함, 현대화된 보호
AI 투명성	명시적 규정 없음	알고리즘 공개·설명 의무 포함 가능
개인정보 보호	국가별 법 중심, 국제 조율 제한적	개인정보 보호 표준화, 상호 인정 가능

주) WTO는 전통적 규제 중심, DTA는 디지털 환경과 AI 시대에 맞춰 데이터 이동과 AI 투명성을 강화하는 방향.

3. 생산성 충격과 글로벌 가치사슬

☑ **AI 생산성 충격의 불균형 효과** → 동일한 충격이 국가·산업별로 상이하게 작용하여 글로벌 무역 질서를 재편할 가능성.
☑ **가치사슬 재편의 지정학적 리스크** → 리쇼어링·니어쇼어링·프렌드쇼어링이 경제논리가 아닌 정치·안보 요인과 얽혀 전개
☑ **노동시장 양극화 심화** → 고숙련 일자리는 강화되지만 저숙련 일자리는 축소되어 국가 내 불평등이 확대될 위험.

DSGE 및 무역 모형에서 AI를 생산성 충격으로 모델링

생성형 AI와 디지털 기술은 국가 및 산업 수준에서 생산성(Productivity)에 즉각적이고 지속적인 충격을 주는 요인으로 작동한다. 전통적인 거시경제학 모형, 특히 DSGE(Dynamic Stochastic General Equilibrium) 모형과 국제 무역 모형에서는 이러한 AI 기반 충격을 내생적 생산성 상승(shock to total factor productivity, TFP)으로 통합할 수 있다. 전통적 생산함수는 다음과 같다.

$$Y_t = A_t \cdot F(K_t, L_t)$$

여기서 A_t는 기술 수준(생산성)을 나타낸다. AI 도입 시, A_t는 다음과 같이 내생적 형태로 재정의될 수 있다.

$$A_t = A_0 \cdot (1 + \phi \cdot AI_t)$$

여기서 AI_t는 AI 활용 수준, ϕ는 AI가 생산성에 미치는 민감도를 나타낸다. 이 식은 AI 도입이 단순한 노동 대체를 넘어 총요소생산성(TFP) 자체를 향상시키는 충격임을 보여준다(Romer, 1990; Acemoglu & Restrepo, 2018). 이러한 충격을 DSGE 모형에 통합하면, 소비, 투자, 무역 패턴, 임금 구조 등이 어떻게 반응하는지 분석할 수 있다. 특히, 서비스 중심 산업에

서는 AI가 생산성 충격의 크기와 지속성을 증가시켜, 국가 간 비교우위 구조를 빠르게 재편할 수 있다.

AI로 인한 장기적 총요소생산(TFP) 증가에 대한 결과 예측 (10년 동안 생산성 성장 영향, 단위: 백분율 포인트, 미국 기준 보정)

TFP는 '총요소생산성(Total Factor Productivity)'을 의미하며, long-run aggregate는 '장기적 전체 수준' 혹은 '장기적 총계'이다.

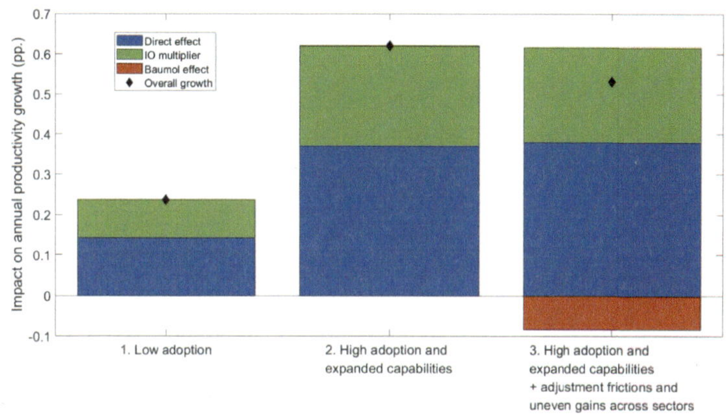

출처: OECD.(2024.11). Miracle or Myth? Assessing the macroeconomic productivity gains from Artificial Intelligence. OECD ARTIFICIAL INTELLIGENCE PAPERS. No. 29.

글로벌 가치사슬에 대한 영향

AI와 자동화 기술의 확산은 글로벌 가치사슬(Global Value Chains, GVC)의 구조를 근본적으로 변화시키고 있다. 과거 저임금 국가로의 아웃소싱 중심이었던 GVC는 AI와 로봇 기술을 활용한 재조정으로 인해 새로운 패턴을 형성한다.

주요 변화 양상은 다음과 같다.

- **리쇼어링(Reshoring):** AI와 자동화 기술로 비용우위가 국내 생산으로 이동 가능. 과거 해외 생산의 이유였던 저임금 장점이 AI로 대체되

면서, 기업이 본국 생산으로 복귀.

- **니어쇼어링(Nearshoring)**: 물리적 거리와 물류비용이 중요한 제품에서는 AI 기반 관리와 로봇화로 인접 국가 생산 선호.
- **프렌드쇼어링(Friend-shoring)**: AI·데이터 공유와 신뢰 가능한 규제 환경을 갖춘 우호국 중심으로 가치사슬 재편.

이러한 변화는 국가 간 무역 패턴과 투자 전략뿐 아니라, 산업별 경쟁력에도 직접적인 영향을 미친다. 특히 고부가가치 서비스 산업에서 AI 기반 자동화는 해외 의존도를 낮추고, 국내 및 전략적 우호국 중심 가치사슬을 강화하는 동인을 제공한다(Baldwin, 2020).

고숙련 및 저숙련 경제에서의 노동시장 영향

AI 생산성 충격은 노동시장에 비대칭적 영향을 미친다. 고숙련 경제에서는 AI가 반복적·표준적 업무를 자동화하면서, 창의적·전략적 직무에 집중하게 해 임금 상승과 고용 안정성을 동시에 제공할 수 있다. 반면 저숙련 경제에서는 AI 도입으로 단순·반복 노동의 수요 감소, 임금 압박, 고용 불안정성 증가가 나타날 수 있다(Acemoglu & Restrepo, 2020).

수학적 표현으로, 노동 수요 L_t는 생산성 충격에 따라 다음과 같이 조정된다.

$$L_t = \alpha \cdot K_t^{\beta} \cdot (A_t \cdot H_t)^{\gamma}$$

여기서 H_t는 고숙련 노동, A_t는 AI 생산성 충격, α, β, γ는 파라미터. AI가 도입될수록 A_t가 증가하고, 고숙련 노동의 생산성이 증폭되는 반면, 저숙련 노동은 상대적으로 감소한다.

이러한 구조적 변화는 국가 간 교육 정책, 노동 재훈련 프로그램, 사회 안전망 설계에 중요한 시사점을 제공하며, AI 도입 전략과 노동시장 정책의 균형이 필수적임을 보여준다.

심화: 법률, 마케팅, 번역 서비스

서비스 산업에서 AI 도입의 실제 효과를 살펴보면, 법률, 마케팅, 번역 분야에서 두드러진 변화를 확인할 수 있다.

- **법률 서비스(Legal Services)**: AI는 계약서 검토, 판례 분석, 문서 작성 자동화를 가능하게 하여 변호사의 반복적 업무 부담을 경감. 국가 간 서비스 무역에서는, AI가 생성한 법률 분석 보고서를 즉시 해외 클라이언트에게 제공 가능.
- **마케팅 서비스(Marketing Services)**: AI는 소비자 데이터 분석, 광고 전략 최적화, 소셜 미디어 콘텐츠 자동 생성 등에서 활용되어, 기업의 글로벌 마케팅 효율성을 비약적으로 증가.
- **번역 서비스(Translation Services)**: AI 기반 번역 모델(예: GPT, LLMs)은 다국어 문서, 기사, 콘텐츠를 거의 실시간으로 처리하며, 국가 간 콘텐츠 유통과 서비스 무역 속도를 크게 높임.

각 사례는 AI 생산성 충격이 무형의 서비스 산업(Digital Services)에서 즉각적 경제적 가치 창출로 연결되는 과정을 보여준다. 또한, 국가 간 비교우위 재편, 노동시장 구조 변화, 글로벌 가치사슬 조정 등 이론적 모델과 현실이 긴밀하게 연결되는 예시로 활용될 수 있다.

4. 무역에서 정책, 규제, 분배 효과

☑ **AI 산출물의 소유권 문제(Ownership of AI-Generated Outputs)** → 지식재산권 제도가 AI 창작물을 기존 창작물처럼 보호가능성 불확실

☑ **디지털 주권과 보호주의 확대(Digital Sovereignty and Protectionism)** → 데이터 로컬라이제이션이 무역 장벽으로 작용해 글로벌 디지털 교역의 위축 가능성

☑ **AI 접근 격차의 분배 효과(Distributional Effects of AI Access Gap)** → AI 활용 능력의 차이가 국가 간·국가 내 소득 불평등을 심화시킬 위험 상존

지식재산권과 AI 생성 산출물

AI 기술의 발전에 따라, 지식재산권(Intellectual Property Rights, IPR)은 디지털 무역과 글로벌 경쟁력에 결정적 역할을 한다. 특히 AI-Generated Outputs(AGOs) — 예를 들어, 소프트웨어 코드, 디자인, 자동 작성 기사 등 — 는 전통적 IPR 체계에서 보호 범위가 분명하지 않다. 기존 저작권(Copyright), 특허(Patent), 상표권(Trademark) 등은 인간의 창작을 전제로 설계되었기 때문이다(Graham, 2020).

경제학적 관점에서, IPR 보호 수준(IPR_t)과 AI 생산성 충격(A_t)가 결합될 때, 한 국가의 디지털 비교우위(Digital Comparative Advantage, DCA)는 다음과 같이 나타낼 수 있다.

$$DCA_t = f(A_t, IPR_t, H_t)$$

여기서 H_t는 고숙련 노동, A_t는 AI 생산성, IPR_t는 지식재산권 보호 강도. 보호가 강할수록 AI 산출물의 국내 부가가치가 증가하며, 해외 무단 사용을 방지해 장기적 경쟁력을 확보한다. 그러나 과도한 보호는 글로벌 확산을 제한하고 국제적 네트워크 효과 감소라는 비용을 초래할 수 있다.

실제로 법률, 번역, 음악, 디자인 등 서비스 산업에서 IPR 정책은 AI 기반 수출 경쟁력과 직결된다. 예를 들어, 유럽연합(EU)은 Copyright

Directive 2019/790를 통해 AI 생성 콘텐츠 보호 범위를 일부 명시했으며, 이는 회원국 기업이 국제시장에 AI 콘텐츠를 보다 안전하게 제공할 수 있도록 한다.

데이터 로컬라이제이션, 디지털 주권, 무역 장벽

AI 기반 무역에서 데이터는 새로운 생산요소이며, 국경을 넘어 자유롭게 이동해야 가치를 극대화할 수 있다. 그러나 최근 각국은 데이터 로컬라이제이션(Data Localization) 정책과 디지털 주권(Digital Sovereignty) 확보를 이유로 데이터 이동을 제한하고 있다(Kuner, 2020).

경제학 모델에서 국가 i가 데이터 이동 제한 수준 DL_i를 설정하면, AI 기반 상품과 서비스의 거래 비용 TC_i가 증가한다.

$$TC_i = \tau_0 + \theta \cdot DL_i$$

여기서 τ_0는 기본 거래 비용, θ는 데이터 제한 강도에 따른 추가 비용 계수. 데이터 이동이 제한될수록 글로벌 네트워크 효과 감소, 생산성 하락, 서비스 무역 축소가 나타난다.

또한, 데이터 제한은 비관세 장벽(Non-Tariff Barriers)으로 작용하며, 국가 간 디지털 무역 협정과 규제 조화를 훼손한다. 예를 들어, 클라우드 기반 AI 분석, 글로벌 마케팅 자동화, AGC 배포 등은 데이터 이동 제한으로 효율성이 크게 감소하며, 국제 경쟁력에도 영향을 미친다.

AI 접근 불평등과 글로벌 소득 분포

AI 기술은 국가 간, 산업 간, 계층 간 접근성과 활용 수준에서 큰 불평등을 초래한다. 고소득 국가는 최신 AI 기술과 대규모 데이터 접근을 통해 생산성과 수출 경쟁력을 급격히 향상시키는 반면, 저소득 국가는 기술 접근 제한, 인프라 부족, 데이터 제한으로 상대적 낙후가 심화된다 (UNCTAD, 2021).

글로벌 소득 분포를 단순화한 모형

$$Y_i = \alpha_i \cdot AIAccess_i^{\beta} \cdot K_i^{\gamma} \cdot L_i^{1-\gamma}$$

Y_i = 국가 i의 총소득

$AIAccess_i$ = AI 기술 및 데이터 접근 수준

K_i, L_i = 자본과 노동

α_i, β, γ = 국가별 생산성 파라미터

이 식에서 $\beta > 0$일 경우, AI 접근 불평등은 소득 격차 확대로 직접 연결된다. 실제로 글로벌 서비스 산업과 Algorithmic Goods 무역에서도, 선진국 기업은 AI 생산성 우위를 통해 수익을 극대화하며, 개발도상국 기업은 후발주자로 남는 구조가 형성된다.

AI 시대의 경제 패러다임

① 이 모델을 활용하여 정부나 기업은 AI 준비도를 평가하고, 효과적인 투자 전략을 수립할 수 있음. ② AI 접근성 향상은 선택이 아닌 필수이며, 이를 통해 지속 가능하고 포용적인 경제 성장을 달성할 수 있음. ③ AI 시대의 경제 성공은 기술 접근성, 인적 자본, 그리고 전략적 투자의 조화로운 결합에 의존함.

출처: OECD.(2024.11). Miracle or Myth? Assessing the macroeconomic productivity gains from Artificial Intelligence. OECD ARTIFICIAL INTELLIGENCE PAPERS. No. 29.

AI 시대의 경제 패러다임에 대한 시사점은 국제 사회는 AI 기술 공유, 교육 투자, 데이터 접근성 개선 등을 통해 글로벌 불평등을 완화할 필요가 있다. 나아가, 무역 규제, 데이터 제한 정책은 단기적 보호 효과가 있을 수 있으나, 장기적으로 세계적 소득 분포 왜곡을 초래할 수 있다.

포괄적인 AI 무역 프레임워크

AI 기반 국제무역의 성장과 함께, 공정하고 포용적인 거래 규칙 수립이 필수적이다. 이를 위해 다층적 프레임워크가 필요하다.

- **글로벌 IPR 및 AI 산출물 규제 조화:** 국가별 지식재산권 수준 차이를 조정하여, 과도한 보호 또는 무분별한 이용을 방지.
- **데이터 이동과 디지털 주권 균형:** 데이터 자유 이동과 개인정보 보호를 동시에 달성할 수 있는 국제 표준 마련.
- **AI 접근성과 기술 공유 정책:** 개발도상국과 저숙련 국가를 위한 AI 교육·기술 확산, 글로벌 협력 프로그램 설계.
- **무역 및 세제 인센티브 조정:** AI 서비스 수출 및 Algorithmic Goods 생산을 장려하면서도, 불평등 완화를 위한 재분배 정책 연계.

정리하면, 공정하고 포용적인 AI 무역 프레임워크는 단순한 규제 수준 설정이 아니라, 기술, 데이터, 정책, 사회적 분배를 통합하는 다층적 설계가 필요하다. 이를 통해 국가 간 비교우위는 지속 가능하게 유지되고, 글로벌 경제 불평등 완화와 포용적 성장도 달성할 수 있다.

▌심화 연구: 생성형 AI와 국제무역·정치경제의 핵심

내생적 비교우위(Endogenous Comparative Advantage). 내생적 비교우위는 국가 간 무역에서 비교우위가 단순히 천부적 자원에 의해 결정되는 것이 아니라, 지식, 기술, 학습, 혁신 등 내생적 요인에 의해 형성된다는 개념이다. 생성형 AI는 이러한 내생적 요인의 핵심으로 작용할 수 있으며, 국가가 AI 기술과 데이터를 활용하면 새로운 경쟁 우위를 창출할 수 있다. 전통적 리카도-헥셔-올린 모형이 자원과 노동에 기반한 비교우위를 설명한다면, 내생적 비교우위는 기술 변화와 데이터 축적 과정을 통해 동적으로 변화한다. 따라서 정책과 산업 전략은 AI와 데이터 투자에 초점을 맞춰야 장기적 경쟁력 확보가 가능하다.

알고리즘 기반 상품(Algorithmic Goods). 알고리즘 기반 상품은 소프트웨어, AI 모델, 추천 시스템 등과 같이 알고리즘 자체가 가치를 가지거나 상품화된 디지털 재화를 의미한다. 이러한 상품은 유형 상품과 달리 무형성이 강하며, 전통적 무역 통계로는 측정이 어렵다. 국가 간 거래 시 법적, 규제적 이슈가 복합적으로 작용하며, 지식재산권 보호와 데이터 주권 문제가 함께 고려되어야 한다. 생성형 AI 콘텐츠 역시 알고리즘 기반 상품으로 볼 수 있으며, 글로벌 디지털 서비스 무역에서 중요한 역할을 차지한다.

글로벌 가치사슬 재편(Global Value Chain Reconfiguration). 글로벌 가치사슬 재편은 생산, 유통, 서비스 등 국제 분업 구조가 AI와 생산성 충격에 의해 변화하는 현상을 설명한다. 리쇼어링, 니어쇼어링, 프렌드쇼어링과 같은 전략은 정치적·경제적 위험 관리와 비용 최적화를 동시에 추구한다. AI 도입으로 생산성 충격이 발생하면 고숙련과 저숙련 노동시장에 상이한 영향을 주며, 노동시장 불평등과 경제 구조 변화를 유발할 수 있다. 사례 연구에서는 법률, 마케팅, 번역 서비스 등 지식 기반 산업에서 이러한 가치사슬 변화가 뚜렷하게 나타난다.

디지털 주권과 데이터 로컬라이제이션(Digital Sovereignty and Data Localization). 디지털 주권은 국가가 자국 내 데이터와 디지털 인프라에 대한 통제권을 갖고 정책을 수립할 권리를 의미한다. 데이터 로컬라이제이션은 특정 국가 내에서 데이터 저장 및 처리 의무를 부여하는 제도로, 무역 장벽과 규제 강화로 이어질 수 있다. 이러한 조치는 글로벌 AI·디지털 서비스 무역에서 효율성과 규제 간의 균형 문제를 야기하며, 국가 간 데이터 흐름을 제한하여 공급망의 단편화(data fragmentation)와 디지털 보호무역주의(digital protectionism)를 심화시킬 수 있다. 동시에, 일부 국가는 이를 자국 산업 보호와 개인정보 보안 강화, 그리고 전략적 자율성 확보를 위한 수단으로 활용한다. 결과적으로, 디지털 주권과 데이터 로컬라이제이션은 단순한 기술·경제 문제가 아니라 국제 정치경제와 규범 경쟁의 핵심 쟁점으로 부상하고 있다.

CHAPTER 11

AI 국제 마케팅: 교차문화 적응 분석

1. 문화 간 AI 기반 시장 세분화
2. 생성형 AI를 활용한 문화 간 소비자 통찰 강화
3. AI 기반 국제 마케팅 믹스 적응화
4. AI 윤리, 문화적 민감성, 국제 브랜드 가치

1. 문화 간 AI 기반 시장 세분화

☑ **문화적 고정관념 강화 위험** → AI가 문화 차이를 단순화·고정화하여 오히려 편향된 세분화 전략으로 고착될 가능성
☑ **데이터 대표성 문제** → SNS·검색·구매 데이터가 특정 계층에 편중될 경우 국가 전체 문화를 왜곡할 가능성
☑ **윤리적 활용과 소비자 프라이버시** → 개인의 문화적 성향을 데이터화·지수화하는 과정에서 사생활 침해와 규범적 논란 발생

AI 시대의 시장 세분화의 재구성

전통적으로 시장 세분화(market segmentation)는 인구통계학적 변수(예: 연령, 성별, 소득 수준), 지리적 변수, 또는 심리적·행동적 요인에 기초하여 이루어졌다(Kotler & Keller, 2016). 그러나 글로벌화(globalization)와 디지털 경제의 확산은 문화적 차이가 시장 세분화의 핵심 기준이 되고 있음을 보여준다. 다국적 기업은 동일한 제품을 다양한 국가에 공급하면서도 문화적 맥락(cultural context)에 맞게 커스터마이즈된 마케팅 전략을 필요로 한다. 기존의 연구들은 Hofstede의 문화 차원(Hofstede, 2001), Hall의 저맥락-고맥락 문화 이론(Hall, 1976), GLOBE 연구(House et al., 2004) 등을 활용해 국가별 문화적 패턴을 설명해왔다. 그러나 이 접근은 정적(static)이며, 시간이 지남에 따라 변화하는 소비자 행동과 디지털 환경의 급속한 변화를 충분히 반영하지 못한다는 한계가 있었다.

생성형 AI(Generative AI)는 마케팅 전략에 전환적 기회를 제공한다. GPT 계열 언어 모델이나 멀티모달 AI는 SNS, 온라인 리뷰, 전자상거래 데이터, 검색 트렌드 등 방대한 비정형 데이터를 분석할 수 있다. 특히 자연어 처리(NLP)와 딥러닝 기반 감성 분석(sentiment analysis)은 소비자의 내재된 가치관과 문화적 선호를 실시간으로 추출할 수 있게 한다(Baryannis et al., 2019). 이로써 AI는 문화적 세분화를 동적(dynamic)이

고 적응적(adaptive)으로 재정의하며, 기존의 고정된 설문 조사 방식에 비해 더욱 미세하고 정교한 시장 구분이 가능해진다.

전통적 세분화 접근과 AI 기반 세분화의 비교

X축: 시간/환경 변화 반영 정도
Y축: 세분화 정확도

두 곡선: 전통적 모델(정적) vs AI 모델(동적)
이 시각화는 전통적 세분화 방식의 정확도가 1년 동안 75%에서 55%로 감소하는 반면, AI 기반 접근법의 정확도는 같은 기간 동안 78%에서 92%로 향상 예측됨

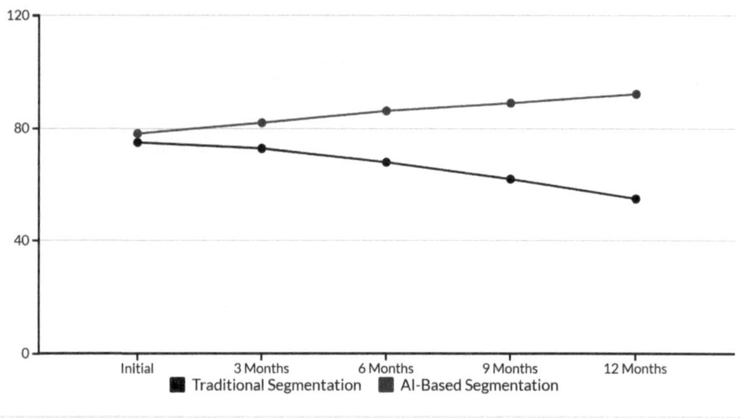

이론적 통합: 문화 이론과 AI 분석의 결합

AI가 문화 간 시장 세분화에서 진정한 혁신을 제공하려면, 단순히 데이터를 분석하는 것을 넘어 문화 이론과의 이론적 통합이 필요하다. Hofstede의 문화 차원(예: 권력 거리, 집단주의 vs 개인주의, 불확실성 회피)은 국가별 소비자의 의사결정 방식에 큰 차이를 만들어낸다(Hofstede, 2001). 예컨대, 집단주의 문화에서는 브랜드 충성도와 사회적 권고의 영향이 강하게 작동하는 반면, 개인주의 문화에서는 개별적 효용과 개인적 만족이 더 큰 비중을 차지한다.

AI는 이러한 문화 이론을 '설명적 모델'로 사용하는 것이 아니라, 데이터 기반 가설 검증 및 확장 모델로 전환시킨다. 예를 들어, 생성형 AI는 온라인 리뷰를 대량 분석하여 특정 문화 차원이 실제 소비자 감정 표현이나 제품 평가에 어떻게 반영되는지 실증적으로 확인할 수 있다. GLOBE 연구에서 강조된 리더십과 조직 가치 역시, 다국적 기업의 글로벌 마케팅 캠페인에서 국가별 메시지 전략으로 재해석될 수 있으며, AI는 이를 정량적으로 측정 가능하게 만든다(House et al., 2004).

이러한 접근은 '데이터 주도형 문화 연구(data-driven cultural studies)'라는 새로운 학문적 흐름을 열고 있다. 문화적 차원을 단순히 이론적 틀로 고정하는 것이 아니라, 실시간 데이터를 통해 동적으로 보완하고 수정하는 방식이다. 따라서 AI는 기존 문화 연구의 정적 한계를 극복하며, 글로벌 마케팅 전략을 더욱 과학적이고 예측 가능하게 만든다.

실제 응용: 동적 세분화와 문화적 선호도 지수

생성형 AI의 가장 중요한 응용 중 하나는 국가별, 문화별 소비자 데이터로부터 문화적 선호도 지수(Cultural Preference Index, CPI)를 도출하는 것이다. CPI는 특정 제품 카테고리, 브랜드 메시지, 혹은 소비자 경험 요소에 대한 문화별 반응을 수치화한 지표다. 예를 들어, 한국 소비자는 모바일 기술 혁신에 높은 반응을 보이는 반면, 독일 소비자는 품질과 안전성에 더 큰 가치를 두는 식이다. AI는 SNS 텍스트, 이미지 데이터, 검색 로그 등을 통합 분석하여 이러한 차이를 정량적으로 산출할 수 있다(Brynjolfsson & McAfee, 2017).

또한 AI는 세분화 결과를 정적인 시장 보고서로 제시하는 것이 아니라, 실시간 업데이트되는 대시보드 형태로 제공할 수 있다. 예를 들어, 팬데믹, 지정학적 위기, 글로벌 스포츠 이벤트 등 외부 환경이 소비자 정서에 영향을 줄 경우, AI는 즉각적으로 해당 변화를 탐지하고 CPI를 재산출한다. 이는 다국적 기업에게 전례 없는 수준의 적시성(timeliness)과 민첩성(agility)을 제공한다.

글로벌 마케팅 전략 및 미래 연구에의 시사점

AI 기반 문화 세분화는 단순히 학문적 기여를 넘어, 실제 비즈니스와 정책 차원에서 중요한 함의를 가진다. 첫째, 글로벌 브랜드는 단일화된 '표준화 전략(standardization)'과 현지화된 '적응화 전략(adaptation)' 사이의 긴장을 관리해야 한다(Levitt, 1983). AI는 이 두 가지 전략을 가중치를 두어서 혼합(hybrid strategy)하는 데 필수적이다. 즉, 글로벌 메시지를 유지하되, 문화별로 세부적 조정을 가능하게 한다.

둘째, 데이터 접근성(data accessibility)과 프라이버시 규제는 국가별로 상이하며, 이는 AI 기반 세분화의 품질과 범위에 직접적 영향을 준다(Evenett & Fritz, 2021). 따라서 정책적 차원에서 데이터 공유 협약과 글로벌 디지털 무역 규범은 기업의 마케팅 역량과 직결된다.

셋째, 학문적으로는 AI가 단순히 문화 이론을 '검증'하는 수준을 넘어, 새로운 문화 변수와 패턴을 발견할 수 있는 발견적 도구(discovery tool)가 될 수 있다는 점에서, 문화 간 소비자 행동 연구의 패러다임 전환을 예고한다. 앞으로의 연구는 AI가 제안하는 새로운 문화 지표와 기존 이론의 상호 보완 가능성을 본격적으로 탐구해야 할 것이다.

2. 생성형 AI를 활용한 문화 간 소비자 통찰 강화

☑ **언어·문화 맥락의 왜곡 가능성** → NLP가 맥락적 뉘앙스를 충분히 반영하지 못하면 소비자 감정 분석의 정확성이 낮아질 가능성 있음
☑ **행동이론 적용의 한계** → TPB와 같은 서구 중심 이론이 다양한 문화권 소비자 행동을 충분히 설명하지 못할 위험
☑ **실시간 분석의 윤리적 부담)** → 실시간 문화적 반응 모니터링이 소비자 감시(surveillance)로 해석될 수 있어 윤리적 논란

시장 세분화에서 문화적 내러티브로: 소비자 목소리에서의 AI 역할

이전 장에서 논의한 AI 기반 시장 세분화가 국가별·문화별 소비자 그룹의 구조적 차이를 식별하는 데 초점을 두었다면, 본 절에서는 소비자의 '목소리(voice)'를 직접 분석하여 문화적 서사를 동적으로 파악하는 과정에 초점을 둔다. 생성형 AI와 자연어 처리 NLP)는 다언어 텍스트 데이터(예: 제품 리뷰, SNS 게시글, 포럼, 소비자 설문 응답)를 실시간으로 처리하여, 특정 문화적 맥락에서 소비자가 사용하는 은유적 표현, 감정 어휘, 불만 양식을 추출할 수 있다(Pang & Lee, 2008; Cambria et al., 2017). 이러한 기술은 Hofstede나 Hall의 정태적 문화 차원 분석을 넘어, 문화적 가치가 소비자의 실제 언어적 행위 속에서 어떻게 구현되고 변화하는지를 보여준다. 예를 들어, 동일한 브랜드 캠페인에 대해 독일 소비자가 '신뢰'라는 단어를 강조하는 반면, 일본 소비자가 '조화'와 '사회적 적합성'을 반복적으로 언급한다면, 이는 AI 기반 감정·의미 네트워크 분석을 통해 문화적 인식 지도를 구축하는 데 활용될 수 있다.

문화 간 감정 네트워크 지도

소비자 정서는 다차원적으로 상호 연계된 구조 속에서 작동함. 이러한 차원들 간의 상관관계를 이해하는 것은, 다양한 문화적 맥락에서 고객 경험의 어떤 요인이 전반적 만족도와 충성도를 결정하는지를 규명하는 데 핵심적임.

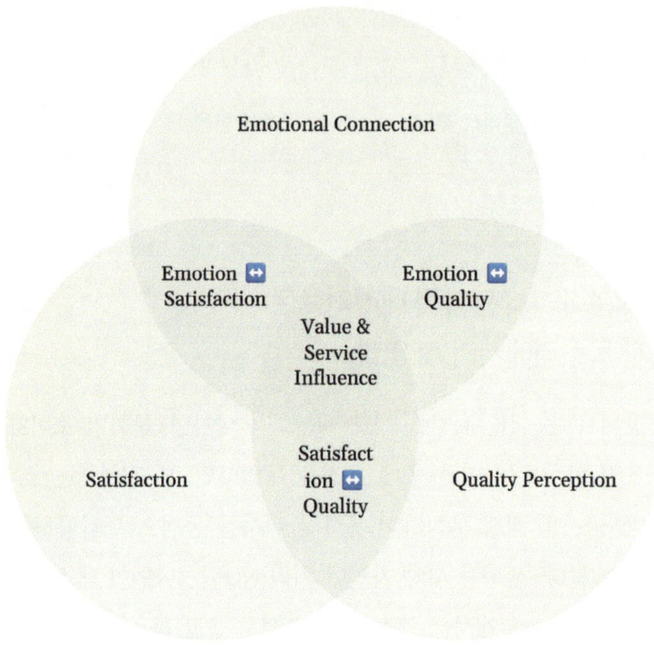

이론적 통합: TPB와 문화적 조절 변수의 연결

생성형 AI 분석 결과를 해석하기 위해서는 기존 소비자 행동 이론과의 연결이 필수적이다. 특히 계획된 행동 이론(Theory of Planned Behavior, TPB)은 태도(attitude), 주관적 규범(subjective norm), 지각된 행동 통제(perceived behavioral control)가 구매 의도를 결정한다고 설명한다(Ajzen, 1991) 문제는 문화권마다 이 변수들의 상대적 중요성이 달라지며, 이는 Hofstede의 집단주의/개인주의, 권력거리, 불확실성 회피 등의 차원이 조절변수로 작동할 수 있음을 시사한다(Steenkamp & de Jong, 2010).

생성형 AI는 온라인 대화 데이터를 기반으로 이러한 조절 효과를 실증적으로 추정할 수 있다. 예컨대, 미국 소비자는 태도적 요인(브랜드 선호)이 구매 의도에 강력한 영향을 주는 반면, 한국 소비자는 주관적 규범(주변인의 의견)이 더 중요한 예측 요인임을 보여줄 수 있다. 이는 AI 분석 결과를 TPB 방정식에 통합하여, 문화별 행동 의사결정 함수로 확장하는 이론적 토대를 제공한다.

$$Intention_c = \alpha_c Attitude + \beta_c Norm + \gamma_c Control$$

여기서 하첨자 c는 문화권별로 추정된 계수이다.

실시간 피드백 루프와 동적 마케팅 전략

기존의 국제 마케팅 전략은 정기적 설문 조사나 표본 조사에 의존했으나, AI는 실시간으로 소비자의 반응을 모니터링하고 그 결과를 즉각적인 전략 조정에 반영할 수 있다(Wedel & Kannan, 2016). 다국적 기업이 신제품을 출시할 때 생성형 AI가 소셜 미디어 반응을 분석하여 특정 국가에서의 '부정 감정 급증'을 탐지한다면, 이는 곧바로 메시지 조정이나 프로모션 전략 전환으로 이어질 수 있다. 나아가 강화학습(reinforcement learning) 기반의 마케팅 알고리즘은 A/B 테스트를 초월하여, 문화권별 최적 메시지를 자동으로 학습할 수 있다. 이러한 '실시간 피드백 루프'는 국제 마케팅을 정태적 계획에서 동적·적응적 시스템으로 전환시키며, 기업에게는 시장 충격에 대한 민첩성을, 학문적으로는 동태적 문화-행동 상호작용 모형의 가능성을 제시한다.

문화 간 AI 마케팅에서의 윤리적·관리적 시사점

문화 간 소비자 통찰을 AI로 강화하는 것은 무한한 가능성을 열지만, 동시에 윤리적 문제와 관리적 도전을 동반한다. 첫째, 데이터 편향(bias)은 특정 문화권을 과대·과소 대표할 수 있으며, 이는 잘못된 문화적 해석으로 이어질 위험이 있다(Mehrabi et al., 2021). 둘째, 소비자 프라이버시 문제는 특히 유럽(EU)의 GDPR이나 중국의 데이터 보안법 같은 국가별 규제 환경과 맞물리며, 기업에게는 높은 규제 준수 비용을 발생시킨다. 셋째, AI가 제안하는 문화적 전략이 단기적 매출 증대를 가져오더라도, 문화적 정체성과 충돌하거나 소비자의 윤리적 감수성을 건드린다면 장기적 브랜드 신뢰가 훼손될 수 있다. 따라서 AI 활용 전략은 효율성과 윤리성의 균형을 추구해야 하며, 학문적으로는 '책임 있는 AI 국제 마케팅'이라는 새로운 연구 프레임워크가 요구된다.

AI를 활용한 데이터 세분화 과정

해당 프로세스의 순환적 특성은 지속적인 성능 개선과 환경 적응을 가능하게 하여, 시간이 지날수록 정밀도가 향상되는 자체 최적화 시스템을 형성함

Continuous Data Ingestion

Real-time collection from multiple touchpoints

Pattern Recognition

Algorithms identify emerging trends and behaviors

Dynamic Segmentation

Automatic adjustment of customer categories

Personalized Engagement

Tailored messaging based on current segments

Performance Learning

System improves through outcome analysis

3. AI 기반 국제 마케팅 믹스 적응화

☑ **효율성과 윤리성의 충돌** → AI가 문화별 마케팅을 최적화하면서 소비자 조작이나 편향적 메시지 발생 가능

☑ **현지 규제와 전략 유연성 간 긴장** → 각국 규제 강도에 따라 AI가 권장 전략을 적용하기 어려워 글로벌 표준화와 적응화 간 균형 문제 발생

☑ **문화적 민감성 부족 위험** → AI가 문화적 뉘앙스를 충분히 이해하지 못하면 오히려 소비자 반감을 초래 가능성

표현에 담긴 문화적 함의

High-Context Cultures

Asian markets often use indirect language, relying on context and subtle cues. Negative feedback may be softened with positive framing. Group harmony influences review tone.

Low-Context Cultures

Western markets favor explicit, direct communication. Reviews clearly state problems and expectations. Individual opinion valued over group consensus.

Hybrid Approaches

Some regions blend communication styles, adapting based on platform, product category, and audience. Understanding these nuances is crucial for accurate sentiment analysis.

표준화 vs 적응에서 AI 주도 하이브리드 전략으로 전환

국제 마케팅에서 표준화(standardization)와 적응화(adaptation)의 균형 문제가 논쟁의 대상이었다(Levitt, 1983; Zou & Cavusgil, 2002). 전통적으로 다국적 기업은 비용 효율성을 위해 표준화를 선호했으나, 문화적 차이

를 무시하면 현지 시장에서의 반발이나 수용 저항을 초래할 수 있었다. 생성형 AI는 이 고전적 딜레마에 새로운 해법을 제시한다. AI는 대규모 다문화 데이터를 분석하여 어느 요소는 글로벌 표준으로 유지하고(예: 코어 제품 성능), 어느 요소는 문화별로 세분화해야 하는지(예: 광고 메시지, 패키징 색상)를 실시간으로 판별할 수 있다. 즉, AI는 단순한 이분법을 넘어, '동적 하이브리드 전략(dynamic hybrid strategy)'을 자동 설계한다. 이는 Cross-Cultural Adaptation Framework와 결합되어, 문화권별 소비자 특성에 따른 4P 조정 범위를 최적화하는 체계를 제공한다.

예측 모델링을 통한 제품 및 가격 적응화

제품(product)과 가격(price)의 문화별 조정은 AI의 예측·생성 능력을 통해 정교하게 수행될 수 있다. 예컨대, 제품 디자인은 문화적 상징과 색채 코드(예: 서양에서 검정은 고급스러움, 동아시아에서 흰색은 장례와 연관)를 고려된다(Mooij, 2019). AI 기반 이미지 생성 및 테스트 플랫폼은 가상의 문화별 소비자 그룹을 대상으로 다양한 디자인을 시뮬레이션하고, 선호도를 학습하여 최적안을 도출한다. 가격의 경우, 전통적 국제가격 전략은 구매력평가(PPP)나 환율을 고려했으나, AI는 소비자의 심리적 가격 민감도(psychological price sensitivity)를 문화별로 추정할 수 있다(Grewal et al., 2011). 예를 들어, 일본 시장에서 "9로 끝나는 가격"이 부정적 인식을 줄 수 있는 반면, 미국 시장에서는 심리적 매력을 강화한다는 사실을 AI가 자동 감지하여 현지화 전략을 추천할 수 있다. 이처럼 AI는 제품·가격 전략의 문화 적응을 정량적 모형으로 체계화한다.

제안 방정식

$$P_c = f(Income_c, PPP_c, Elasticity_c, Bias_c)$$

여기서 *c*는 문화권, *Bias*항은 AI가 학습한 문화적 가격 민감도 조정 계수이다.

유통 및 프로모션: 문화적 맥락을 알고리즘 입력으로 활용

유통(place)과 촉진(promotion) 영역에서도 AI는 문화권별 맥락에 따른 전략 적응을 자동화할 수 있다. 유통 측면에서, AI는 로지스틱스 데이터와 소비자 행동 데이터를 통합하여 국가별 채널 선호도를 예측한다. 예컨대, 인도 시장에서는 전자상거래보다 소규모 지역 유통업자가 중요할 수 있으며, 중국에서는 '슈퍼앱(WeChat)' 기반의 사회적 커머스가 핵심 채널로 작동한다. 촉진 영역에서는 생성형 AI가 문화적 언어 코드와 감성 패턴을 학습하여 메시지를 자동 조정할 수 있다. 예컨대, 동일한 광고 문구라도 미국에서는 직접적이고 개별주의적 톤으로, 한국에서는 집단적 조화와 신뢰를 강조하는 형태로 생성된다(Okazaki & Mueller, 2019). 나아가 AI는 문화별 반응 데이터를 실시간으로 수집하여, 프로모션 메시지와 채널을 즉각 재조정하는 자율적 최적화 루프(autonomous optimization loop)를 형성한다.

관리적·윤리적 고려: 효율성과 문화적 진정성의 균형

AI가 마케팅 믹스 적응을 자율 생성함으로써 기업은 글로벌 운영의 효율성과 현지화 성공 가능성을 동시에 추구할 수 있다. 그러나 이러한 접근은 새로운 윤리적·관리적 문제를 제기한다. 첫째, AI가 생성한 문화별 메시지가 문화적 형태(stereotype)를 재생산하거나 과도하게 단순화할 위험이 있다. 둘째, 기업은 효율성을 위해 현지 문화의 상징을 차용하지만, 소비자들은 이를 '문화적 도용(cultural appropriation)'으로 인식할 수 있다(Schroeder & Borgerson, 2005). 셋째, 국가별 데이터 규제 차이는 AI

기반 적응 전략의 글로벌 확산을 제약할 수 있다. 따라서 기업은 AI 기반 적응화를 활용할 때, 단순한 매출 극대화 논리를 넘어 문화적 진정성(cultural authenticity)과 지속 가능한 브랜드 신뢰를 고려해야 한다. 학문적으로도, 이는 'AI와 문화적 정체성의 상호작용'을 다루는 새로운 연구 분야를 제시한다.

4. AI 윤리, 문화적 민감성, 국제 브랜드 가치

- ☑ **문화적 민감성 위반 위험** → AI가 문화적 맥락을 완전히 이해하지 못하면 글로벌 브랜드 이미지 훼손 가능
- ☑ **효율성과 윤리성 간 균형 문제** → AI가 마케팅 효율을 극대화하는 과정에서 윤리적 기준이 희생될 위험
- ☑ **AI 기반 브랜드 관리의 책임 소재** → AI가 잘못된 메시지를 생성했을 때 책임을 기업과 개발자 중 누구에게 귀속할지 불명확

효율성 vs. 문화적 진정성, 균형 지점에 대한 전략 선택 모형

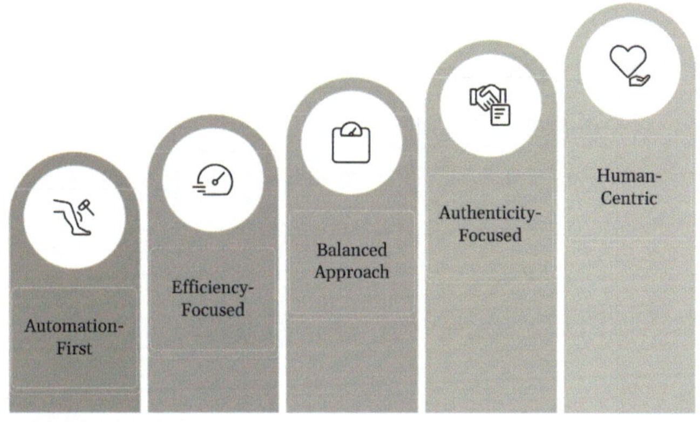

Automation-First

Prioritize speed and scale, minimal human oversight, algorithmic decision-making

Balanced Approach

Integrate AI efficiency with human cultural expertise and oversight

Human-Centric

Emphasize cultural authenticity, use AI as support tool only

생성형 AI의 양날의 검: 효율성과 윤리적 취약성

생성형 AI는 글로벌 마케팅에서 효율성과 창의성을 동시에 제공하지만, 브랜드 자산(brand equity)에 대한 윤리적 위험 또한 내포한다. Brand Equity 이론(Aaker, 1991; Keller, 2013)은 브랜드 가치는 단순한 재무적 지표를 넘어, 소비자의 신뢰, 정체성, 그리고 문화적 연계에서 비롯된다고 설명한다. 그러나 AI가 자동으로 생성하는 콘텐츠는 특정 문화에서 금기시되는 상징, 언어적 표현, 이미지 요소를 무의식적으로 포함할 수 있으며, 단 순간에 수십 년간 축적된 브랜드 신뢰를 훼손할 수 있다(Brunk, 2012). 예컨대, AI 광고 시스템이 동남아시아 시장에서 서구의 식민지 역사 관련한 근대화 개념을 그대로 재현했을 경우, 이는 소비자에게 불쾌감을 줄 수 있으며 심지어 불매운동으로 이어질 수 있다. 따라서 기업은 AI 활용 시 단순히 ROI(투자 대비 수익률)를 고려하는 것이 아니라, 윤리적 위험 감수와 브랜드 가치 유지 사이의 균형 구역을 설정해야 한다.

AI 시스템의 전략적 입력에서 문화적 민감성

문화적 민감성은 단순한 사후 검증(post-hoc check)의 문제가 아니라, 사전적 설계 단계에서 AI 알고리즘에 내재화해야 하는 요소다. Hall의 고·저맥락(high/low context) 문화 이론(Hall, 1976), Hofstede의 문화 차원(Hofstede, 2001), GLOBE 프로젝트(House et al., 2004) 등은 이미 국제경영학에서 활용되어 왔다. AI 기반 마케팅에서는 이러한 문화적 변수들을 데이터셋과 알고리즘 설계의 핵심 변수로 포함시켜야 한다. 예를 들어, 문화적 민감성 지수(Cultural Sensitivity Index, CSI)를 개발하여, 광고 메시지 또는 이미지가 특정 문화에서 잠재적 오해를 유발할 가능성을 사전에 점수화할 수 있다. 이렇게 하면 AI는 단순히 언어를 번역하는 수준을 넘어, 문화적 맥락을 예측하고 조정하는 능동적 에이전트가 된다. 이는 마케팅 윤리 프레임워크(Ferrell & Ferrell, 2008)와 결합할 때, 'AI의 문화 윤리적 코딩(ethical coding of AI)'이라는 새로운 연구 어젠다를 형성한다.

인지·감정적 차원: 신뢰, 진정성, 그리고 문화적 공감

브랜드 자산(brand equity)은 소비자의 인지(cognition), 감정(affect), 행동(loyalty behavior)이라는 다층적 구조 속에서 형성된다. AI 기반 마케팅은 이 구조를 정교하고 역동적으로 변화시키며, 예측 불가능한 상호작용을 만들어낸다.

인지적 차원에서 소비자는 AI가 생성한 브랜드 메시지를 접할 때 진정성(authenticity)의 여부에 따라 브랜드 신뢰(trust)를 달리 인식한다. 메시지가 문화적 기대와 부합하면 '현대적이고 친밀한' 이미지를 획득하지만, 기계적이거나 맥락을 무시하면 비인간적으로 느껴진다. 이는 AI 메시지가 단순한 정보 전달을 넘어 신뢰와 의심이 공존하는 '인지적 실험장(cognitive arena)'으로 기능함을 보여준다.

감정적 차원에서 AI가 만든 시각·언어적 상징은 특정 문화적 정서를 자극하거나 배제할 수 있다. 문화적 규범과 충돌하면 불쾌감을 주지만, 코드와 정서를 정확히 포착하면 강한 감정적 공감을 형성한다. 이는 브랜드가 단순한 상징을 넘어 문화적 경험과 정서적 연대를 창출하는 '감정적 생태계(emotional ecosystem)'로 확장됨을 보여준다.

행동적 차원과 전략적 함의: 충성도, 위험, 그리고 지속 가능성

행동적 차원에서 AI 기반 맞춤형 경험이 긍정적으로 평가되면 브랜드 충성도(loyalty behavior)는 비약적으로 강화된다. 맞춤형 추천, 개인화된 프로모션, 실시간 인터랙티브 경험은 소비자가 브랜드와 장기적 관계를 맺도록 유도한다. 그러나 AI가 문화적 맥락을 잘못 해석하거나 부정확성이 포함되면 불만과 부정적 입소문은 글로벌 네트워크를 통해 순식간에 확산된다. 이처럼 AI 기반 마케팅은 '성공과 실패의 스위치'를 동시에 지닌 고위험·고수익 전략이다.

따라서 AI 활용 시 브랜드 자산의 장기적 유지(brand equity preservation)를 최우선 지표로 삼아야 한다. 단기적 판매 증대나 비용 절감에 그치지 않고, 브랜드 관리 이론과 디지털 윤리학을 연결하는 학술적 접점에서 윤리적·문화적 책임을 고려해야 한다. 나아가 AI가 문화적 충돌을 사전에 탐지·수정할 수 있는 능력은 기업에게 글로벌 시장에서 지속 가능한 경쟁우위를 제공하는 결정적 요인이 된다.

글로벌 브랜딩을 위한 윤리적 AI 프레임워크

AI 기반 글로벌 브랜딩에서 요구되는 것은 '윤리적 AI 브랜드 관리 프레임워크(Ethical AI Branding Framework)'이다. 이는 (1) 데이터 수집 단계에서의 개인정보 보호 및 문화적 맥락 반영, (2) 콘텐츠 생성 단계에서의 문화 민감성 필터링, (3) 배포 단계에서의 국가별 규제 및 사회적 책임 준수, (4) 피드백 단계에서의 문화적 반응 모니터링과 지속적 수정이라는 4단계 루프를 포함한다.

윤리적 AI 브랜드 관리의 4단계

윤리적 AI 브랜드 관리 프레임워크(Ethical AI Branding Framework)는 네 단계의 순환적 루프를 포함한다.

- **데이터 수집 단계(Data Collection):** 개인정보 보호는 물론, 문화적 맥락을 충분히 반영한 데이터 수집이 핵심이다. 특정 문화권에서 종교적 상징이나 전통적 관습이 중요한 의미를 갖는다면, 데이터 수집 과

정에서 이를 고려하지 않은 분석은 이미 편향을 내재하게 된다.

- **콘텐츠 생성 단계(Content Generation)**: AI가 텍스트, 이미지, 영상 등 다양한 마케팅 콘텐츠를 생산하는 과정에서 문화적 민감성 필터(cultural sensitivity filters)가 작동해야 한다. 단순히 금지어를 제거하는 수준을 넘어, 문화적으로 적절한 톤과 맥락을 반영할 수 있는 심층적 알고리즘이 필요하다. 예를 들어, 동남아시아 시장에서는 공동체적 가치와 조화가 강조되는 반면, 서구 시장에서는 개인의 자유와 성취가 더 큰 호소력을 가질 수 있다. AI는 이러한 차이를 자동적으로 반영해야 한다.
- **배포 단계(Distribution)**: 국가별 규제 환경(예: EU의 GDPR, 중국의 데이터 보안법, 미국의 FTC 규제)을 철저히 준수해야 하며, 동시에 사회적 책임(Social Responsibility)의 관점에서 브랜드 메시지가 사회적 약자나 취약 집단을 배제하지 않도록 관리해야 한다. 단순히 법적 최소 요건을 충족하는 것을 넘어서, '윤리적 리더십'을 보여줄 수 있는 기업이 장기적으로 시장 신뢰를 독점하게 될 것이다.
- **피드백 단계(Feedback)**: 브랜드 메시지가 실제 문화적 수용자들에게

AI 브랜드 관리의 4단계 루프

Data Collection
Privacy-first gathering with cultural context

Content Generation
AI-powered creation with sensitivity filters

Feedback
Real-time monitoring and adjustment

Distribution
Compliant deployment across markets

출처: Anna Mattila.(2023). Artificial Intelligence and Its Ethical Implications for Marketing. Emerging Science Journal 7(2):313-327

어떻게 받아들여지는지를 실시간으로 모니터링하고, 필요하다면 즉각적인 수정 루프를 가동해야 한다. 예를 들어, 2020년 한 글로벌 스포츠 브랜드는 아랍권 광고에서 무심코 사용한 이미지가 현지 역사적 맥락과 충돌하여 대규모 불매운동으로 이어졌다. 만약 AI 기반 피드백 루프가 있었더라면, 해당 메시지는 사전에 수정되었을 것이다.

문화적 충돌의 위험

기업은 이제 문화적 충돌(cultural misalignment risk)을 단순한 기술적 오류나 마케팅 실수로 간주해서는 안 된다. 이는 글로벌 브랜드 전략에서 핵심 리스크 변수(core risk variable)로 관리되어야 한다. 문화적 불일치는 곧 브랜드 불신으로 이어지고, 이는 다시 매출 하락, 규제 리스크, 심지어는 정치적 불매운동으로 연결될 수 있다.

예를 들어, 한 다국적 기업이 유럽에서 성공한 광고 캠페인을 아랍 시장에 그대로 적용했을 때, 현지 문화에서 민감한 종교적 신념에 배치되어 논란이 된 사례가 있다. 이 당시, 손실은 광고비 낭비가 아니라, 수십 년 동안 쌓아온 브랜드 자산(brand equity)의 심각한 훼손으로 이어졌다. 따라서 AI 윤리 프레임워크는 브랜드 자산의 보험(insurance for brand equity)과 같은 역할을 한다고 볼 수 있다.

학제적 연구와 글로벌 기업의 지속 가능성

윤리적 AI 브랜드 프레임워크는 단순히 마케팅 부서의 과제가 아니다. 이것은 국제경영학, 경제학, 사회학, 법학, 윤리학이 결합된 학제적 연구 주제이다. AI가 국가와 문화를 가로지르는 초국가적 도구로 작동하는 만큼, 글로벌 브랜드 관리 역시 복합 학문적 기반 위에서 논의되어야 한다.

경영학적 관점에서는 브랜드 자산 관리(Brand Equity Management),

경제학적 관점에서는 시장 구조와 정보 비대칭, 사회학적 관점에서는 문화적 상징과 정체성, 법학적 관점에서는 규제 준수, 윤리학적 관점에서는 소비자 권리와 사회적 책임이 동시에 결합된다. 따라서 윤리적 AI 프레임워크는 단일 학문에서 해결할 수 없는 차세대 글로벌 경영 어젠다이다.

결론: 지속 가능한 경쟁우위를 좌우할 윤리적 AI

윤리적 AI 브랜드 관리 프레임워크는 이상적 선언이 아니라, 글로벌 기업의 생존과 지속 가능한 경쟁우위를 좌우하는 결정적 변수이다. 20세기 글로벌 시대의 국제 시장에서 '누가 더 신속하게 대응하는가'보다 21세기 4차 혁명 시대의 중요한 질문은 '누가 더 신뢰받는가'가 될 것이다. AI는 글로벌 마케팅을 가속화하는 도구이지만, 동시에 그 속도를 제어하지 못하면 브랜드 파괴적 속성으로 전환될 수 있다.

따라서 글로벌 기업들은 법적 AI 프레임워크를 단순한 준수(compliance)의 문제가 아니라, 전략적 차별화(strategic differentiation)의 핵심 축으로 인식해야 한다. 이는 단순히 기술적 성과를 넘어, 인간과 문화에 대한 존중을 내재화한 브랜드만이 21세기 초국가적 시장에서 진정한 승자로 남을 것임을 시사한다(Schroeder, 2020).

심화 연구: 새로운 AI-데이터 적용 문화

문화 간 마케팅 적응 프레임워크(Cross-Cultural Marketing Adaptation Framework). 이 프레임워크는 글로벌 마케팅 전략을 각 문화권에 맞게 조정하는 방법을 설명한다. 제품, 가격, 유통, 촉진(4P)을 문화적 특성에 맞춰 조정하는 것이 핵심이다. 생성형 AI는 실시간 데이터 분석을 통해 광고 메시지, 이미지, 톤 등을 자동 최적화할 수 있다. 또한 문화적 맥락과 소비자 선호를 반영하여 전략의 효율성과 적합성을 동시에 높일 수 있다.

알고리즘 문화(Algorithmic Culture). 이 개념은 사회와 문화가 점점 알고리즘에 의해 형성되고 있다는 점을 강조한다. 사람들의 선택(뉴스, 음악, 쇼핑)이 알고리즘에 의해 필터링되고, 그 결과 다시 문화적 선호가 재구성된다. AI 마케팅은 단순히 문화를 분석하는 수준을 넘어, 소비자 문화 자체를 '만드는' 역할을 하게 된다. 따라서 문화적 특성은 더 이상 정적인 것이 아니라, 알고리즘적 추천을 통해 지속적으로 변화하는 과정으로 이해할 수 있다.

계획행동 이론(TPB, Theory of Planned Behavior). TPB는 개인의 행동을 예측하기 위해 태도, 주관적 규범, 행동 통제 인식을 고려한다. 소비자 행동 연구에서 TPB는 구매 의사 결정 과정 모델링에 활용된다. AI는 자연어 처리(NLP)를 통해 소비자 리뷰, 피드백, SNS 데이터를 분석해 잠재적 태도와 감정 패턴을 추출할 수 있다. 이를 통해 국가별 문화적 변수와 결합해 구매 행동을 예측하고 동적 마케팅 전략을 설계할 수 있다.

데이터 식민주의(Data Colonialism). Nick Couldry와 Ulises Mejias가 제시한 개념으로, 데이터의 수집과 활용이 새로운 형태의 '종속이론'과 유사하다. 글로벌 기업들이 소비자 데이터를 추출·독점함으로써, 국가 간 불균형과 문화적 종속이 발생할 수 있다는 문제 제기이다. AI 기반 마케팅이 국가별 문화를 반영한다고 하더라도, 실제로는 특정 플랫폼 기업의 논리에 종속될 위험이 있다. 이는 효율성 vs. 윤리성의 핵심 논쟁과 직결된다.

AI 기반 동태적 역량(Dynamic Capabilities in AI-Driven Markets). 동태적 역량(dynamic capabilities)은 기업이 변화하는 환경에 신속하게 적응하는 능력을 뜻한다. AI 시대에는 이 역량이 데이터 적응력, 알고리즘 조정력, 문화적 민감성으로 구체화되는데, 국가별 소비자 반응을 실시간 학습·분석해 마케팅 전략을 즉각적으로 수정하는 것이 핵심이다. 전통적 마케팅 연구보다 '진행 중인 적응 과정'을 강조하는 점이 차별화된다.

문화 분석학(Cultural Analytics). JoongKwan KIM(저자), Lev Manovich 등이 제시한 개념으로, 대규모 디지털 문화 데이터를 수학·통계·AI 기법으로 분석하는 새로운 연구 분야이다. 예를 들어 수백만 개의 SNS 이미지, 해시태그, 밈(meme)을 분석해 특정 국가 문화의 시각적·언어적 패턴을 추출할 수 있다. 이는 기존 문화 연구(정성적, 이론 중심)와 달리, 실시간·빅데이터 기반의 계량적 분석을 가능하게 한다. AI가 구축하는 '문화적 선호도 지수(CPI)' 같은 개념이 바로 이 영역의 응용 사례라 할 수 있다.

새로운 질서: 지구촌의 재편

12장 지능형 공급망과 생산성 혁명:
경영 효율성의 재정의

13장 AI와 금융의 미래:
금융 생태계 혁신과 리스크 관리

14장 정보시장 경쟁과 국제 질서:
기술 지정학 개념

15장 AI와 전쟁의 패러다임:
무인 전투와 정보전

16장 AI와 미래 사회 구조:
교육·의료·복지 경제의 재편

17장 AI 시대의 윤리·환경:
데이터 편향과 알고리즘 공정성

CHAPTER 12

지능형 공급망과 생산성 혁명: 경영 효율성의 재정의

1. AI 기반 수요 예측과 재고 최적화
2. 지능형 공급망 운영 및 물류 자동화
3. 생산 현장의 스마트 팩토리와 AI 통합
4. 지능형 공급망의 전략적 가치와 지속 가능성

1. AI 기반 수요 예측과 재고 최적화

☑ **머신러닝·딥러닝을 통한 예측 정확도 향상** → 데이터를 학습한 알고리즘이 패턴과 변수를 분석: 미래 수요와 시장 변화를 정밀 예측

☑ **빅데이터(소비자 행동, 시장 트렌드, 거시경제 변수)의 활용** → 소비자 행동, 시장 트렌드, 거시경제 변수 등 다양한 데이터를 통합 분석: 전략적 의사결정과 맞춤형 서비스 제공

☑ **실시간 재고 관리 및 적시 생산(Just-in-Time)의 구현** → 실시간 데이터와 자동화 시스템을 활용: 재고를 최소화 및 필요한 시점에 정확히 생산·공급함으로써 비용 효율성과 유연성 제고

AI는 기존 통계 모델보다 더 복잡한 변수와 비선형 패턴을 포착하여 수요 예측 오차를 최소화한다. 이를 통해 공급망의 불확실성을 줄이고, 과잉 재고 또는 재고 부족 문제를 동시에 완화할 수 있다. 수요 신호를 실시간으로 분석함으로써 생산, 물류, 유통의 전 주기를 최적화한다.

AI 기술과 영향력 예측

공급망 단계	AI 기술 및 적용 사례	전통적인 공급망과의 차이점
수요 예측 및 재고 관리	머신러닝 기반 수요 예측 (아마존의 예측적 물류)	과거 통계 데이터와 직관에 의존 → 복합적 비정형 데이터 기반의 정밀한 예측
물류 및 운송	물류 경로 최적화, 자율주행 (테슬라, 아마존의 물류)	고정된 경로와 운송 수단 → 실시간 교통·기후 분석을 통한 최적 경로 산출
생산 현장	예지 보전, AI기반 품질 관리 (삼성전자 반도체 공장)	사후 유지·보수, 육안 검사 → 사전 예측을 통한 가동률 극대화 및 자동 품질 관리
전략 및 지속 가능성	리스크 분석, ESG 목표 관리 (삼성전자, 아마존의 사례)	돌발 상황에 대한 사후 대응 → 사전 시뮬레이션 및 실시간 투명성 확보

복합적으로 분석을 통한 수요 예측

미국 시애틀 남쪽 워싱턴주 서머(Sumner)에 위치한 아마존 물류센터는 2500여 명의 직원이 최대 4000만 개의 품목을 관리한다. 자동화된 로봇들이 컨베이어 벨트 위를 움직이며 주문 데이터를 실시간으로 반영해 상품을 선별한다. 이 물류센터가 움직이는 방식은 단순한 '재고 보관소'가 아니라, AI 기반 수요 예측 엔진이 미리 계산해 놓은 시나리오의 실행 결과라는 점이다. 즉, 주문전 이미 그 주문이 발생할 확률이 높은 상품들이 선별적으로 배치되어 있다는 것이다. 이른바 예측적 물류(predictive logistics) 는 AI가 공급망의 패러다임을 어떻게 바꾸고 있는지를 극적으로 보여준다(Hoberg et al., 2021).

과거 공급망 경영은 통계 모델과 경험적 직관에 크게 의존했다. 그러나 오늘날 머신러닝과 딥러닝 모델은 소비자의 클릭 패턴, 소셜 미디어 트렌드, 기후 변화, 심지어는 거시경제 지표까지 복합적으로 분석하여 수요를 정밀하게 예측한다(Chaudhuri, 2023). 예를 들어, 테슬라는 차량 주문량을 단순히 판매 데이터에 의존하지 않는다. 차량 내 센서가 수집하는 운행 데이터, 충전 패턴, 지역별 교통 환경을 AI가 학습하여 '어떤 지역에서 어떤 시점에 특정 차량 모델의 수요가 급증할 것인가'를 계산한다. 이러한 분석은 단순한 생산 계획을 넘어, 배터리와 반도체 칩 같은 핵심 부품의 공급까지 사전조율에 집중적으로 활용된다(Huang & Wang, 2022).

AI 기반 데이터 처리을 통한 재고 최적화

AI 기반 수요 예측의 진정한 힘은 재고 최적화에 있다. 경기도 수원의 삼성 디지털 시티는 반도체를 포함한 다양한 기술 분야의 연구개발과 생산을 수행하는 핵심 거점이다. 특히 반도체 생산은 수율 변동과 글로벌 수요 변화에 취약하지만, 삼성은 클라우드 기반 AI 플랫폼으로 스마트폰,

서버, 가전제품의 판매 데이터를 실시간 모니터링하며 생산라인을 신속히 전환해 과잉 재고를 최소화한다. AI 도입 이후 평균 재고 회전율과 생산 리드타임이 개선되어 글로벌 경쟁력이 강화되었다(Lee, 2021). 지능형 공급망은 단순 효율성을 넘어, 오차율 5% 감소만으로도 수십억 달러의 비용 절감과 고객 만족도 향상을 가져온다(Brynjolfsson & McAfee, 2017). Just-in-Time(JIT) 생산 체계도 AI의 실시간 분석과 결합할 때 잠재력이 상승한다.

이 모든 과정은 AI가 주도하는 현장이다. 아마존 물류센터의 로봇, 테슬라 생산 계획 알고리즘, 삼성전자의 클라우드 AI 모두 같은 질문에 답해야 한다. **무엇이, 언제, 얼마나 필요할 것인가**? 보다 정확한 답이 현대 공급망의 생존과 경쟁력을 좌우하게 된다. AI는 불확실한 기업 환경에서 경제와 국제 정치의 흐름을 예측하고 최적 해법을 설계하는 핵심 주체의 역할을 하고 있다.

2. 지능형 공급망 운영 및 물류 자동화

- ☑ **AI 기반 물류 경로 최적화와 운송 비용 절감** → 인공지능이 교통 상황, 기상 조건, 물류 수요를 분석해 최적 경로를 산출하고 운송 비용을 최소화
- ☑ **자율주행 운송 수단 및 로보틱스의 도입** → 무인 차량과 로봇을 활용해 인력 의존도를 낮추고 물류 효율성과 안전성 제고
- ☑ **디지털 트윈 기반 공급망 시뮬레이션** → 실제 공급망을 가상으로 재현해 다양한 시나리오를 실험하고 사전적 리스크 관리

AI 알고리즘은 교통, 날씨, 연료비 등의 데이터를 종합하여 물류 경로를 실시간 재설계한다.

자율주행 트럭과 무인 창고 로봇은 노동집약적 프로세스를 자동화하며, 운영 비용을 절감한다. 디지털 트윈은 공급망 전체를 가상으로 재현하여, 운영 시나리오를 사전에 검증하고 리스크를 최소화한다.

실시간에 운송 경로를 설계

미국 네바다 주의 고속도로. 햇살이 작열하는 사막 한가운데를 가로지르는 거대한 트럭 한 대의 운전석에는 사람이 없다. 테슬라가 시험 운행 중인 자율주행 전기 트럭은 실시간으로 교통 흐름, 바람 저항, 도로 경사도를 분석하며 가장 에너지 효율적인 경로를 스스로 계산하고 있다. 차량 내부의 AI 알고리즘은 단순히 "운전"만 하는 것이 아니라, 물류 네트워크 전체의 최적화를 고려해 목적지를 향해 나아가고 있는 것이다(Hoberg et al., 2021).

AI 기반 물류 최적화는 교통 상황, 기후 조건, 연료 가격 등 기존에는 독립적으로 관리되던 데이터를 하나의 연산 모델로 통합한다. 이를 통해 실시간에 운송 경로를 재설계하고, 예기치 못한 돌발 상황에 대응한다(Ivanov & Dolgui, 2020). 아마존은 자사의 프라임 배송 서비스에 이러한 기술을 적용해 고객 만족도를 극대화하고 있다. 예컨대, 허리케인이나 폭

설로 특정 지역의 배송망이 마비될 때, AI는 대체 경로를 즉각 계산하고, 재고를 인접 물류센터로 자동 재배치한다. 이 과정에서 소비자는 배송 지연을 거의 체감하지 못한다. 이는 '물류의 투명한 자동화'가 고객 경험과 직접적으로 연결되는 대표적 사례다(Waller & Fawcett, 2013).

물류 창고에서의 디지털 트윈 구현

창고 내부로 들어가 보면 자동화의 현장이 더욱 극적으로 펼쳐진다. 독일 마그데부르크(Magdeburg)의 한 삼성전자 유럽 물류 허브에서는 창고 로봇들이 고도의 협업을 통해 주문을 처리한다. 로봇은 단순히 상자를 옮기는 수준을 넘어, AI가 분석한 주문 데이터를 토대로 작업 동선을 스스로 조율한다. 마치 '보이지 않는 오케스트라 지휘자'가 있는 듯, 수십 대의 로봇이 충돌 없이 흐름을 만들어내는 것이다. 현장 관리자들은 "창고를 직접 운영한다기보다, 디지털 알고리즘이 설계한 시뮬레이션을 관리한다"는 표현을 쓴다. 이는 곧 디지털 트윈(Digital Twin)의 구현이다.

디지털 트윈은 실제 공급망을 가상 공간에 완벽하게 재현한 뒤, 다양한 운영 시나리오를 시뮬레이션한다. 테슬라는 글로벌 공급망의 불확실성을 줄이기 위해 공장, 항만, 물류 경로를 디지털 트윈으로 구현해, 지정학적 리스크나 원자재 가격 변동을 사전에 시험한다(Choi et al., 2022). 이를 통해 한 지역에서 문제가 발생하더라도 전체 네트워크가 마비되지 않고 최단시간 내에 대체 시나리오로 전환된다.

지능형 공급망 자동화는 '보이지 않는 두뇌'의 탄생을 의미한다. 트럭은 자율주행하고, 창고 로봇은 알고리즘에 따라 군무(群舞)를 추듯 움직이며, 가상 공간 속 디지털 트윈은 현실을 선행적으로 시뮬레이션한다. 이러한 기술이 결합될 때, 공급망은 단순한 운영 체계가 아니라 기업 생존 전략의 최전선이 된다. AI는 더 이상 물류의 보조 수단이 아니다. 그것은 공급망을 움직이는 주체이며, 곧 글로벌 경쟁력의 근간이다.

3. 생산 현장의 스마트 팩토리와 AI 통합

☑ **예지 보전(Predictive Maintenance)과 설비 가동률 극대화** → 센서 데이터와 AI 분석을 통해 고장을 사전에 예측하고 설비의 연속 가동률을 극대화

☑ **컴퓨터 비전 기반 품질 관리 자동화** → 영상 인식 기술로 제품의 결함을 실시간 검출하여 검사 정확도와 생산 효율성을 향상

☑ **인간과 기계 협업(Co-bot)을 통한 생산성 혁신** → 협동 로봇이 단순·반복 작업을 지원하여 작업자의 부담을 줄이고 생산성 증대

예측 기반 유지·보수와 생산 안정성

AI는 센서 데이터를 분석하여 설비 고장을 사전에 예측하고, 불시 정지를 줄여 가동률을 높인다. 경기도 화성시 삼성전자 반도체 캠퍼스의 초정밀 클린룸에서는 수천 개의 센서가 설비 상태를 모니터링한다. 현장 직원들이 보는 화면에는 단순한 그래프가 아닌 AI가 생성하는 '고장 발생 확률 지도'가 표시된다. 특정 장비의 베어링 온도가 임계치에 도달하기 전에 경고가 뜨며, 이는 실제 고장 발생 수일 전, 심지어 몇 주 전에도 감지된다. 나노미터 단위의 정밀 공정에서 미세한 오염이나 진동은 치명적인 결함을 유발할 수 있기에, AI 기반 예측 유지·보수는 설비의 비계획적 정지를 최소화하고 가동률을 극대화하는 핵심 기술로 자리 잡고 있다(Lee, 2021).

품질 관리 혁신: AI와 컴퓨터 비전

스마트 팩토리는 단순히 설비 고장을 막는 차원을 넘어 품질 관리 방식을 혁신한다. 테슬라의 기가팩토리에서는 고해상도 카메라와 컴퓨터 비전 기술이 배터리 셀을 정밀 검사한다. 인간의 눈으로는 잡아내기 어려운 미세 균열이나 불균일한 코팅까지도 AI가 실시간으로 탐지하여, 잠재적 리콜 사태를 생산 단계에서 차단한다. 그 결과 불량률은 획기적으로

낮아지고, 품질 관리 비용은 절감되며, 생산 속도는 유지된다(Huang & Wang, 2022).

인간과 코봇의 협력: 새로운 생산성 혁신

스마트 팩토리의 가장 극적인 변화는 인간과 기계의 협업이다. 2023년 독일 아우크스부르크의 Halle 43 연구소에서는 코봇(Co-bot)이 직원들과 함께 일한다. 코봇은 무거운 상자를 들고 반복 작업을 담당하지만, 어떤 물품을 우선 포장할지와 같은 전략적 판단은 여전히 인간에게 달려 있다. 이는 자동화가 인간을 대체하는 것이 아니라, 창의성과 효율성을 결합한 협업 구조임을 보여준다(Bortolini et al., 2017). 결과적으로 스마트 팩토리는 더 이상 단순한 기계 집합체가 아니라, 센서·AI·코봇이 결합된 거대한 데이터 생태계이자, 인간이 '생산 지휘자'로서 AI와 함께 제조 혁신을 이끄는 공간으로 진화하고 있다.

4. 지능형 공급망의 전략적 가치와 지속 가능성

- ☑ **AI 기반 공급망 투명성 확보와 리스크 관리** → 인공지능이 공급망 데이터를 실시간 추적·분석하여 불확실성을 줄이고 잠재 리스크를 신속히 대응
- ☑ **ESG(환경·사회·지배구조) 목표 달성을 위한 AI 활용** → 에너지 효율, 탄소 배출, 사회적 영향 데이터를 AI로 최적화하여 지속 가능 경영을 지원
- ☑ **글로벌 가치사슬(GVC) 재편과 기업 경쟁력 강화** → AI 분석을 통해 글로벌 공급망 변화를 예측하고 전략적으로 대응해 기업의 경쟁 우위를 확보

지능형 공급망 운영 및 물류 자동화

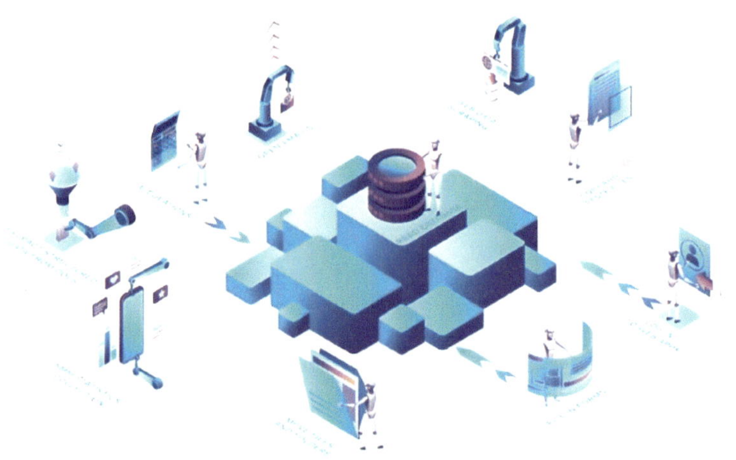

출처: 임근란.(2022.06.09.). 자동화기술 [스마트 제조 대전망]. https://automation-world.co.kr/news/article.html?no=65274

AI와 공급망 리질리언스 사례

AI는 공급망 전 과정을 모니터링하여 위기 발생 시 신속히 대응할 수 있는 리질리언스(resilience: 회복력)를 강화한다. 탄소 배출 추적, 친환경 물류 경로 설계 등 지속 가능한 경영을 위한 핵심 도구로 활용된다. 지정학

적 리스크와 무역 장벽에 대응하기 위해 AI는 생산·조달 거점을 동적으로 최적화하여 글로벌 경쟁력을 제고한다.

글로벌 반도체 부족 사태로 전 세계 자동차 생산 라인이 잇따라 멈춰섰을 때, 2021년 삼성의 이재용 회장은 AI 기반 공급망 관리 시스템을 전면 가동했다. 이 시스템은 협력사의 생산 현황과 물류 병목 지점을 실시간으로 추적하며, 특정 지역에서 공급 차질이 발생하자 대체 공급처와 신규 물류 경로를 가동했다. 단순한 재고 조정이 아니라, AI가 과거의 데이터와 시뮬레이션을 분석해 신속하고 안정적인 조달 시나리오를 제시한 것이다.

그 결과, 위기가 장기화되는 동안에도 삼성전자는 주요 생산 라인의 가동을 유지할 수 있었다. 이는 경쟁사들이 생산 차질로 시장 점유율을 잃을 때, 삼성전자가 오히려 안정적인 공급을 바탕으로 신뢰를 강화하는 계기가 되었다. 이 사례는 AI가 제공하는 공급망 리질리언스—위기 상황에서의 회복력과 적응력—가 기술적 도구를 넘어, 글로벌 생존 전략의 핵심 자산임을 입증하는 기회였다.

투명성과 ESG 경영: 아마존, 테슬라의 사례

AI는 공급망의 '투명성'을 확보하는 핵심 도구다. 이제 기업들은 공급망의 하위 단계—예컨대 원자재 조달 과정—를 충분히 파악하고 운영한다. 블록체인과 결합한 AI는 원자재의 생산지부터 최종 소비자까지 전 과정을 추적할 수 있기 때문이다. 아마존은 이를 ESG 전략에 접목하여, 물류 과정에서 발생하는 탄소 배출량을 실시간으로 계산하고, 배송 차량의 최적 경로를 설계해 탄소 발자국을 최소화한다(Waller & Fawcett, 2013). 실제로 아마존은 2040년까지 탄소 배출 제로를 달성하겠다는 목표를 AI 기반 물류 최적화와 함께 추진하고 있다.

테슬라는 공급망 혁신을 ESG와 연결시켰다. 네바다 기가팩토리에서는 배터리 생산 과정에서 발생하는 에너지 사용량과 폐기물을 AI가 정밀하게 추적한다. 이 데이터는 단순한 운영 효율화가 아니라, 기업이 투자자와 사회에 '지속 가능성'을 증명하는 보고서의 핵심 근거로 활용된다(Huang & Wang, 2022). ESG 규제가 강화되는 유럽 시장에서, 테슬라의 이러한 AI 활용은 단순한 생산 전략이 아니라 글로벌 경쟁력의 원천으로 작동한다.

지정학적 리스크 관리와 지능형 공급망 전략

지정학적 리스크는 공급망 전략의 불확실성을 가속화하고 있다. 미·중 기술 패권 경쟁, 러시아-우크라이나 전쟁, 팬데믹 등은 글로벌 가치사슬(GVC)의 취약성을 드러냈다. 그러나 AI는 이러한 리스크 상황에서 기업의 의사결정을 가속화한다. 예컨대, 특정 국가에 무역 장벽이 발생하면 AI는 생산과 조달 거점을 자동으로 재편하여, 피해를 최소화하는 시나리오를 제시한다(Ivanov & Dolgui, 2020). 이는 공급망이 더 이상 단순한 비용 효율성만의 문제가 아니라, 기업 생존과 국가 경제 안보까지 연결되어 있음을 시사한다.

지능형 공급망은 더 이상 단순한 '물류와 재고 관리'의 영역이 아니다. 그것은 위기 상황에서 기업을 지탱하는 생존 장치이며, 동시에 ESG와 같은 사회적 책임을 실현하는 통로다. 아마존의 친환경 물류, 테슬라의 지속 가능 배터리 생산, 삼성전자의 위기 대응형 반도체 공급망은 이제 경쟁력 없는 공급망이다.

심화 연구: 공급망 혁신을 지원하는 AI의 기반

AI의 지능형 공급망을 혁신 요인. AI가 지능형 공급망을 혁신할 수 있는 이유는 단순한 자동화 기술 때문이 아니라, 데이터 처리·학습·추론을 결합한 학술적 기반 때문이다. 전통적인 공급망 연구는 주로 선형 계획법(linear programming), 확률적 재고 모형(stochastic inventory model), 최적화 알고리즘을 토대로 발전해 왔다. 그러나 이러한 접근은 불확실성이 크고 변수 간 상호작용이 복잡한 현대 글로벌 공급망을 충분히 설명하기 어렵다. AI는 이러한 한계를 보완하는 비선형적 추론 체계(non-linear inference system)를 제공한다(Jordan & Mitchell, 2015).

AI의 공급망 접근 핵심 방법론. AI는 세 가지 핵심 방법론을 통해 공급망 연구와 접목된다. 첫째, 머신러닝 기반 예측 분석은 시계열(time-series)과 패널 데이터 분석을 고도화하여, 과거 데이터에 포함된 잠재적 패턴을 학습하고 미래 수요와 리스크를 추정한다. 둘째, 강화학습(reinforcement learning)은 동태적 환경에서 최적의 의사결정을 도출하는 방식으로, 물류 경로 재설계나 생산 라인의 실시간 전환과 같은 적응적 문제 해결에 적합하다. 셋째, 딥러닝 신경망은 이미지·센서 데이터와 같은 비정형 데이터를 처리해 품질 관리, 예지 보전, ESG 모니터링에 새로운 가능성을 연다.

AI의 도입은 또한 지식 생산 방식의 전환을 의미. 기존 공급망 관리가 '예측 → 계획 → 실행'이라는 선형적 절차에 의존했다면, AI는 '데이터 수집 → 실시간 학습 → 즉각적 피드백'이라는 순환적 구조를 가능케 한다. 이는 공급망을 정적인 시스템이 아니라, 끊임없이 진화하는 적응적 복잡계(adaptive complex system)로 이해하게 만든다(Ivanov & Dolgui, 2020).

AI의 학술적 사회적 의의. 단순한 효율성 제고를 넘어 거버넌스와 지속 가능성의 연구로 확장된다. 공급망의 투명성과 ESG 준수 여부를 실시간으로 검증할 수 있다는 점은, AI가 기술적 도구를 넘어 기업 전략 · 사회 규범 · 국제 정치경제를 재구성하는 인프라로 기능함을 보여준다. 따라서 지능형 공급망 연구는 이제 전통적 경영학의 범위를 넘어, AI 방법론과 복잡계 이론, 그리고 지속 가능성 연구가 교차하는 새로운 학제적 영역으로 발전하고 있다.

CHAPTER 13 AI와 금융의 미래: 금융 생태계 혁신과 리스크 관리

1. 금융 시스템의 효율성 및 자동화 혁신
2. 리스크 관리 및 예측 능력의 강화
3. 새로운 금융 서비스 및 상품의 등장
4. AI 금융의 사회적·윤리적 과제

1. 금융 시스템의 효율성 및 자동화 혁신

☑ **거래 자동화 및 속도 향상** → AI 기반 알고리즘은 초 단위로 시장 데이터를 분석: 속도와 규모로 거래를 가능하게 됨, 특히 고빈도 거래에서 확대

☑ **고객 서비스 자동화 및 개인화** → 챗봇과 AI 비서는 7/24 고객 응대를 제공 및 AI는 고객의 금융 데이터를 분석하여 개인 맞춤형 상품 및 서비스를 추천: 고객 만족도와 금융기관의 운영 효율성을 동시에 증대

☑ **운영 비용 절감** → AI 자동화 시스템은 수작업이 필요한 반복적인 업무(서류 처리, 데이터 입력 등) 수행: 인건비 및 운영 비용 절감 가능

AI는 금융 산업에 미치는 혁명적인 변화

금융 변혁 효과	주요 변화 및 역할	전통적인 방식과의 차이점
효율성 및 자동화	거래 자동화, 고객 서비스 개인화, 운영 비용 절감	수작업 및 인력 중심의 업무에서 AI 기반의 초고속/대규모 자동화로 전환
리스크 관리 및 예측	신용 평가 정교화, 사기 탐지 및 이상 거래 감지, 시장 변동성 예측	소득, 직업 등 정형 데이터 중심의 평가에서 비정형 데이터를 포함한 종합적 분석으로 진화
새로운 서비스 및 상품	로보어드바이저, 초개인화 상품, 온디맨드 보험	소수 전문가의 서비스에서 AI를 통한 대중화 및 맞춤형 서비스로 확장

뉴욕 맨해튼의 월스트리트는 어둠 속에서도 거래소가 24시간 깨어나 빛을 발하고 있다. 고빈도 거래(High-Frequency Trading, HFT)가 이루어지는 JP모건의 한 서버실. 다수의 다수의 서버 랙에서 지속적으로 상태 표시등이 활성화되며 데이터 처리 활동이 이루어는 가운데, AI 기반 알고리즘이 수백만 건의 거래를 초당 수십만 번 처리하고 있다. AI는 인간의 감정이나 피로와 상관없이 오직 데이터와 논리에 따라 움직이며, 시장의 미세한 변동을 감지해 이익을 창출한다. 한때 월스트리트를 지배했던 인간 트레이더의 직접적 의사결정과 감정적 활동은 AI 알고리즘이 수행하는 자동화된 거래 프로세스 및 시스템 신호로 점차 전환되었다.

AI의 월스트리트: 금융 시스템은 더 이상 인간의 손으로 움직이지 않는다

인공지능(AI)은 금융의 심장부를 관통하며, 효율성과 속도를 극대화하는 새로운 혁명을 일으키고 있다. 과거 인간 트레이더가 커피를 마시며 분석했던 시장 데이터는 이제 AI가 순식간에 처리하며, 그 속도는 빛의 속도에 가깝다. 골드만삭스는 AI 자동화가 금융 산업의 전통적인 역할을 어떻게 재편하고 있는지 예측했다(New York Times, 2024).

AI가 가져온 가장 큰 변화는 거래 자동화와 속도 향상이다. 과거에는 인간이 직접 시장 동향을 분석하고 매수·매도 결정을 내렸지만, 이제는 AI 알고리즘이 이 역할을 대신한다. 이 시스템은 방대한 양의 시장 데이터, 경제 지표, 심지어는 소셜 미디어 트렌드까지 분석하여 예측 모델을 세우고, 인간이 반응할 수도 없는 속도로 거래를 실행한다. 이는 금융 시장의 효율성을 높이는 동시에, 경쟁의 판도를 완전히 바꾸어 놓았다.

고객 경험의 재정의: AI 챗봇과 초개인화 서비스

금융 서비스의 변화는 증권거래에만 국한되지 않는다. 한때 은행 창구에서 순서를 기다려야 했던 고객 상담은 이제 24시간 내내 AI 챗봇이 해결해 준다. 캐나다 왕립은행(RBC)는 AI 챗봇이 단순 질문 응대를 넘어, 고객의 금융 데이터를 분석해 맞춤형 상품을 추천하는 단계에 이르렀다고 발표하였다(Royal Bank of Canada, 2024). 고객의 소비 패턴과 저축 습관을 학습한 AI는 '다음 달 카드 대금이 부족할 수 있으니 소액 대출 상품을 추천합니다'와 같은 개인화된 서비스를 제공한다. 이는 고객 만족도를 획기적으로 높이는 동시에, 금융기관의 운영 효율성을 증대시킨다.

이러한 고객 서비스 자동화 및 개인화는 금융산업의 고객 경험을 새로운 차원으로 끌어올리고 있다. AI는 단순히 반복적인 질문에 답하는

챗봇 이미지

출처: istock.(2025.10.19.). https://www.istockphoto.com/kr/search/2/image?mediatype=illustration&phrase=%EC%B1%97%EB%B4%87

것을 넘어, 고객의 숨겨진 금융 니즈를 파악하고 선제적으로 제안함으로써, 전담 금융 비서와 같은 역할을 수행하고 있다.

운영 비용 절감: 새로운 효율성의 시대

AI는 또한 금융기관의 운영 비용을 절감하는 데 큰 역할을 한다. 많은 인력이 필요했던 서류 처리, 데이터 입력, 규제 준수 모니터링 등의 반복적인 업무는 이제 AI 자동화 시스템이 대신하고 있다. 미국의 대형 은행 뱅크오브아메리카(Bank of America)는 AI 도입을 통해 백오피스 업무의 30%를 자동화했으며, 이는 연간 수십억 달러의 비용 절감 효과를 가져왔다(Bank of America, 2024).

AI는 금융기관의 '근육' 역할을 했던 인간 인력을 '두뇌' 역할로 전환시키고 있다. 단순 업무에서 배제된 직원들은 이제 AI가 제공한 데이터를 바탕으로 고객과 새로운 관계에서, 복잡한 금융 전략을 수립하는 데 집중할 수 있게 되었다. AI는 단순히 일자리를 대체하는 것이 아니라, 인간의 역할을 더욱 가치 있는 영역으로 재배치하고 있는 것이다.

AI와 금융의 새로운 협력 모델

AI는 금융 시스템의 심장부를 뒤흔들고 있다. 거래의 속도와 정확성을 극대화하고, 고객 서비스의 개인화를 통해 새로운 가치를 창출하며, 운영 비용을 절감하여 효율성을 극대화한다. 이 모든 변화는 AI가 도구 이상의 금융 산업의 핵심 엔진으로 역할하고 있음을 보여준다. AI가 주도하는 새로운 금융 시대는 인간과 기술이 어떻게 협력하여 미지의 미래를 만들어 나갈지에 대한 실질적인 질문을 던지고 있다.

2. 리스크 관리 및 예측 능력의 강화

☑ **정교한 신용 평가** → AI는 전통적인 신용 정보 외에 SNS 활동, 거래 패턴 등 비정형 데이터를 분석: 정확하고 포괄적인 신용 평가 모델을 구축

☑ **사기 탐지 및 이상 거래 감지** → AI 시스템은 수많은 거래 데이터를 실시간으로 모니터링: 새로운 패턴을 신속하게 파악, 사기 거래를 사전 탐지하여 금융 범죄 예방

☑ **시장 리스크 예측** → AI는 복잡한 시장 변수와 외부 요인(정치적 이슈, 자연재해 등)을 학습 및 시장 변동성을 예측: 금융기관이 잠재적 손실에 대비할 수 있는 모듈을 구축

금융보안원(Financial Security Institute, FSI)의 보안 관제실의 수십 개의 모니터는 인간의 눈으로는 감지하기 힘든 미세한 데이터의 흐름이 포착한다. 낯선 IP 주소에서 대규모 자금이 소액으로 분산 이체되는 패턴이 순간적으로 감지되면, AI 시스템이 경고음을 울린다. AI는 이 패턴이 과거 수천 건의 금융 사기 사례의 패턴과 유사성의 정도를 순식간에 분석해낸다. 한때 인간의 오랜 경험과 직감에 의존했던 금융 범죄와의 싸움은 이제 AI의 몫이 되었다.

AI가 금융 범죄 차단: 거래 내역의 그림자 추적

인공지능(AI)은 금융 산업에 혁명적인 효율성을 가져왔을 뿐만 아니라, 금융 시스템을 위협하는 리스크와의 경쟁에서도 가장 강력한 무기로 등장했다. 과거에는 일일이 서류를 검토하고 거래 내역을 추적하며 위험을 관리했지만, 이제는 AI가 이 역할을 대신하며 그 정확도와 속도는 비교할 수 없을 만큼 향상되었다. AI 기반 리스크 관리 시스템은 전 세계 금융기관의 잠재적 손실을 연간 수십억 달러 줄이는 데 기여하고 있다(Bloomberg, 2024).

AI가 가져온 가장 큰 변화는 사기 탐지 및 이상 거래 감지 능력의 강화이다. AI 시스템은 고객의 평소 거래 패턴, 위치, 시간, 금액 등 수많은 데이터를 실시간으로 학습하고 모니터링한다. 만약 평소에 사용하지 않던 해외 IP에서 고액이 인출되거나, 여러 계좌로 소액이 분산 이체되는 등 비정상적인 활동이 감지되면, AI는 즉시 경고를 보낸다. 이는 금융 범죄가 발생하기 전에 미리 차단하는 '선제적 방어'를 가능하게 하여, 고객의 자산을 보호하는 혁신적인 역할을 한다.

정교한 신용 평가: 금융 소외계층에게 기회 확대

AI는 신용 평가의 패러다임도 바꾸고 있다. 기존의 신용 평가 시스템은 주로 고정된 정보(소득, 직업, 과거 대출 기록 등)에 의존하여 금융 이력이 부족한 사람들은 대출이나 신용카드 발급에 어려움을 겪었다. 하지만 AI는 비정형 데이터를 분석하여 보다 폭넓은 정보를 활용한다. 예를 들어, SNS 활동, 온라인 쇼핑 기록, 통신비 납부 이력, 심지어 웹사이트 방문 패턴까지 분석하여 개인의 상환 능력을 정밀하게 예측한다. 이로 인해 전통적인 금융 시스템에서 소외되었던 프리랜서, 소상공인, 사회 초년생 등이 정교한 AI 기반 모델을 통해 신용을 인정받고 금융 서비스를 이용할 수 있는 새로운 기회가 열리고 있다(Financial Times, 2024).

시장 변동성 예측: 리스크 관리의 진화

금융 시장의 리스크는 예측 불가능한 변수들로 가득 차 있다. AI는 이러한 불확실성을 관리하는 데 있어 인간보다 뛰어난 능력을 보여준다. AI 모델은 과거의 경제 위기, 지정학적 사건, 자연재해 등 수많은 데이터를 학습하여 시장 변동성이 높아질 수 있는 시점을 예측한다. 예를 들어, 특정 국가의 정치적 불안정이 주식 시장에 어떤 영향을 미칠지, 혹은 원자재 가격 상승이 특정 산업의 수익성에 어떤 영향을 미칠지 등을 분석하여 금융기관이 미리 투자 포트폴리오를 조정하거나 헤지 전략을 수립할 수 있도록 지원한다. 이는 금융기관의 잠재적 손실을 최소화하고, 나아가 금융 시스템 전체의 안정성을 강화하는 데 기여한다.

AI, 금융의 새로운 수호자

AI는 금융 리스크 관리의 패러다임을 근본적으로 재편하고 있다. 머신러닝과 딥러닝 기반의 정교한 신용평가 모델은 개인과 기업에 대한 금융 접근성을 획기적으로 확대하며, 전통적인 신용평가가 간과하기 쉬운 비정형 데이터까지 반영함으로써 평가의 정밀도를 높인다. 동시에 AI 기반 사기 탐지 시스템은 거래 패턴과 이상 징후를 실시간으로 분석하여 금융 사기의 발생을 최소화하며, 고빈도 거래 및 시장 변동성의 급격한 변화에도 즉각 대응할 수 있는 능력을 제공한다. 이러한 능력은 단순한 자동화나 효율화의 수준을 넘어, 금융 시스템 전반의 안정성과 신뢰성을 향상시키는 전략적 자산으로 자리잡고 있다. 결과적으로 AI는 금융 기관과 투자자에게 복잡하고 위험한 시장 환경 속에서 의사결정의 정확성을 높이는 새로운 '디지털 수호자' 역할을 수행하며, 새시대의 금융 거래와 위험 관리의 구조적 인식을 근본적으로 변화시키고 있다.

3. 새로운 금융 서비스 및 상품의 등장

☑ **로보어드바이저 활성화** → AI 기반 로보어드바이저는 개인의 투자 성향과 목표에 맞춰 자동으로 자산 포트폴리오를 구성하고 관리해 주는 서비스를 제공

☑ **초개인화 금융 상품** → AI는 고객의 소비 패턴과 금융 행동을 분석하여 맞춤형 대출, 보험, 예금 상품을 설계: 특정 소비 습관에 따라 금리 혜택을 제공하는 상품 등의 제공

☑ **혁신적인 보험료 책정** → AI는 운전 습관, 건강 데이터 등을 분석하여 개인별 위험도를 정밀하게 측정; 맞춤형 보험료를 산출하는 '온디맨드 보험'과 같은 상품 제공

특정 앱에 가입하면 하루중 일정한 시각에 스마트폰 알림이 울린다. 은행 앱에 접속하자, AI는 최근 소비 패턴(친환경 제품 구매, 대중교통 이용)을 분석해 '지속 가능성 지수가 높아져 대출 금리를 0.2% 인하해 드리겠습니다'라는 메시지를 띄운다. 몇 년 전만 해도 이런 맞춤형 지원은 기대할 수 없었다. 금융은 더 이상 거대한 기관의 몫이 아니라, AI를 통해 개인의 삶에 깊숙이 스며드는 초개인화된 서비스가 되었다.

현장의 AI: 금융의 진입 장벽 제거

인공지능(AI)은 금융 산업의 판도를 바꾸며, 우리에게 새로운 금융 서비스와 상품을 선사하고 있다. 과거에는 소수의 전문적인 계층만이 누렸던 자산 관리와 맞춤형 혜택은 이제 AI 기술을 통해 쉽게 접근 가능한 보편적인 서비스가 되었다. 월스트리트저널은 AI가 금융 상품과 서비스의 민주화를 이끌고 있다고 평가했다(Wall Street Journal, 2024).

AI가 가져온 가장 큰 변화 중 하나는 로보어드바이저(Robo-Advisor)의 활성화이다. 2020년대 중반, 찰스슈왑(Charles Schwab)이나 피델리티(Fidelity)와 같은 금융기관은 AI 기반 로보어드바이저 서비스를 대중화했

다. 이 로봇들은 고객의 투자 성향, 위험 감수 능력, 은퇴 목표 등을 분석하여 최적의 자산 포트폴리오를 자동으로 구성하고 관리해 준다. 인간의 감정적 판단을 배제하고 24시간 시장을 모니터링하며 리스크를 관리하는 로보어드바이저는 소액 투자자들도 저렴한 비용으로 전문적인 자산 관리를 받을 수 있는 기회를 열어주었다.

맞춤형 금융: 일상을 바꾸는 초개인화

AI는 단순히 투자에만 머물지 않고, 우리의 일상 금융을 초개인화하고 있다. AI는 고객의 소비 패턴, 온라인 활동, 심지어는 모바일 기기 사용 습관까지 분석하여 개인에게 가장 유리한 맞춤형 대출, 예금, 카드 상품을 추천한다. 넷플릭스가 고객의 시청 기록을 분석해 콘텐츠를 추천하듯, 금융기관은 AI를 통해 고객의 금융 행동을 분석하여 '특정 시간대에 대중교통을 자주 이용하는 고객에게 교통비 할인 혜택을 제공하는 예금 상품'이나 '건강 앱 사용 기록이 좋은 고객에게 보험료를 할인해 주는 헬스케어 보험' 등을 제안한다. 이는 소비자의 금융 활동을 데이터화하고 가치를 부여하는 새로운 모델을 제시한다.

혁신적인 보험료 책정: 온디맨드 보험의 시대

가장 극적인 변화는 보험 시장에서 나타나고 있다. AI는 운전자의 GPS 데이터와 운전 습관을 분석하여 안전 운전 시 보험료를 할인해 주는 UBI(Usage-Based Insurance)를 넘어, '온디맨드(On-Demand) 보험'을 가능하게 했다. 예를 들어, 야외 활동이 많은 주말이나 여행 기간에만 상해보험이나 여행자 보험을 활성화하는 등, 고객이 실제로 필요로 하는 시점과 기간에 맞춰 보험을 선택하고 보험료를 지불하는 '사용 기반 보험(Pay-as-you-go Insurance)' 모델이 점차 일반화되고 있다. AI와 빅데이터 분석

기술은 개인의 활동 패턴, 위치 정보, 건강 상태, 날씨 등 다양한 요인을 실시간으로 분석하여 최적의 보험 상품과 가입 시점을 자동으로 추천할 수 있다. 이로 인해 보험은 전통적인 장기 계약 중심의 금융 상품에서 벗어나, 필요할 때만 활성화되는 유연하고 개인화된 금융 서비스로 진화하고 있다(PwC, 2023).

금융의 혁신 엔진, AI

AI는 단순히 금융기관 내부의 보조 기술에 머무르지 않고, 금융 안정성과 고객 신뢰를 강화하는 핵심 동력으로 자리 잡고 있다. 실시간 데이터 분석과 예측 모델링을 통해 잠재적 리스크를 사전에 탐지하고, 불확실한 시장 상황 속에서도 보다 정교한 의사결정을 가능하게 한다.

AI가 만들어가는 금융의 미래를 직접 경험하고 있으며, 이러한 변화는 앞으로 더욱 가속화될 것이다. 인공지능은 금융 생태계 전반을 재편하며, 고객 중심의 새로운 금융 패러다임을 열어가고 있다.

4. AI 금융의 사회적·윤리적 과제

☑ **알고리즘 편향성 및 공정성 문제** → AI 모델이 특정 데이터에 편향되면, 부당한 대출 거절이나 차별적인 신용 평가로 이어져서 사회적 불평등을 심화

☑ **책임 소재의 불명확성** → AI의 결정으로 인해 금융 사고 발생 경우, 책임의 소재, AI 개발자, 금융기관, 혹은 AI 시스템 자체에 있는지에 대한 법적·윤리적 논의가 필요한 시점

☑ **일자리 변화 및 재교육의 필요성** → AI가 자동화하는 직무(데이터 입력, 단순 심사 등)는 점차 소실: AI 시스템 관리, 데이터 분석 등 새로운 역량을 갖춘 인력이 요구됨

AI 시대는 단순히 기술적 도구의 의미를 넘어서 사회적 계약의 재구성 과정을 의미한다. AI의 결정 이면에 내재된 알고리즘의 편향성을 우리는 어떻게 판단해야 할 것인가? AI의 결정으로 인해 발생한 금융 사고의 법적 책임은 누구에게 있는가?" 2024년 미국에서 논란이 되었던 한 사례에서, 한 은행의 AI 대출 시스템이 특정 지역 거주자들의 대출 신청을 일괄적으로 거절하면서 인종적 편향성 논란이 불거졌고, 결국 법적 소송으로 이어졌다. SouthEast Bank 사건은 학생 대출 학자금 리파이낸싱(refinancing) 프로그램에서 대학 기반 부도율(school-based default rate) 기준을 두고, 그 기준이 주로 흑인 학교(Historically Black Colleges and Universities 포함)를 졸업한 신청자들을 불리하게 배제했다는 혐의로 미국 법무부(DoJ)가 제소하였다. SouthEast Bank 사건은 2025년 1월 18일 미국 법무부가 소송을 제기한 사건이며, 법무부 합의는 합의금 150만 달러를 확정하였다. 이 사건은 AI가 단순한 기술적 문제가 아니라, 사회적 정의와 윤리에 대한 근본적인 성찰을 요구하고 있다.

AI 금융의 그림자, 윤리와 책임의 딜레마

인공지능(AI)은 금융 산업에 효율성과 혁신을 가져왔지만, 동시에 해결해야 할 복잡한 사회적·윤리적 과제들을 드러내고 있다. AI가 금융 시스템의 핵심 의사 결정권을 갖게 되면서, 그 이면에 숨겨진 위험 요소들이 수면 위로 나타나고 있다. 앞서 AI의 급속한 발전이 책임 소재, 공정성, 그리고 사회적 불평등을 야기할 수 있다고 경고했다(Stanford University, 2023).

가장 시급한 문제는 알고리즘의 편향성 및 공정성 문제다. AI는 학습된 데이터를 기반으로 판단을 내리는데, 이 데이터에 사회적 편견이나 불평등이 반영되어 있다면, AI는 이를 그대로 학습하여 차별적인 결과를 초래할 수 있다. 예를 들어, 과거의 대출 승인 기록이 주로 고소득층에 집중되어 있다면, AI는 이 패턴을 학습해 소득이 낮은 계층의 대출 신청을 자동으로 거절할 가능성이 높다. 이는 금융 소외를 심화시키고, 기존의 사회적 불평등을 기술적으로 고착화시킬 위험을 내포한다(European Parliament, 2024).

책임 소재의 불명확성과 일자리 변화의 파도

AI가 사회전반에 영향력이 확대되면서 기존의 법적·윤리적 체계로는 해결하기 어려운 새로운 딜레마를 낳고 있다. 이 문제를 해결하기 위한 국제적인 논의는 시작 단계에 불과하다. 또한, AI가 가져오는 일자리 변화의 파도는 기존 금융 종사자들에게 거대한 위기이자 기회로 다가오고 있다. AI가 단순 데이터 입력, 서류 심사 등 반복적인 업무를 자동화하면서 해당 직무는 점차 사라질 것이다. AI 관련 신규 직무가 다수 창출될 것이라고 전망하면서도, 이 과정에서 발생하는 대규모 실업과 기술 격차 문제가 대두된다(World Economic Forum, 2023). 이제 금융 종사자들은 AI 시스템을 관리하고, 데이터를 분석하며, 고객에게 고차원적인 금융 전략을 제공하는 새로운 역량을 갖추기 위한 재교육이 필수적이다.

AI 금융: 윤리적 나침반 구축의 필요성

AI의 역할에서 윤리적 딜레마와 사회적 과제라는 장애물이 크다. 알고리즘의 투명성과 공정성을 확보하고, 책임 소재에 대한 명확한 법적 프레임워크를 구축하며, 지속적인 재교육을 통해 노동자들이 변화에 적응할 수 있도록 돕는 것이 시급하다. AI가 모두에게 공정한 금융 생태계를 구축하는 도구가 될지, 아니면 소수의 이익만을 위한 기술이 될지, AI 기술 혁신에 대한 연구는 이제 기술적 성능을 넘어, 인간의 가치와 사회적 정의를 중심으로 이루어져야 할 때이다.

▌심화 연구: 인공지능(AI)의 학술적 이해

AI의 개념 정리. 인공지능(AI)은 단순한 기술적 도구를 넘어, 인간의 지적 기능을 모방하거나 확장하기 위해 개발된 학제적 연구 영역이다. AI의 정의는 시대와 학문적 관점에 따라 다양하게 진화해 왔으나, 일반적으로는 '환경으로부터 데이터를 인식하고, 이를 기반으로 학습·추론·의사결정을 수행하는 인공적 시스템'으로 규정된다(Russell & Norvig, 2021). 이는 전통적 계산 모델을 넘어, 인간의 사고와 문제 해결 방식을 수학적·통계적 알고리즘으로 구현하려는 시도로 이해할 수 있다.

AI의 발전을 가능케 한 핵심 기반. 핵심 기반은 크게 세 가지로 나눌 수 있다. 1차 단계, 머신러닝(Machine Learning)은 경험적 데이터를 바탕으로 모델이 스스로 규칙을 학습하는 접근법으로, 금융과 의료를 비롯한 다수의 산업 분야에서 예측 모델 구축에 활용된다. 2차 단계, 딥러닝(Deep Learning)은 인공신경망(ANN)의 심층 구조를 통해 이미지·음성·텍스트와 같은 비정형 데이터를 고도 처리할 수 있게 하며, 최근 금융 거래 패턴 분석과 리스크 관리에 중요한 도구가 되고 있다. 3차 단계, 자연어 처리(Natural Language Processing, NLP)는 인간 언어를 기계가 이해하고 생성할 수 있도록 하여, 금융 챗봇이나 자동 보고서 생성과 같은 응용 영역을 확장시켰다.

AI의 한계와 위험성. AI 사용의 위험성 또한 학문적으로 연구 대상이다. 대표적으로, AI는 데이터 의존성을 가지며 학습 데이터의 품질과 편향성이 결과에 직접적으로 반영된다. 또한, 설명 가능성(Explainability) 문제로 인해 복잡한 모델의 의사결정 과정을 투명하게 해석하기 어렵다는 점은 법적·윤리적 책임 논의에서 중요한 쟁점이 되고 있다. 동시에, AI는 단순한 자동화 기술을 넘어 인간의 인지적 능력을 증강하는 인지적 파트너(Cognitive Partner)로 기능할 수 있다는 긍정적 전망도 제시된다.

AI에 대한 학술적 접근은 기술적 성능만을 평가하는 것이 아니라, 철학·윤리·법학·경제학 등 다양한 학문적 관점에서의 교차 검토를 필요로 한다. 이는 금융을 포함한 사회 전반에서 AI가 어떻게 제도화되고 활용될 것인지, 그리고 그것이 인간 사회에 어떠한 새로운 규범적 틀을 요구하는지에 대한 근본적인 문제에 대한 논의를 제안한다.

CHAPTER 14

정보시장 경쟁과 국제 질서: 기술 지정학 개념

1. AI 기술 패권과지정학적 충돌
2. 데이터 자원과 글로벌 권력 구조
3. 기술 패권 경쟁과 글로벌 가치사슬의 재편
4. AI와 국제 규범, 그리고 새로운 질서

1. AI 기술 패권과 지정학적 충돌

☑ **AI와 군사 전략의 결합** → 자율 무기 체계, 사이버전, 정보전 등에서 AI가 전략적 우위를 제공: 미·중 중심의 패권 경쟁 심화

☑ **디지털 주권의 부상** → 데이터 보안과 국가 정보 인프라의 자율성 확보: 새로운 안보 패러다임 형성

☑ **기술 동맹과 분절화** → 미국의 'Chip 4 Alliance'나 중국의 '디지털 실크로드' 등 기술 연합으로 국제 질서의 블록화

AI와 패권 경쟁

구분	핵심 내용	세부 사항
AI 기술 패권과 지정학적 충돌	군사·안보 패러다임 변화	• 자율 무기, 사이버전, 정보전에서 전략적 우위 • 디지털 주권 확보 중요성 부상 • 기술 동맹·블록화(Chip4, 디지털 실크로드)
데이터 자원과 글로벌 권력 구조	데이터 시장 경쟁	• 데이터 = 새로운 산업 동력 • 플랫폼 기업의 준국가적 영향력 확대 • 데이터 규제 전쟁(GDPR·국유화·개방전략)
기술 패권 경쟁과 GVC 재편	공급망·생산 기지	• 반도체·AI 칩 공급망 전쟁 • 생산 기지 다변화(베트남, 인도, 멕시코) • 기술 디커플링: 미·중 상호 배제, 이중 표준
AI와 국제 규범, 새로운 질서	규범 경쟁과 신냉전	• 미국, EU, 중국 모델의 대립 • UN·OECD·UNESCO 논의 지연 • 신냉전: 기술 표준·데이터 흐름 중심

AI의 지능 전쟁: 기술패권의 새로운 전선

중국 북경시 서부(西山) 지역에 위치한 중국 군사안보 연구소에서는 고해상도 드론 영상을 실시간으로 분석하고 있다. 화면 속 도시는 평범한 항구 도시이지만, AI 알고리즘은 한반도 서해와 제주도 남부를 통과하는 민간 선박과 군함의 이동 속도, 항로 패턴, 연료 소비량까지 계산한다. "전쟁은 이미 눈에 보이지 않는 데이터 속에서 시작되고 있다."

AI와 군사 전략의 결합은 국제 질서를 근본적으로 재편하고 있다. 미

국 국방부는 자율 무기 체계와 AI 기반 정보전 시스템을 '전력 증강의 핵심'으로 선언(2023년 8월, 캐슬린 힉스 부장관 'Replicator' 프로그램 발표)했으며, 중국은 군민융합(Military-Civil Fusion) 전략을 통해 민간 AI 혁신을 군사력 강화에 직결시키고 있다(Matteson, 2022). 2024년 11월, 중국 연구자들은 메타의 오픈소스 Llama 모델을 기반으로 'ChatBIT'라는 군사용 AI 모델을 개발하여 정보 수집과 작전 의사결정에 활용하고 있다. 사이버전, 심리전, 위성 네트워크 관리까지 AI가 개입하며, 군비 경쟁은 이제 지능 전쟁(Intelligent Warfare)의 국면으로 접어들었다.

디지털 주권과 데이터 국경

AI가 산업과 경제 전반에 깊숙이 개입하면서, 국가 핵심 인프라의 외부 기술 의존이 곧 안보 위협으로 직결된다는 인식이 확산되고 있다. 5G 통신망, 클라우드 서버, 데이터 센터 등은 이제 단순한 기술 인프라가 아니라, 국가의 디지털 주권(Digital Sovereignty)을 결정짓는 핵심 영역으로 부상하고 있다. 이러한 기술은 방위산업에서 활용 가능성을 높이는 동시에, 드론을 이용한 국경 통제 훈련 등 다양한 분야에 응용되고 있다.

실제 사례를 보면, 유럽연합은 미국과 중국 빅테크 기업에 대한 의존도를 줄이기 위해 자율적 데이터 거버넌스 전략을 구축하고 있으며(Godement & Vasselier, 2020), 러시아는 패권전쟁 상황 속에서 '데이터 국경'을 강화하며 디지털 경제 주권 확보를 가속화하고 있다. 이처럼 기술과 데이터는 단순한 경제적 자원이 아니라, 현대 국가 안보와 국제 질서의 핵심 자원으로 자리잡고 있음을 보여준다.

Chip 4 Alliance와 디지털 실크로드

패권 경쟁의 심화는 기술 동맹과 분절화로 구체화된다. 미국은 반도체 공급망을 재편하기 위해 한국, 일본, 대만과 함께 Chip 4 Alliance를 구축했고, 이는 중국을 배제한 기술 블록의 성격을 띠고 있다(Kim, 2023). 반대로 중국은 '디지털 실크로드(Digital Silk Road)'를 통해 일대일로 참여국에 통신 인프라와 AI 기술을 제공하며 영향력을 확대하고 있다. 동남아와 아프리카에서 화웨이의 5G 네트워크가 빠르게 확산된 것도 이러한 전략의 일환이다.

기업들은 이러한 지정학적 갈등 속에서 새로운 지정학의 '행위자'로 부상한다. 삼성전자는 미국과 중국의 반도체 패권 갈등 속에서 텍사스에 170억 달러 규모의 파운드리 공장을 건설하며 미국정부의 요국에 적극적으로 대응하고 있지만, 동시에 중국 시안 공장을 유지하며 경제적 균형을 모색하고 있다. 테슬라는 상하이에 세계 최대 규모의 기가팩토리를 세우며 중국 정부의 지원을 확보했지만, 미국 내에서는 '중국 기술 의존 기업'이라는 비판에 직면했다. 이처럼 기업들은 더 이상 단순한 경제 주체가 아니라, 국제 패권 경쟁의 전략적 매개체로 기능하고 있다.

AI 기술 패권은 단순한 기술 경쟁이 아니라, 국가 안보·경제 주권·국제 연합의 재편을 동시에 연계하는 복합적 경쟁이다. 국제 질서가 블록화되고, '기술을 창조하는 자'와 '기술에 종속되는 자'로 구분되는 세계에서, AI는 새로운 지정학적 질서를 만드는 핵심 축으로 등장하고 있다. 이는 곧 미래의 패권은 알고리즘과 데이터의 흐름 속에서 결정될 것임을 예고한다.

2. 데이터 자원과 글로벌 권력 구조

☑ **데이터를 새로운 산업 동력으로 보는 관점** → 국가 경쟁력의 핵심 자원으로 데이터가 기능, 특히 AI 학습용 대규모 데이터셋 확보 경쟁이 심화

☑ **플랫폼 국가의 등장** → 구글, 아마존, 알리바바와 같은 플랫폼 기업이 사실상 국가 수준의 영향력을 행사하며 국제 규범 형성에 개입

☑ **데이터 규제 전쟁** → GDPR(유럽), 데이터 국유화(중국), 개방형 데이터 전략(미국) 등 데이터 관리 체제가 지정학적 갈등 초래

데이터 패권

X-AI의 회의실. 벽면을 가득 메운 모니터에는 전 세계 수억 명의 소비자가 남긴 클릭, 결제, 위치 정보가 실시간으로 시각화되고 있다. 데이터는 석유보다 가치가 크다. 에너지 패권이 20세기를 지배했다면, 데이터 패권은 21세기의 권력을 재편할 것이다. 즉, 데이터를 새로운 자원으로 보는 관점은 이미 국제 정치경제학의 공통된 분석틀로 자리 잡았다(yer-Schönberger & CukierMa, 2013). AI 학습에 필요한 대규모 데이터셋은 국가 경쟁력의 필수 자원이며, 특히 의료·금융·국방 데이터는 전략적 가치가 핵심적이다. 중국이 '사회신용시스템(社會信用制度, Social Credit System)'을 통해 자국민의 생활 데이터를 전방위적으로 수집하는 이유도, 단순한 사회 관리가 아니라 국가 차원의 AI 경쟁력 강화를 위한 것이다(Zuboff, 2019).

이 과정에서 글로벌 기업들은 한국가의 경제력을 능가하는 플랫폼 국가(platform states)로 부상했다. 아마존의 AWS 클라우드는 미국 정부의 방대한 데이터 저장소이자 CIA·펜타곤과 협력하는 전략 자산이다. 알리바바는 중국 정부와 협력해 일대일로 국가들에 전자상거래·결제 시스템을 확산시키며 디지털 실크로드의 중추로 자리 잡았다. 삼성전자는 반도체와 메모리 시장에서 데이터 인프라의 핵심 부품을 공급하면서, 미·중

간 기술 패권 경쟁의 전략적 조절자로 기능하고 있다(Lee, 2022). 이들 기업은 단순히 '시장 참여자'가 아니라, 데이터 거버넌스와 국제 규범 형성에 직접 개입하는 행위자로 변모하고 있다.

데이터 규제 전쟁

데이터의 영향력이 커질수록, 이를 둘러싼 규제 전쟁도 치열해지고 있다. 유럽연합은 GDPR(General Data Protection Regulation)을 통해 개인정보 보호를 최우선시하며, 글로벌 기업에 막대한 벌금을 부과하는 강경한 규제 체제를 구축했다(Kuner et al., 2020). 반면, 미국은 개방형 데이터 전략을 통해 혁신과 기업 경쟁력을 촉진하는 방향을 취한다. 중국은 국가안보 이유로 데이터를 국유 자산화하고 국경을 넘어서는 데이터 이전을 엄격히 통제한다. 이러한 상반된 전략은 단순한 규제 차이를 넘어, 데이터를 둘러싼 지정학적 균열을 심화시키고 있다.

2021년 10월, 페이스북(Facebook, 現 메타/Meta Platforms Inc.)이 유럽에서 GDPR 위반 혐의로 13억 달러 벌금을 부과받은 사건은 데이터 규제가 단순히 기업 문제가 아니라, 국가 주권과 국제 질서를 둘러싼 충돌임을 상징적으로 보여준다. 한편, 인도·브라질 등 BRICS 신흥경제국은 데이터 보호주의를 강화하면서 '디지털 식민지화'에 적극적인 대응을 하고 있으며, 데이터 주권을 새로운 국가 정체성의 일부로 간주한다.

이처럼 데이터는 더 이상 '기술적 산물'이 아니다. 그것은 석유처럼 채굴·정제·유통되는 전략 자원이며, 동시에 민주주의, 인권, 국가 안보를 둘러싼 국제 권력 투쟁의 장이다. 글로벌 패권 질서가 데이터 흐름의 규제와 통제에 의해 재편되는 지금, 데이터는 단순히 '새로운 자원'이 아니라, 21세기 국제 질서의 조절자 역할을 하게 된 것이다.

3. 기술 패권 경쟁과 글로벌 가치사슬의 재편

☑ **반도체 및 AI 칩 공급망 전쟁 →** 미국과 중국이 반도체·AI 칩 독립을 추구: 글로벌 가치사슬의 구조가 지역화·분절화

☑ **생산 기지와 조달망 다변화 →** 지정학적 리스크에 대응하기 위해 기업들이 베트남, 인도, 멕시코 등으로 생산기지 재편

☑ **기술 디커플링 →** AI, 5G, 클라우드 등 첨단 기술 분야에서 미·중 간 상호 배제와 이중 표준화가 확산

반도체 및 AI 칩 공급망 전쟁

대만(臺灣) 신죽(新竹)의 TSMC(Taiwan Semiconductor Manufacturing Company)반도체 공장. 24시간 가동되는 세계 최대 반도체 파운드리 기업의 클린룸에서 엔지니어들은 마치 군사작전과도 같은 긴장감 속에 웨이퍼 생산 라인에 시선을 고정하고 있다. TSMC에서 만드는 반도체는 단순한 산업재가 아니라, 미·중 패권의 전선에 놓인 전략 무기이다.

이는 반도체 및 AI 칩 공급망 전쟁은 오늘날 글로벌 가치사슬(GVC)의 재편을 가장 직접적으로 보여주는 사례다. 미국은 자국 내 생산 역량을 강화하기 위해 'CHIPS and Science Act'를 제정하고, TSMC와 삼성전자에게 미국 내 대규모 파운드리 투자를 압박했다(White House, 2022). 반면, 중국은 '중국제조 2025(中国制造 2025)'를 통해 반도체 자립을 국가 전략 목표로 삼고 수십억 달러 규모의 보조금을 투입하고 있다(Bown, 2023). 이 과정에서 글로벌 공급망은 더 이상 '효율성' 중심이 아니라, 안보와 전략적 자율성을 기준으로 재편되고 있다.

공급사슬의 다변화

공급사슬은 곧 생산 기지와 조달망 다변화로 이어지고 있다. 테슬라는

상하이 기가팩토리에서 중국 정부 지원을 받으며 글로벌 최대 생산기지를 운영하지만, 동시에 인도와 멕시코 신규 공장 설립을 추진해 지정학적 리스크를 분산하고 있다(Miller, 2023). 애플은 중국에 집중된 아이폰 공급망을 베트남과 인도로 이전하며 '차이나 리스크'를 줄이고 있으며, 삼성전자는 2010년대 초반부터 베트남을 글로벌 생산 거점으로 적극 육성해 왔다. 특히 박닌성(Bắc Ninh)과 타이응우옌성(Thái Nguyên)은 삼성의 전략적 생산기지로, 현재 삼성전자의 스마트폰 생산량 중 절반 이상이 이 두 지역에서 생산된다. 삼성전자는 단순 조립뿐 아니라 연구개발(R&D), 품질 관리, 부품 조달 네트워크까지 통합적으로 운영하여 '생산-기술-관리' 체계를 베트남에서 운용한다. 이러한 다변화 전략은 단순한 비용 절감 차원이 아니라, 지정학적 리스크 관리의 일환이다.

기술 디커플링(decoupling)

AI, 5G, 클라우드와 같은 첨단 기술 분야에서 미국과 중국은 서로 다른 기술 생태계를 구축하며 이중 표준화를 고착화하고 있다. 중국의 화웨이(Huawei)는 차이나모바일(China Mobile), 차이나텔레콤(China Telecom) 등 국영 통신사와 함께 유럽과 아프리카에서 5G 네트워크를 확산시키고 있으며, 실제로 독일·이탈리아·남아공·케냐 등 여러 국가에 장비를 공급하고 있다. 반면 미국은 '클린 네트워크(Clean Network)' 구상을 통해 일본, 호주, 영국 등 동맹국들에게 화웨이 장비 사용을 배제하고, 대신 에릭슨(Ericsson), 노키아(Nokia) 같은 유럽 기업들의 장비 사용을 장려하고 있다.

클라우드 산업에서도 중국의 알리바바 클라우드(Alibaba Cloud), 텐센트 클라우드(Tencent Cloud)와 미국의 아마존웹서비스(AWS), 구글 클라우드(Google Cloud), 마이크로소프트 애저(Microsoft Azure)가 각기 다른 데이터 규제와 보안 기준을 따르며, 사실상 블록화된 기술 체제를 형성해가고 있다(Clarke & Toner, 2021). 특히 중국은 '사이버보안법'과 '데이터 보안법'을 통해 자국 내 데이터 국지화를 강제하고, 미국과 EU는 각각 '클라우드법(Cloud Act)'과 'GDPR'을 통해 데이터 접근·보호 규범을 설정하며 상호 충돌하고 있다.

글로벌 가치사슬의 전환

글로벌 가치사슬은 더 이상 효율적 분업 체계라기보다, 패권 경쟁의 전장에서 핵심 변수가 되었다. 기업들은 단순한 생산 구조 다변화를 넘어, 기술적·정치적 충성도를 선택해야 하는 상황에 직면하고 있다. 삼성전자가 미국의 요청에 따라 반도체 공급망 데이터를 제출해야 했던 사건은, 민간 기업조차 국가 전략의 일부로 편입되는 현실을 잘 보여준다. 이는 기업이 더 이상 순수한 경제 주체가 아니라, 국제 질서 재편의 행위자임을 드러내는 사례라 할 수 있다.

기술 패권 경쟁은 글로벌 가치사슬의 지역화(regionalization)와 분절화(fragmentation)를 동시에 촉진하고 있다. 미래의 공급망은 하나의 통합된 글로벌 네트워크가 아니라, 정치·안보적 이해관계에 따라 블록화된 다극 체제 속에서 전개될 가능성이 크다. 이는 곧 세계화가 지향하고자 했던 '무경계 공급망'이 기술 패권과 충돌하여 균열되었음을 의미하며, 앞으로 기업과 국가가 공급망 전략을 설계할 때 단순한 비용 효율성뿐 아니라 지정학적·안보적 리스크를 함께 고려해야 함을 시사한다.

4. AI와 국제 규범, 그리고 새로운 질서

- ☑ **AI 윤리와 국제 규범 경쟁** → 미국은 민간 기업 중심의 규범, 유럽은 윤리 규제, 중국은 국가 주도의 사회 통제 모델을 내세우며 규범 경쟁을 주도
- ☑ **국제 기구와 다자주의의 시험대** → UN, OECD, UNESCO 등에서 AI 윤리·안전 규범 논의가 진행되지만, 강대국 간 이해관계 충돌로 합의가 지연
- ☑ **기술 패권과 신냉전 구조** → AI를 중심으로 한 신흥 국제 질서가 냉전식 이념 대결이 아니라, 기술 표준과 데이터 흐름을 둘러싼 신냉전으로 재편

新냉전시대 미국 · 유럽 Vs. 중국 · 러시아

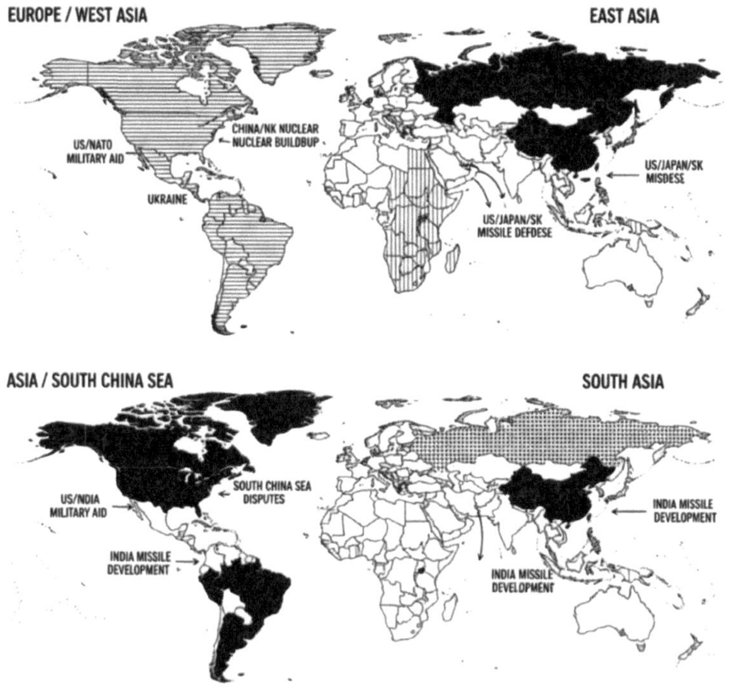

출처: 하종훈.(2017.08.31.). 세계는 지금 新냉전시대, 서울신문. https://www.seoul.co.kr/news/newsView.php?id=20170831005004

기술 패권의 신냉전

2021년 11월, 프랑스 파리 7구 세느강변에 위치한 유네스코(UNESCO) 본부에서 열린 제41차 총회에서 '인공지능 윤리 권고(Recommendation on the Ethics of Artificial Intelligence)'의 채택을 논의하는 과정에서 미국 대표단은 '혁신을 제약하지 않는 자율 규범'을 강조했고, 유럽연합(EU) 대표단은 강력한 개인정보 보호와 투명성 의무를 담은 AI Act를 제시하였다. 중국 대표단은 'AI는 사회적 안정과 국가 안보를 위한 관리 도구'라며 국가 주도의 거버넌스 모델을 강하게 주장했다. 회의장은 기술을 둘러싼 신냉전의 축소판이었다.

AI가 단순한 기술을 넘어 국제 규범을 재편하는 핵심 의제로 부상하면서, 세계는 세 가지 규범 축으로 갈라지고 있다. 미국은 구글, 아마존, 메타 같은 빅테크 기업이 주도하는 민간 중심의 '혁신 우선' 접근을 내세운다. 이는 실리콘밸리 생태계의 개방적 혁신 문화를 반영하지만, 동시에 기업 권력이 국제 규범 형성에 깊이 관여하는 문제를 야기한다(Brown & Korinek, 2022). 반면, 유럽은 GDPR 경험을 바탕으로 윤리와 인권을 최우선시하는 강력한 규제 중심의 모델을 발전시키고 있다. 실제로 유럽연합은 '신뢰할 수 있는 AI'를 국제 표준으로 고착화하기 위해 아마존의 AI 채용 시스템과 테슬라의 자율주행 알고리즘까지 규제 대상으로 검토하고 있다(European Commission, 2021).

중국의 독자 노선

'디지털 사회주의'를 주창하는 중국의 국가 주도의 통제 모델은, 방대한 데이터 수집과 감시 시스템을 통해 사회 전반에 AI를 통합한다. 알리바바(阿里巴巴)와 텐센트(騰訊)는 단순한 기업이 아니라, 중국의 국가 AI 전략(New Generation Artificial Intelligence Development Plan, 2017)에 따라 클라우드 인프라 구축, AI 모델 및 보안 감시 시스템 등의 실행 주체로 기능하고 있다. 중국은 공항뿐만 아니라 북경 지하철에서도 안면 인식(facial recognition) 및 손바닥 인식(palm touch) 기술을 역 입구에 설치하고, 일부 역에서는 사회 신용 시스템(social credit system)과 연동하여 탑승자의 행동 기록, 위험 점수에 따라 통행 채널을 달리하는 방식이 시행 중이다. 또한, 중국의 데이터 보안법(Data Security Law), 사이버보안법(Cybersecurity Law), 국가정보법(National Intelligence Law) 등 제도는 기업들에게 정부의 데이터 접근과 보안 기준 준수를 강제함으로써, 기술이 규범(norm)과 권력(power)의 도구로 작동하는 구조를 공고히 한다.

이러한 규범 경쟁은 국제 기구에서도 시험대에 올랐다. OECD와 UNESCO는 AI 윤리 가이드라인을 제시했지만, 구속력이 없는 권고 수준이다. UN에서의 논의 역시 미·중·EU의 이해관계 충돌로 합의가 지연되고 있다(Campbell et al., 2021).

기술 표준과 데이터 흐름 장악

삼성전자 같은 정보통신기술(ICT) 제조업 및 디지털 서비스 기업들은 각 지역의 상이한 규범을 모두 충족해야 하는 이중·삼중의 부담 속에서 전략을 수정하고 있다. 예컨대, 삼성은 유럽에서 투명성과 개인정보 보호를 최우선으로 반영한 AI 가전을 출시하는 반면, 중국에서는 검열 및 데이터 공유 규정을 따라야 하는 이중 전략을 채택하고 있다. 특히 AI, 클라우드, 금융, 헬스케어 분야에서 규제 준수가 사업 지속성에 결정적인 기준이 되었다.

국제 질서는 이제 군사 동맹이나 경제 블록뿐 아니라, AI 윤리와 규범을 둘러싼 신흥 전선으로 재편되고 있다. 이는 냉전식 이념 대결이 아니라 기술 표준과 데이터 흐름을 장악하려는 '신기술전'이다. 워싱턴, 브뤼셀, 북경에서 각각 제시하는 규범은 단순한 법률이 아니라, 21세기 국제 질서를 규정할 새로운 헌법 초안에 가깝다. 결국 AI 국제 규범의 주도권을 확보한 세력이 차세대 글로벌 패권을 좌우할 것이다. 한국의 AI 윤리 규범은 OECD 기준과 호환되는 수준이며, 아직 EU나 중국처럼 강제력이 있는 법률 수준보다 권고에 가깝다.

▌심화 연구: 패권 경쟁을 이해하기 위한 AI의 학술적 기반

인공지능(Artificial Intelligence, AI) — 국제 정치경제 질서를 재편하는 구조적 변수. AI를 학문적으로 '데이터로부터 학습하여 환경 변화에 적응하고, 자율적으로 의사결정을 내리는 계산적 체계'로 이해한다면(Russell & Norvig, 2021), 이는 기존의 기계 자동화와 구분되는 본질적 특징이기 때문이다. 즉, AI는 단순히 인간의 명령을 수행하는 도구가 아니라, 자율적·예측적·적응적 특성을 가진 새로운 행위 주체로 이해된다.

이러한 특성은 국제 정치의 맥락에서 AI를 단순한 무기 체계나 산업 기술로 한정하지 않고, 국가 권력의 구성 요소로 파악하게 만든다. 국제 관계 이론에서 전통적으로 군사력과 경제력이 패권 경쟁의 핵심 요소였다면, 오늘날에는 데이터와 알고리즘이 새로운 '전략 자산(strategic asset)'으로 간주된다(Chaudhuri, 2023). 특히 AI는 군사·경제·사회적 영역을 동시에 관통하는 '범용 일반목적 기술(General Purpose Technology, GPT)'로 분류되며, 따라서 그 확산 속도와 적용 범위는 패권 경쟁의 성패를 결정짓는 변수로 작동한다.

AI의 학술적 의의 — 복잡계 이론(complex systems theory)과 연계. 글로벌 공급망, 금융 네트워크, 정보 생태계는 모두 상호 연결성과 비선형성을 특징으로 하는 복잡계이며, AI는 이 속에서 실시간 학습과 예측을 가능하게 하는 최적의 도구로 기능한다. 따라서 AI를 보유한 국가와 기업은 단순한 정보의 '소유자'를 넘어, 복잡계의 흐름을 설계하고 통제할 수 있는 주체로 부상한다. 이는 곧 AI가 군사 전략이나 산업 혁신의 차원을 넘어, 국제 질서를 재구성하는 설계 권력으로 작동함을 의미한다. AI는 국제 규범 경쟁에서도 새로운 차원의 학술적 논의를 촉발하고 있다. 로렌스 레식(Lessig, 1999)이 제시한 '코드가 곧 법(Code is Law)'이라는 명제처럼, 알고리즘은 단순한 기술 규칙이 아니라 가치와 규범을 내재화하는 메커니즘이다. 국가와 기업이 어떤 원칙 — 투명성, 효율성, 혹은 통제 — 을 알고리즘에 심어 넣느냐에 따라, 국제 질서의 규범적 구조는 상이하게 전개될 수 있다(Kim, 2023). 따라서 AI 연구는 단순한 산업공학적 과제를 넘어, 정치철학·국제법·윤리학이 교차하는 다층적 학문 영역으로 확장된다.

CHAPTER 15

AI 전쟁의 패러다임: 무인 전투와 정보전

1. 자율 무기 체계와 무인 전투 플랫폼
2. AI 기반 정보전과 사이버전
3. 인간-기계 협업과 의사결정
4. AI 전쟁의 전략적·정치적 함의

1. 자율 무기 체계와 무인 전투 플랫폼

- ☑ **무인 전투기(UAV)와 자율 로봇 전투 플랫폼의 전략적 활용 →** AI 기반 드론과 자율 차량은 정찰, 공격, 방어 등 다양한 임무 수행, 인간의 전투 부담을 경감, 및 전장 대응 속도 혁신
- ☑ **결정권 자동화와 윤리적 딜레마 →** AI가 공격 판단을 수행할 경우 발생하는 책임 소재 문제, 전쟁법 준수, 민간 피해 최소화의 도전 과제
- ☑ **군사적 균형과 패권 경쟁 →** 미국, 중국, 러시아 등 주요 군사 강국들은 자율 무기 개발에 투자는 지역 및 글로벌 군사 패권 구조에 직접적 영향
- ☑ **운용 효율성과 병력 구조 변화 →** 무인 플랫폼 도입으로 소규모 정예 병력 중심의 전투 구조가 가능: 기존 대규모 전력 배치 방식 재편

자율 무기 체계와 무인 전투 플랫폼

2025년 7월 24일 새벽 12시 52분, 흑해 연안의 작은 해군 기지 투압세 인근에서 드론 편대가 아들레르 역과 소치 공항을 향해 바람을 가르며 움직였다. 필자는 Khosta 역 근처의 한 호텔에서 스피커를 통해 대피 경고를 받았다. 크라스노다르 주 군지휘 본부의 장교들은 모니터 앞에서 데이터 흐름을 주시하고 있었을 것이나, 드론이 어디서 조종되는지는 확인할 방법은 쉽지 않다.

이 드론들은 스스로 목표를 탐지하고 위협도를 계산하며, 투압세 해군 레이더를 회피하면서 빠른 속도로 공격과 회피 기동을 수행했다. 1층에서 함께 대피했던 한 러시아 투숙객이 내게 말했다. "지금 이 상황에서 공격은 지휘부의 판단에 의존하지 않습니다. 알고리즘이 전투를 수행하는 시대가 열린 겁니다."

다음 날, 약 30여 대의 우크라이나 드론 공격은 요격되었으나 일부 드론이 공항과 철도역을 파괴했고, 민간인 3명이 사망한 것으로 보고되었다. 군 자산의 피해에 대해서는 공개되지 않았다.

자율 무기 체계와 무인 전투 플랫폼 포스터

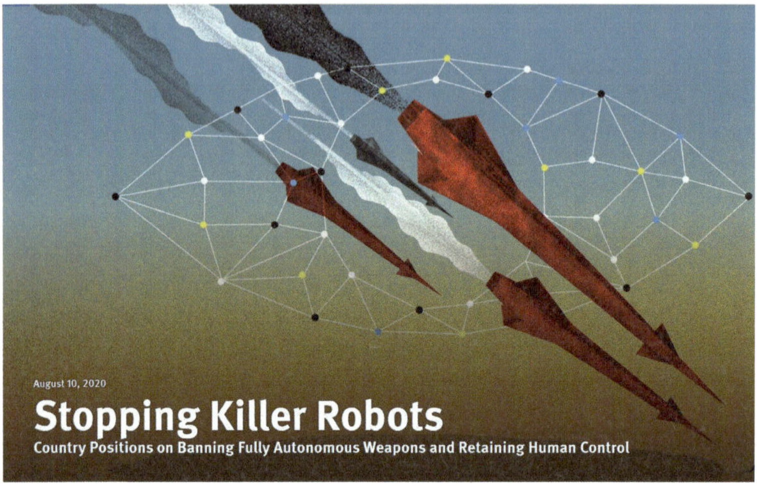

출처: stopping-killer-robots.(2020.08.11.) https://www.hrw.org/report/2020/08/10/stopping-killer-robots/country-positions-banning-fully-autonomous-weapons-and

전략적 활용의 지평

자율 무기 체계(Autonomous Weapon Systems, AWS)는 단순한 보조 수단을 넘어 전장의 주체로 부상했다. 무인 항공기(Unmanned Aerial Vehicle, UAV)는 장거리 정찰과 고정밀 폭격을 수행하고, 자율 주행 장갑차는 위험한 시가전을 대신 수행한다. AI 기반 전투 플랫폼은 다중 센서 데이터를 통합하여 실시간 전술 결정을 내리며, 이는 인간 지휘관이 처리할 수 있는 정보량을 훨씬 넘어선다(Singer, 2009). 결과적으로 전통적 전쟁에서 수십 명의 병력이 협업해야 했던 임무도 이제는 드론 한 편대와 몇 개의 알고리즘으로 대체될 수 있다.

실제 사례로, 2021년 리비아 내전에서는 터키제 Kargu-2 드론이 인간의 개입 없이 자율적으로 목표를 탐지하고 타격한 것으로 보고되었다(WIRED). 이스라엘 방위군(IDF)은 'Lavender'와 'Gospel'과 같은 AI 기반 전투 시스템을 활용하여 가자 지구보복전에서 하마스 및 이슬람 지하드와의 전투 중 목표를 자동으로 식별하고 타격하며, 데이터 분석을 통해 전투 의사결정의 효율성과 정확성을 높여 민간인들을 살해하였다는 비난을 받고 있다. 또한 인도는 'Nagastra-1'이라는 경량형 자율 드론을 개발하여 비대칭 전쟁에서 정찰과 정밀 타격에 활용하고 있으며, 30~40km 사거리와 2m 정확도로 목표를 타격함으로써 전술적 유연성을 높이고 있다. 이러한 사례들은 자율 무기 체계가 전장에서 점점 더 중요한 역할을 수행하고 있음을 보여주며, AI 중심의 전투 체계가 인간 중심의 전통적 지휘 구조를 대체하는 현실을 입증한다.

자동화된 결정과 윤리의 경계

무기 체계의 기술적 진보는 동시에 윤리적 불안을 증폭시킨다. AI 자율 드론이 적군과 민간인을 구분하지 못해 발생한 오폭 사례는 이미 국제 사회의 격렬한 논쟁을 불러왔다. 문제는 단순히 실수의 여부가 아니다. 누가 책임을 질 것인가? 프로그래머인가, 배치 명령을 내린 지휘관인가, 아니면 '스스로 판단'한 AI인가? 국제 인도법은 전투 시 차별성과 비례성을 요구하지만, 자율 무기는 이를 완벽히 준수할 능력을 아직 확보하지 못했다(Lin et al., 2012). 전장에서의 '윤리적 공백'은 군사 기술이 인류의 법적·도덕적 틀을 어떻게 시험하는지 보여준다.

패권 경쟁의 새로운 전선

미국은 2019년 이래, 미국 국방고등연구계획국(Defense Advanced Research Projects Agency, DARPA)를 통해 "인간-기계 협력 전투(Human-Machine Combat Teaming)"를 전략적 연구·교리로 정립·추진하고 있으며, 중국은 군집 드론을 활용한 '포화 공격' 전술 실험을 거듭하고 있다. 미군의 지원을 받는 이스라엘은 이미 실전에서 자율 타격 드론을 운용하며 전술적 우위를 확보했다. 이러한 경쟁은 단순한 무기 개발을 넘어, 국제 군사 질서의 재편을 예고한다. 특히, 2025년 6월 13일 이란을 목표로 한 작전 'Rising Lion'은 자율 드론 운용의 대표적인 사례로 주목받고 있다. 이 작전에서 이스라엘은 수개월 전에 이란에 미리 배치한 소형 자폭 드론을 활용하여 이란의 공중 방어 레이더와 통신 노드를 타격했다. 이 드론들은 이란의 공중 방어망을 무력화시키는 데 중요한 역할을 했다. 중동의 새로운 군비 경쟁은 핵무기 시대 이후 가장 파괴적인 군사적 불안정을 초래할 가능성이 있다. 이는 단순한 기술 발전이 아니라, 글로벌 패권의 향방을 좌우할 힘으로 작동한다.

군사 조직의 혁신과 변화

자율 무기의 확산은 군대의 내부 구조 또한 바꾸고 있다. 대규모 병력 중심의 작전 개념은 점차 효율성을 잃고, 데이터 과학자·드론 운영자·AI 분석가와 같은 신세대 군사 전문가들이 전투의 중심으로 부상한다. 이는 전쟁을 '인간의 체력과 숫자'에서 '기술과 정보의 우위'로 전환시키는 결정적 전환점이다. 실제로 북미 합동사령부는 최근 병력 규모를 줄이는 대신, AI 전투 실험실을 확충하며 차세대 군사력을 준비하고 있다.

르포르트타쥐의 현장으로 다시 돌아가 보자. 한 정보장교는 무인 플랫폼이 하늘을 가르는 모습을 보여주며 크라스노다르 주 TV 카메라 앞에서 이렇게 말했다. "앞으로 전쟁은 인간의 용기가 아니라, 알고리즘의 냉정함으로 결정될 겁니다." 이 발언은 과장이 아니다. 무인 전투 플랫폼은 단순한 도구가 아니라, 전쟁의 본질과 군사적 질서를 뒤흔드는 혁명적 존재로 자리 잡고 있다.

2. AI 기반 정보전과 사이버전

☑ **정보 수집과 인지 우위 확보** → AI는 방대한 데이터에서 적의 의도, 위치, 전략을 분석하여 전투 지휘관에게 실시간 의사결정 지원

☑ **사이버 공격과 방어의 자동화** → 악성코드 탐지, 방화벽 방어, 침투 예측 등 사이버 방어 및 공격에서 AI 기반 시스템이 핵심 역할 수행.

☑ **심리전과 정보 작전** → 소셜 미디어, 뉴스, 가짜 뉴스 등을 활용한 AI 기반 심리전으로 적국의 사기 저하 및 여론 조작 가능

☑ **네트워크 중심 전투(C4ISR) 혁신** → Command, Control, Communications, Computers, Intelligence, Surveillance, and Reconnaissance 체계가 AI로 통합되어 전장 상황 인지 및 대응 속도가 극대화

AI와 사이버 전쟁: 데이터 속의 전장

2025년 1월 14일에 출범한 발틱 해역의 NATO 정보 작전 센터(Operation Baltic Sentry)의 모니터에는 전 세계 네트워크 트래픽과 소셜 미디어상의 패턴이 실시간으로 표시된다. 정보장교들은 화면을 주시하며, AI가 제공하는 위협 분석 보고서를 검토한다. 이번 전장은 국경이나 물리적 지형이 아니라, 사이버와 데이터의 흐름 속에서 치열하게 형성되고 있었다.

AI는 전례 없는 규모와 속도로 데이터를 분석하여 전통적 정보 수집 방식의 한계를 넘어선 인지 우위를 제공한다. 드론 영상, 위성 이미지, 신호정보(SIGINT), 공개 출처 정보(OSINT) 등 다양한 소스를 통합함으로써 적의 움직임과 의도를 실시간으로 예측할 수 있다(Brantly, 2018). 지휘관들은 이러한 분석을 기반으로 즉각적인 전술 결정을 내리며, 상황 변화에 긴밀하게 대응한다. 예를 들어, AI는 수십만 건의 SNS 게시물을 분석하여 적군 내부의 사기 저하, 민심 동향, 군 내부 불안 요소까지 포착할 수 있으며, 이를 통해 정보 우위와 심리전을 동시에 수행한다(Brantly, 2018). 이렇게 AI 중심의 정보전은 단순한 데이터 수집을 넘어, 사이버 공간에서의 우위 확보와 전략적 판단을 결정짓는 핵심 요소로 자리 잡고 있다.

사이버 공격과 방어의 자동화

AI 기반 사이버 전력은 방어와 공격 양면에서 전장의 판도를 바꾸고 있다. 침투 시도와 악성코드 패턴을 실시간으로 탐지하고, 방화벽과 네트워크 트래픽을 자동으로 조정한다. 공격 측에서는 적 네트워크의 취약점을 사전에 식별하고, 자동화된 공격 시나리오를 수행한다. 정보 분석관은 센터 내부에서 단순한 마우스만 움직일 뿐이다. 하지만 그들이 다루는 코드는 이제 단순한 소프트웨어가 아니다. 그것은 생명력을 가진 전투원이며, 때로는 사람이 내린 결정보다 더 강력한 힘을 발휘한다.

AI는 단순히 사이버 방어에 국한되지 않는다. 국가 간 사이버전 경쟁은 실제 전쟁 못지않게 전략적 의미를 갖게 되었고, 사이버 작전에서의 신속성과 정확성은 전통적 군사력의 가치 이상으로 평가된다.

심리전과 정보 작전

현장에서는 AI가 소셜 미디어, 뉴스 기사, 심지어 딥페이크(Deepfake) 콘텐츠까지 분석·생성하여 심리전을 수행한다. 적국의 사기 저하, 정치적 혼란 유도, 여론 조작까지 가능하다. 벨기에 몽스(Mons), NATO의 전략분석팀장은 현대전은 보이지 않는 전장에서 상시적으로 진행되고 있으며, 군사적 충돌보다, 정보와 인식의 전쟁이 우선적으로 수행된다고 주장하고 있다.

이러한 심리전은 국가 간 전쟁뿐만 아니라, 국내 정치, 경제적 결정에도 영향을 미칠 수 있다. AI는 이제 단순한 정보 분석 도구를 넘어, 전략적 영향력을 행사하는 핵심 장치로 부상했다(Lucas, 2020).

C4ISR 체계의 혁신

2018년 7월 미국 국방부는 '합동 인공지능 센터(Joint Artificial Intelligence Center, JAIC)'를 설립해 군 전체의 C4ISR 체계 전반에 AI 전략·도입을 중앙집중식으로 통합하여 전례 없는 속도와 정확성을 확보하고 있다. 즉, Command(지휘), Control(통제), Communications(통신), Computers(컴퓨터), Intelligence(정보), Surveillance(감시), Reconnaissance(정찰)을 통하여 전장 상황 인지, 위협 평가, 의사결정 지원이 실시간으로 이루어지며, 지휘관은 단순히 결정을 내리는 역할을 넘어 AI와 협업하는 전장 감독자가 된다. 전투에서 지휘관의 역할은 이제 '명령'이 아니라 기계의 분석 내용과 '조율'이다. 알고리즘이 먼저 보고, 인간이 최종 판단을 내린다.

이러한 변화는 인간-기계 협업을 기반으로 하는 차세대 전쟁의 핵심 패러다임을 보여준다. 정보전과 사이버전이 결합된 현대 전장은 전통적 전선과 지형을 무의미하게 만들고, 데이터와 네트워크를 지배하는 국가가 실질적 우위를 확보하게 된다.

3. 인간-기계 협업과 의사결정 혁신

인간과 AI 의사결정의 분업: AI는 반복적, 데이터 기반 판단을, 인간은 윤리적·전략적 판단을 담당하며 전장 효율성과 윤리적 책임을 병행(Horowitz, 2016).

- ☑ **지휘관의 신뢰와 AI 채택** → AI 추천 시스템의 정확성과 예측 가능성이 높을수록 인간 지휘관이 AI를 의사결정 과정에 종속 통합 가능
- ☑ **훈련과 전술 개발** → AI 시뮬레이션을 통한 전술 실험으로 실제 전투 위험 없이 전략 검증 가능
- ☑ **병력 구조 및 군사 교육 변화** → 전통적 계층 구조 대신 AI와 인간의 유연한 팀 기반 작전 체계의 필요성

2026년 1월 3일에 미국이 베네수엘라에 대해 군사 작전을 수행했다. 이 작전에서 미군이 베네수엘라 수도 카라카스 등을 타격하고 니콜라스 마두로 대통령을 체포·이송했다. 베네수엘라 공격의 전술정보 부대는 특정 '단일 부대'가 아니라, SOUTHCOM을 중심으로 한 J2-JSOC-DIA-NSA 전술정보 네트워크다. 작전의 운영 중심은 아마 JSOC(포트 리버티)가 병행 통제하는 구조로 USSOUTHCOM(플로리다 도럴)의 합동작전센터에서 운영하였을 것으로 추정된다. 이 센터의 전투 시뮬레이션실은 실제 전장을 재현한 360도 스크린과 수십 대의 AI 통합 터미널로 가득 차 있다. 지휘관들과 분석관들은 머리에 착용한 센서를 통해 AI 시스템이 제공하는 실시간 전략 분석을 공유하며, 마치 공중에 흩어진 전장 정보를 뇌에 직접 입력하는 듯한 착각에 빠진다. "알고리즘이 먼저 보고, 판단의 틀을 제공하고, 인간은 최종 판단을 조율하는 역할만 합니다." war game 현장 훈련 지휘관이 말이 현장의 긴장을 대변하고 있다.

인간과 AI 의사결정의 분업

AI는 반복적이고 방대한 데이터를 기반으로 신속한 판단을 수행한다. 적군의 이동 경로, 탄약 소모 예측, 드론의 연료 효율성 등 수백만 개의 변수들을 동시에 분석한다. 인간 지휘관은 이러한 정보를 기반으로 윤리적·전략적 판단을 내리며, 민간 피해 최소화와 국제법 준수를 고려한 최종 결정을 조율한다(Horowitz, 2016). AI는 전장의 기계적 연산자다. 시대는 그 계산 속에서 방향을 제시하는 직관에 충실한 전략가를 요구한다.

이러한 분업 구조는 기존 전투 지휘의 계층적 패러다임을 뒤흔든다. 단순 명령 전달보다는 인간과 기계의 협업(Human-Machine Teaming)이 전투 효율과 윤리적 책임을 동시에 달성하는 핵심 수단으로 자리 잡았다.

지휘관의 신뢰와 AI 채택

AI 시스템이 제공하는 추천의 정확성과 예측 가능성이 높을수록, 야전 지휘관의 의사결정에 AI를 통합하는 비율도 증가한다. 예를 들어, 미국 국방부 산하 DARPA와 육군 전쟁연구소가 우크라이나 전쟁에 대하여 공동으로 수행한 시뮬레이션 실험에서는, 초기에는 AI의 권고에 회의적인 지휘관들이 많았으나, 실전과 대비하여 시나리오를 반복할수록 AI의 추천을 따른 전략적 결정 성공률이 약 30~40% 향상되었다. 유사한 시뮬레이션은 한미연합사 지휘부에서도 진행되었는데, 드론 및 센서 데이터를 기반으로 AI가 제공하는 목표 식별과 공격 권고를 활용한 지휘관들의 의사결정에서 실수율이 현저히 감소한 것으로 보고되었다. 이러한 사례들은 인간-기계 신뢰 구축(Human-Machine Trust)이 현대 전장의 효율성에 직접적인 영향을 미치며, AI가 단순한 보조 수단을 넘어 전략적 의사결정 과정의 핵심 파트너로 자리잡고 있음을 보여준다.

훈련과 전술 개발

AI 기반 시뮬레이션은 실제 전투에서 발생할 수 있는 인명 피해와 장비 손실 위험을 제거하면서, 다양한 전술적 시나리오를 안전하게 실험할 수 있는 환경을 제공한다. 예를 들어, 미 육군 연구소와 DARPA가 공동으로 개발한 VR 기반 전술 훈련 프로그램에서는, 장교들이 가상 공간에서 부대를 움직이며 수천 개의 전술 변수를 반복적으로 테스트할 수 있다. 한 작전 담당 장교는 "한 명의 병사도 다치지 않으면서, 수많은 전술적 결정을 실험할 수 있습니다. 우리가 배우는 것은 단순한 전투 수행이 아니라, AI와의 효율적 협업 방법입니다"라고 언급하였다(Cummings, 2017).

이러한 반복적 시뮬레이션 훈련은 인간-기계 상호작용 데이터를 체계적으로 축적하며, AI 추천의 신뢰성과 정확성을 평가하는 동시에, 지휘관의 의사결정 능력을 향상시키는 근거 자료로 활용된다. 그 결과, 축적된 데이터는 미래 전장에서의 실시간 전략 검증과 빠른 전술 의사결정을 지원하는 핵심 자원이 된다(Singer, 2009). 이러한 접근은 단순한 전투 기술 습득을 넘어, 인간-기계 협력 기반의 지능형 전투 체계(Intelligent Combat Systems) 구축 가능성을 실질적으로 검증하는 학술적·전략적 의의를 가진다.

병력 구조 및 군사 교육의 변화

AI와 인간의 협업은 병력 구조와 군사 교육에도 깊은 영향을 준다. 전통적인 계층적 지휘 체계 대신, 유연한 팀 기반 작전 체계가 요구된다. 지휘관은 AI 분석가, 드론 조종사, 정보관 등과 실시간으로 협업하며, AI의 판단을 신속하게 조율해야 한다. 크라스노다르주 몰키노(Molkino) 근처 한 러시아군 훈련 교관은 이렇게 설명했다. "우리는 더 이상 단순히 명령하는 계급이 아닙니다. AI와 함께 작전을 설계하고, 전장 상황을 함께 읽는

'조율자'가 되는 겁니다."

이러한 인간-기계 팀 기반 작전 체계는 단순한 기술 도입을 넘어, 전투 전략, 군사 교육, 윤리적 판단의 패러다임을 근본적으로 재편하고 있다. AI와 인간의 협업은 미래 전쟁에서 승패를 좌우하는 핵심 요소로 자리 잡으며, 전통적 전쟁학에서 다루지 못했던 새로운 전략적 차원을 열고 있다.

AI 기반 시뮬레이션의 특징과 효과

구분	내용	사례	의미
위험 최소화	실제 전투에서 발생할 수 있는 인명 피해와 장비 손실 제거	미 육군 DARPA VR 시뮬레이션	안전한 환경에서 전술 실험 가능
전술 실험	수천 개의 전술 변수와 시나리오 반복 테스트 가능	VR 기반 부대 이동 실험	다양한 전략 검증과 최적화 가능
인간-기계 협업 학습	AI 추천을 활용한 의사결정 실험	AI와의 효율적 협업 방법 학습 (Cummins, 2017)	인간-기계 상호작용 능력 향상
데이터 축적	반복 훈련을 통한 인간-기계 상호작용 데이터 축적	AI 추천 신뢰성 평가	전장 전략 검증 및 의사결정 지원
지능형 전투 체계 구축	AI 기반 전략 검증과 의사결정 지원	전술 의사결정 향상 (Singer, 2009)	인간-기계 협력 기반 전투 체계 학술적 검증

4. AI 전쟁의 전략적·정치적 함의

- ☑ **글로벌 군사 패권 재편** → AI 기반 무기와 정보전 능력은 국가 간 힘의 균형을 재조정하며, 신흥 강국에게 전략적 기회를 제공
- ☑ **국제법과 전쟁 규범의 도전** → 자율 무기 사용과 AI 정보전은 기존 국제인도법·전쟁법과 충돌 가능성
- ☑ **AI 군비 경쟁과 안정성 문제** → 기술 개발 경쟁으로 군사적 긴장 고조, 의도치 않은 충돌 가능성, 전략적 억제력의 재정의
- ☑ **정치적·사회적 영향** → AI 전쟁 기술의 민간적 활용과 정부 정책 결정 과정, 안보 투자 우선순위, 국가 간 동맹 및 외교 전략 변화

라트비아 리가에 있는 북대서양조약기구(NATO) 전략커뮤니케이션센터(NATO StratCom COE)의 비밀 회의실. 세계 지도와 디지털 전장 지도가 결합된 홀로그램 화면 위로 각국 군사 지휘관들의 아바타가 움직인다. 러시아의 유럽 공격에 대비한 AI 기반 공격·방어 시나리오가 실시간으로 시뮬레이션 되며, 각 군의 전략적 대응 가능성이 수치와 그래프로 표현된다.

AI가 전쟁의 규칙을 다시 쓰고 있다. 국경이 아니라, 데이터 흐름과 알고리즘이 힘의 척도가 되는 시대가 온 것이다.

글로벌 군사 패권 재편

AI 기반 무기 체계와 정보전 능력은 단순한 기술 진보가 아니다. 미국과 중국은 자율 무기, AI 정보 분석, 사이버 전투 능력 확보를 통해 전통적 군사력 중심의 균형을 재편하고 있다. 특히 신흥 강국들은 AI 기술을 통해 전통적 군사 열세를 극복하며 전략적 기회를 창출한다. 아프리카와 동남아 일부 국가는 드론 및 사이버 방어 체계를 도입해, 소규모 군사력으로도 지역적 영향력을 확대하고 있다(Brantly, 2018). 미국 공군은

Project Maven을 통해 드론 영상 분석을 AI로 자동화, 인공지능을 개발하는 것에 대하여, 중국은 군집 드론(Swarm Drone) 기술에 집중, 수백 대의 드론을 집단적으로 운용하여 방공망을 압도하는 개념 실험 진행하고 있다. 이러한 AI 드론 경쟁은 단순히 무기 성능 향상이 아니라, 장래 전쟁의 속도와 양상을 변화시키고, 군사 균형 자체를 재편하는 방향으로 가고 있다.

국제법과 전쟁 규범의 도전

자율 무기와 AI 기반 정보전의 확산은 기존 국제인도법 및 전쟁법과 충돌할 여지를 남긴다. 전투에서 AI가 독자적으로 공격을 결정하는 경우 책임 소재는 모호해진다. 2025년 이스라엘군은 AI 기반 표적 선정 시스템(Habsora, 'The Gospel')을 사용했다고 알려졌는데, AI가 수집한 데이터로 표적을 추천했고, 이 과정에서 무차별 공격에 따른 민간인 피해 규모가 증가했다는 비판이 제기되었다. 자율 시스템은 전통적 지휘 구조를 벗어나, 민간 피해와 전쟁법 준수 사이의 윤리적 딜레마를 심화시킬 수 있다(Schmitt & Thurnher, 2013). 실제로 일부 국가에서는 AI 공격 판단에 의한 민간 피해 발생 시, 책임 규명과 보상 문제가 국제 분쟁으로 번질 가능성이 있다.

AI 군비 경쟁과 안정성 문제

AI 기술 개발 경쟁이 군사적 긴장을 증폭시키고 의도치 않은 충돌 위험을 높인다. 2025년 9월 10일 이른 새벽, 20여 대의 러시아 드론이 폴란드 영공을 침입하였다고 보고 되었다. NATO 회원국들이 대응하여 Czosnówka 지역에서 일부 드론 격추하였다. NATO 군의 자동화된 방공 시스템과 러시아의 AI 기반 드론 간의 상호 오작동 시나리오가 현실적으로 발생할 수 있음이 확인되었다. 이러한 기술적 오판은 전략적 억제력 개념을 재정의하게 한다. AI는 기존 군사 균형의 안정성을 무너뜨릴 잠재력을 갖고 있다. 기술적 오류 하나가 지역 분쟁을 전면전으로 확산시킬 수 있다(Horowitz, 2016). AI의 탐지/식별 및 판단 과정 중에 '무인기인지 아닌지', '위협 수준' 등을 두고 자동화 시스템 vs 인간 조정자 간의 판단 지연 또는 오판 가능성이 상존한다.

정치적·사회적 영향

AI 전쟁 기술은 단순히 군사 영역을 넘어, 정부 정책과 국제 관계에도 깊이 영향을 미친다. AI 기술에 대한 민간 활용과 군사적 투자 우선순위가 결정되는 과정에서, 각국 정부는 외교 전략과 동맹 정책을 재검토한다. 예컨대, 미국은 첨단 AI 무기와 데이터 분석 능력을 중심으로 동맹국과의 기술 공유를 추진하며, 중국은 자국 내 기술 통제를 강화하면서 디지털 영향력을 확장한다. 이는 국가 간 동맹의 형성, 경제 및 안보 투자 우선순위, 국제 협상 전략까지 영향을 미친다(Lucas, 2020).

전장과 국제 정치 모두에서 AI는 단순한 도구가 아니다. 데이터와 알고리즘을 활용한 전쟁 능력은 글로벌 권력의 새로운 축으로 부상하며, 국가 간 힘의 재편을 가속화한다. 이 말은 21세기 전쟁과 국제 질서의 본질적 변화를 상징한다. AI 전쟁 기술이 전 세계 군사 및 정치 구조를 재편하며, 새로운 전략적 패권의 기준을 만들어 가고 있는 현실을 극명하게 보여준다.

▌심화 연구: 인공지능의 학술적·전략적 이해

AI의 전략적 행위자로써의 핵심 원인. 인공지능(AI)은 기본적으로 인간 지능을 수학적·논리적 알고리즘으로 모사하는 기술 체계이며, 기계학습(Machine Learning), 심층신경망(Deep Neural Networks), 강화학습(Reinforcement Learning) 등 다양한 방법론으로 구성된다(Russell & Norvig, 2021). AI는 데이터를 기반으로 패턴을 학습하고, 이를 토대로 예측, 의사결정, 행동 수행을 자동화한다는 점에서 기존의 규칙 기반 자동화 시스템과 근본적으로 구별된다. 특히 자율적 의사결정 능력을 갖춘 AI는 환경과 상호작용하며 목표를 최적화하는 지능형 에이전트(intelligent agent)로 정의된다(Wooldridge, 2020).

군사 전략 관점에서 AI는 전통적 정보-작전-결정(OODA: Observe, Orient, Decide, Act) 루프를 가속화하며, 인간의 인지 한계를 극복한다. 전장의 상황은 다차원적이고 빠르게 변화하며, 인간 지휘관은 제한된 정보만을 처리할 수 있으나, AI는 대규모 센서·신호·소셜 데이터 분석을 통해 실시간 위험 평가와 행동 추천을 수행할 수 있다. 이는 전술적 민첩성을 극대화함과 동시에, 윤리적·법적 판단과 같은 인간적 의사결정 요소와의 분업이 필수적인 부분이다(Horowitz, 2016).

A의 준자율적 전략 능력. 현대 AI는 자기 학습(self-learning)과 적응적 행동(adaptive behavior)을 수행함으로써, 단순한 프로그래밍된 명령을 초월하는 준자율적 전략 능력(semi-autonomous strategic capability)을 발휘한다. 이는 무인 전투 플랫폼, 사이버 전력, 정보 작전 등 다양한 영역에서 인간과 AI 간 협업(Human-Machine Teaming)의 중요성을 높이며, 동시에 책임 소재와 전략적 억제력 개념을 재정의하게 만든다. 결국, AI는 군사적 맥락에서 단순한 기술 혁신이 아니라, 인간-기계 공동체의 전략적 행동과 국제적 힘의 구조를 근본적으로 재편하는 신형 전략적 행위자(new strategic actor)로 자리매김하고 있다.

CHAPTER 16

AI와 미래 사회: 교육·의료·복지 경제의 재편

1. 교육의 지능화: 맞춤형 학습과 지식 생산의 재구성
2. 의료 혁신: 진단, 치료, 돌봄의 패러다임 전환
3. 사회·노동 구조의 재편: 인간-기계 협업과 새로운 불평등
4. 사회적 가치와 거버넌스: AI와 인간 공동체의 재구성

1. 교육의 지능화: 맞춤형 학습과 지식 생산의 재구성

☑ **개인화 학습 알고리즘의 발전** → 대규모 언어 모델과 학습 분석은 학습자의 개별적 성취도, 학습 스타일, 인지 부하를 실시간으로 평가·최적화를 통해, '표준화된 교육 과정'에서 '맞춤형 지식 여정'으로 전환

☑ **교사의 역할 전환** → 지식 전달자에서 학습 촉진자로 AI가 지식 전달과 평가를 담당하면서 교사는 인간적 상호작용, 비판적 사고 촉진, 윤리적 성찰을 중심으로 하는 메타-교수의 역할

☑ **지식의 민주화와 불평등의 역설** → AI 교육 도구는 전 세계적으로 고급 지식 접근성을 확대하나, 동시에 기술 인프라 격차로 인해 'AI 리터러시 불평등'이 심화

교육 기술 및 환경 혁신

헬싱키의 고등학교 교사 안나 요한슨은 더 이상 칠판에 수학 공식을 적지 않는다. 학생들 앞에는 태블릿이 놓여 있고, 각각의 화면에는 인공지능 튜터가 학습자의 최근 성취도와 오답 패턴을 분석한 맞춤형 문제를 제시한다. 같은 시간, 서울의 한 중학교에서는 삼성전자가 개발한 AI 학습 플랫폼을 활용해 학생들이 과학 개념을 실험 시뮬레이션으로 체험한다. 교사의 역할은 단순한 지식 전달이 아니라, 학생들이 AI가 제공하는 데이터를 비판적으로 해석하도록 돕는 데 있다.

이러한 전환은 단순한 교육 기술 혁신을 넘어, 지식 생산과 소비 방식 자체를 재구성하고 있다. 개인화 학습 알고리즘은 대규모 언어 모델(Large Language Model, LLM)과 학습 분석(Learning Analytics)에 의해 강화되고 있으며, 학습자의 인지 부하와 학습 스타일을 실시간으로 분석해 최적화된 교육 콘텐츠를 제시한다(Brusilovsky & Millán, 2021). 이는 과거 '표준화된 교육 과정'이라는 대량생산형 지식 전달 구조에서, 각 학습자의 성향과 목표에 맞춘 '맞춤형 지식 여정(personalized knowledge journey)'으로의 이행을 의미한다.

AI 활용 사내 교육: 역량 강화와 업무 효율성 제고

아마존은 AI 기반 개인화 학습 플랫폼을 도입해 직원의 성향과 수준에 맞춘 맞춤형 콘텐츠를 제공하며, 학습 성과와 업무 성과 간 연계를 강화한다. 테슬라는 엔지니어 교육에서 AI를 활용해 실시간 코드 분석과 피드백을 제공, 개인 속도와 난이도에 맞춰 학습하도록 지원한다. 이러한 기업 사례는 공교육으로 확산되고 있으며, EU는 2022년 'AI 교육 가이드라인(European Commission, 2022)'을 제정해 학생 개개인의 학습 속도와 이해도에 기반한 맞춤형 학습을 권장하고 있다. 가이드라인은 또한 학습 데이터의 윤리적 사용과 알고리즘 투명성 확보 등 책임 있는 AI 활용 기준도 제시한다. 결과적으로 AI 기반 교육은 기업과 공교육 모두에서 학습 경험 최적화와 성취 극대화의 핵심 수단으로 자리 잡으며, 향후 글로벌 교육 정책과 인재 전략의 중요한 축으로 발전할 전망이다.

교사의 역할

AI가 지식의 전달과 측정을 담당하게 되면서, 교사는 학생들의 사고를 촉발하고, 다양한 환경과 맥락 속에서 지식을 재구성하도록 돕는 메타-교육(meta-pedagogy)의 기능을 맡는다. 러시아 모스크바 국립대학교(Moscow State University: Московский государственный университет имени М.В. Ломоносова, МГУ)의 한 실험학교에서는 교사들이 'AI 수업 코디네이터'로 불리며, AI가 제시한 학습 경로를 검토하고, 학생들이 기계적 답안 도출을 넘어 비판적 사고와 창의적 문제 해결로 나아가도록 유도한다. 이는 교육 현장에서 교사의 역할이 축소되는 것이 아니라, 오히려 '인간적 상호작용과 성찰'을 담당하는 새로운 형태의 전문성이 강화됨을 시사한다(Selwyn, 2019).

AI 문맹 불평등

지식과 정보의 민주화와 불평등의 역설은 분명히 존재한다. AI 교육 도구는 전 세계적으로 고급 학습 자원에 대한 접근성을 획기적으로 확장시켰다. UAE의 아부다비나 사우디의 리야드 등 중동국가의 일부 대학에서는 이미 미국·유럽의 연구 자료를 AI 번역기로 실시간 학습하는 환경이 구축되었으며, 이는 과거 언어 장벽으로 인한 학문적 격차를 줄이는 데 크게 기여하고 있다. 그러나 반대로, 이러한 기술을 온전히 활용할 수 있는 디지털 인프라와 데이터 리터러시 역량은 국가와 계층에 따라 현격히 다르다. 예를 들어, 같은 아랍지역에서도 사우디아라비아 리야드의 일부 사립학교는 최첨단 AI 학습 플랫폼을 도입했지만, 시리아 난민 캠프의 청소년들은 여전히 기초적 온라인 학습조차 안정적으로 접근하기 어렵다(UNESCO, 2023).

결국, AI 교육 혁신은 인류에게 '지식의 민주화'라는 거대한 가능성을 열어주었지만, 동시에 'AI 리터러시 불평등'이라는 새로운 사회적 도전이 재기된다. 이는 단순히 기술의 문제가 아니라, 각 사회가 교육 정책과 제도, 윤리적 기준을 어떻게 설계하느냐에 따라 향후 수십 년간의 글로벌 지식 질서가 달라질 것임을 의미한다.

2. 의료 혁신: 진단, 치료, 간호의 패러다임 전환

☑ **예측적 의료와 예방 중심 패러다임** → 딥러닝 기반의 의료 영상 분석과 게놈 해석은 발병 이전 단계의 위험 요인을 조기에 식별: 치료 중심에서 예방 중심으로 의료의 근본 구조의 변환
☑ **디지털 트윈 환자 모델** → 환자의 유전체, 생활습관, 임상 데이터를 통합해 가상 시뮬레이션을 실행: '디지털 트윈' 기술은 맞춤형 치료 및 신약 개발 가속화
☑ **의료 윤리와 데이터 주권** → 환자 데이터 활용과 알고리즘의 불투명성: 사생활 침해, 알고리즘 편향, 의료 책임 소재 등 복합적 윤리 문제 발생

미래 의료: 예방 중심과 정밀 의료로 전환

독일 최고 수준으로 평가되는 베를린 샤리테(Charité) 대학병원에서는 폐암 위험군 환자의 CT 영상을 분석하는데, 이제 더 이상 단순히 눈으로 병변을 찾지 않는다. 딥러닝 기반 영상 분석 프로그램이 미세한 이상 신호를 탐지해 경고를 띄운다. 몇 달 후 발병할 가능성이 높은 환자들이 선별되면서, 병원은 치료 중심이 아닌 예방 중심 의료 체계로 재편되고 있다. 과거 환자가 증상이 나타난 후 병원을 찾던 시대는 끝나가고 있으며, 인공지능은 '의료의 시간 축'을 미래로 확장시키고 있다(Kourou et al., 2015).

서울 송파구 한강변에 있는 아산병원에서도 유사한 상황이 전개되고 있다. 병원은 자체 AI 플랫폼을 통해 유전체 데이터와 생활 습관, 임상 기록을 통합해 환자의 건강 상태를 예측한다. 서울아산병원은 세대 유전체정보관리 시스템(Genomic Laboratory Information System, GLIS)을 구축했다. 이 시스템은 병원의 유전체 검사 데이터 관리, 유전체 분석 데이터의 통합적 리뷰가 가능하도록 설계돼 있고, 병원 정보 시스템(AMIS 3.0)과 연동하여 당뇨·심혈관 질환과 같은 만성질환에서, 환자 맞춤형 생활 가이드라인을 AI가 제시하고 의료진이 이를 조율한다. 이는 단순한 기술의 도입이 아니라, 의료 패러다임의 근본적 전환이다. 즉, 치료

중심에서 예방 중심으로, 그리고 평균적 치료에서 정밀 의료(precision medicine)로 접근한다.

산업군의 경계를 넘는 예측 의료: 테슬라와 아마존의 혁신 실험

의료 데이터 시스템이 자동차 산업에도 적용되고 있다. 테슬라와 아마존은 의료 혁신의 주변부에서 새로운 실험을 이어가고 있다. 테슬라는 자율주행차의 센서를 활용해 운전자 건강 데이터를 수집하고, 심장 박동 이상을 감지하면 차량을 자동으로 병원으로 이송하는 시스템을 시험 중이다. 아마존은 AWS 클라우드와 연계한 헬스케어 플랫폼을 통해 미국·유럽 의료기관이 대규모 환자 데이터를 공유·분석하도록 지원한다(Amazon Web Services, 2023). 의료 데이터를 활용한 예측적 의료 생태계가 단순히 병원에 국한되지 않고, 산업 전반으로 확장되고 있다.

디지털 트윈 의료: 혁신과 윤리적 딜레마의 교차

극적인 사례는 디지털 트윈 환자 모델이다. 중동 카타르의 교육 도시(Doha Education City)에 위치한 연구소에서는 환자의 유전체·생활 습관·환경 데이터를 통합한 가상 시뮬레이션 환자가 개발되고 있다. 이 모델은 특정 약물이 개인의 간 대사에 어떤 영향을 줄지, 혹은 생활습관 변화가 질병 진행에 어떤 결과를 가져올지를 예측한다. 러시아 모스크바의 스콜코보 연구센터도 유사한 디지털 트윈 프로젝트를 진행 중이며, 이는 신약 개발의 임상 단계를 대폭 단축시킬 가능성을 보여준다(Henry et al., 2022). 결국 의학은 실험실에서 환자에게 이르는 길목에, '가상의 인간'이라는 중간 단계를 새롭게 두게 된 셈이다.

이러한 혁신은 동시에 의료 윤리와 데이터 주권 문제를 불러온다. 환자 데이터가 글로벌 클라우드에 축적되면서, 개인정보 보호와 알고리즘 투명성에 대한 우려는 점점 커지고 있다. 알고리즘 편향으로 특정 인종이나 성별 환자의 진단 정확도가 낮아지는 경우도 보고되었다(Obermeyer et al., 2019). 의료 책임의 소재 역시 모호해진다: 만약 AI의 예측 오류로 환자가 잘못된 치료를 받았다면, 책임은 의사, 병원, 아니면 알고리즘 개발 기업에게 있는가?

결국, 의료 혁신은 단순한 기술적 진보가 아니라, 인간의 생명과 권리에 직결된 거대한 사회적 재구성 과정이다. 예방 중심 의료와 디지털 트윈은 분명 환자의 삶을 연장하고 의료 자원을 효율화할 수 있는 기회를 제공한다. 동시에 윤리적 책임 문제는 의료 시스템이 감당해야 할 새로운 난제로 부상하였다. 이 딜레마를 어떻게 해소할 것인가가, 앞으로의 인류 보건 체계와 사회적 신뢰 구조를 결정할 것이다.

3. 사회·노동 구조의 재편: 인간-기계 협업과 새로운 불평등

☑ **지식노동의 자동화와 고용 지형 변화** → 법률, 회계, 언론 등 전문 직종에서 AI가 분석·문서화 업무를 대체: 인간 노동은 창의성·윤리 판단·사회적 상호작용 중심으로 재편

☑ **플랫폼 노동의 확대와 알고리즘적 관리** → AI 기반 플랫폼은 노동 배분과 성과 평가를 자동화: 노동자의 권리 약화 및 '디지털 테일러리즘'으로 이어질 위험 내포

☑ **새로운 사회적 계약의 필요성** → 보편적 기본 소득, 재교육 프로그램, 노동시간 단축 등은 기술 주도 사회에서의 새로운 사회적 합의의 핵심 의제

AI가 사회 각 분야에 미치는 영향과 과제

분야	긍정적 효과	잠재적 위험/과제
교육	맞춤형 학습, 학습 접근성 확대	알고리즘 편향, 학습 격차 심화
의료	정밀·예방 의료, 디지털 트윈 기반 치료	데이터 프라이버시, 의료 불평등
노동	인간-기계 협업, 효율성 향상	일자리 자동화, 디지털 테일러리즘
거버넌스	행정 효율성, 투명한 데이터 기반 의사결정	감시 사회 위험, 책임소재 불분명

지능화 시대의 노동 재편: 자동화와 인간의 역할 변화

밀워키의 전통적인 아메리칸 바이크의 산실 할리데이비슨 생산라인. 수천 개의 로봇 팔이 초당 수십 개의 상자를 옮기며 인간 노동자와 나란히 일한다. 그러나 인간의 업무는 과거처럼 단순 피킹(picking)이 아니다. 이제 노동자들은 AI 알고리즘이 생성한 작업 지침을 검토하고, 예외 상황에서 기계가 처리하지 못한 문제를 해결하는 역할을 맡는다. 현장은 효율적이지만, 동시에 '누가 지시를 내리고, 누가 그것을 따르는가'라는 근본적 질문이 떠오른다. AI의 자동화는 노동을 대체하는 동시에, 인간 노동의 성격을 창의적·윤리적·사회적 상호작용 중심으로 재편하고 있는 것이다

(Brynjolfsson & McAfee, 2017).

지식산업계의 자동화는 고도화 단계에 접어들었다. 런던의 대형 로펌들은 AI를 통해 수천 건의 판례를 분석하여 법적 리스크 보고서를 작성한다. 기자들은 초안 작성에 GPT 기반 자동화 도구를 활용하고, 회계사들은 대규모 데이터셋을 분석해 부정 거래를 탐지한다. 그러나 이러한 도구들은 단순히 시간을 절약하는 보조수단이 아니라, 사실상 전문 직종의 핵심 기능을 대체하고 있다(Susskind & Susskind, 2015). 러시아 상트페테르부르크의 '페테르부르크 드네브닉(Петербургский Дневник)' 신문사에서는 이미 40%의 경제 기사가 AI에 의해 자동 작성되고 있으며, 기자들은 '데이터 기반 기계 초안'을 인간적 맥락으로 윤색하는 역할만 수행한다.

AI와 노동의 미래: 협업의 확장과 알고리즘적 불평등

플랫폼 노동의 확대와 알고리즘적 관리는 또 다른 양상으로 나타난다. 우버, 딜리버리 히어로, 그리고 중동의 카림(Careem)과 같은 플랫폼들은 수백만 명의 노동자를 AI 알고리즘으로 관리한다. 이 시스템은 노동 배분과 성과 평가를 자동화하면서, 효율성을 극대화하는 동시에 노동자의 권리를 약화시키고 있다(Rosenblat, 2018). 삼성전자가 운영하는 글로벌 공급망에서도 유사한 시스템이 도입되어, 부품 납품 업체의 실적을 실시간 평가하고, 계약 갱신 여부를 자동 결정한다. 이러한 '디지털 테일러리즘'은 노동자와 중소기업을 단순히 알고리즘적 지표로 환원하며, 협상력의 불균형을 심화시키고 있다.

이러한 변화는 새로운 형태의 사회적 계약을 요구한다. 핀란드에서 진행된 기본 소득(UBI) 실험은 실업자에게 일정 금액을 지급한 결과, 노동 의욕을 저해하기보다 오히려 창의적 활동과 정신적 안정성을 높이는 효과를 보였다(Kangas et al., 2021). 중동의 아부다비, 도하 등지에서 석유

이후 시대를 준비하며, AI 산업 육성과 동시에 시민 재교육 프로그램을 병행하고 있다. 테슬라는 캘리포니아 공장에서 AI-로봇 협업 시스템을 도입하면서, 노동시간 단축과 재교육 기회를 제공해 노사 간의 새로운 협력 모델을 구축하려 한다. 이러한 사례들은 AI 사회에서 노동과 분배의 정의를 어떻게 재설정할 것인가가 단순한 정책 과제가 아니라, 민주주의와 사회적 신뢰의 존립을 좌우하는 문제임을 드러낸다.

결국, 사회·노동 구조의 재편은 두 가지 길 위에 놓여 있다. 하나는 인간-기계 협업이 창의성과 사회적 가치를 확장하는 방향이고, 다른 하나는 알고리즘적 불평등과 데이터 독점이 노동의 권리를 잠식하는 방향이다. 21세기 초반, 각 사회가 어떤 선택을 하느냐에 따라, 노동은 해방의 공간이 될 수도, 혹은 새로운 종속의 형태로 전락할 수도 있다.

4. 사회적 가치와 거버넌스: AI와 인간 공동체의 재구성

☑ **공공 서비스와 거버넌스 혁신** → AI는 행정 효율성, 재난 대응, 사회 보장 시스템 강화에 기여하나, 국가 권력의 알고리즘화는 새로운 감시 체제로 확장

☑ **문화·정체성의 재구성** → 창작 영역에서 AI는 예술·문학·음악의 생산 주체로 등장: 인간의 정체성과 창의성 개념을 재정의

☑ **윤리적·철학적 함의** → 인간의 '의사결정 권위'를 기계와 공유하는 과정은 자유의지, 책임, 인간 존엄성에 대한 철학적 재검토

AI 시대의 사회적 가치와 거버넌스

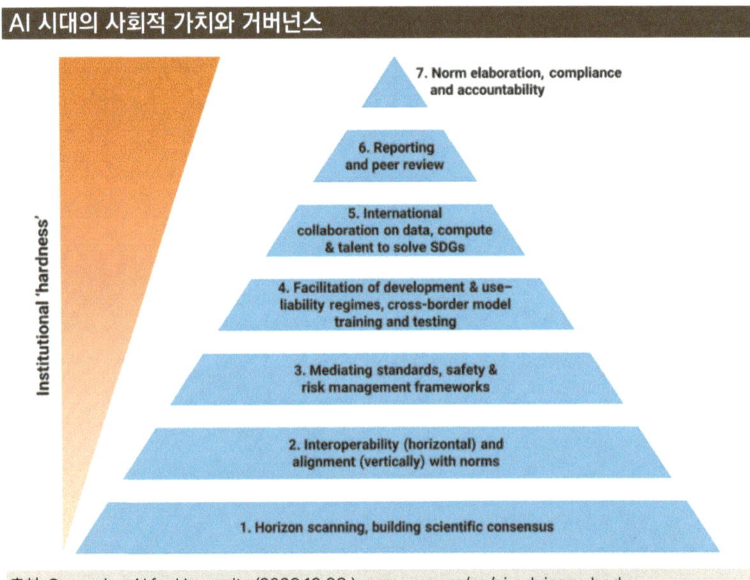

출처: Governing AI for Humanity.(2023.12.28.) www.un.org/en/ai-advisory-body

AI 행정과 스마트 시티: 효율성의 혁신과 감시 사회의 경계

프랑스 파리시는 비공식 컨트롤룸을 운영하고 있다. 수십 개의 대형 스크린에 실시간 데이터가 흘러들어온다. 교통, 범죄, 환경 센서, 심지어 시민

불만 게시물까지 AI가 자동 분석하여 시장에게 보고한다. 긴급 상황이 발생하면 알고리즘이 먼저 대응 시나리오를 설계하고, 인간 관리자는 승인만 한다. AI 기반 행정은 도시의 효율성을 획기적으로 높였지만, 동시에 권력이 데이터와 알고리즘으로 집중되는 새로운 감시 체제의 가능성을 보여준다(Zuboff, 2019).

공공 서비스와 거버넌스 혁신은 이미 전 세계적으로 확산되고 있다. 아랍에미리트 두바이는 '스마트 시티' 전략을 통해 재난 대응과 사회 보장 시스템을 AI로 운영하며, 유럽연합(EU)은 사회복지금 배분 과정에서 AI를 활용해 행정 효율성을 높이고 있다(European Commission, 2021). 삼성전자는 한국 정부와 협력해 재난 대응 AI 시스템을 구축, 태풍 시뮬레이션과 대피 경로를 실시간으로 계산하는 프로젝트를 진행했다. 그러나 이러한 알고리즘적 통치는 민주주의의 핵심인 시민 참여와 투명성을 위협할 수 있다. 러시아 모스크바에서는 코로나19 기간 동안 얼굴인식 AI로 시민 이동을 추적했는데, 이는 방역 목적을 넘어 잠재적 감시 체제로 전환될 수 있다는 우려도 제기된다.

AI와 인간 정체성의 재구성

문화와 정체성의 재구성은 근본적 변화를 촉발한다. 독일 베를린의 한 갤러리에서는 AI 회화 작품이 전통 화가들의 작품과 나란히 전시되었고, 런던 필하모닉 오케스트라는 AI 작곡 교향곡을 연주했다. 아마존은 AI 소설 추천과 생성 서비스를 실험하며, 테슬라는 차량용 AI 인터페이스를 운전자의 기분에 맞춰 음악과 조명을 조정하는 문화적 큐레이터로 확장하고 있다. 이러한 사례는 인간 창의성과 정체성이 기계와의 협업 속에서 어떻게 재편될 것인지 근본적 의문이 발생한다(Floridi, 2021). 동시에 윤리적·철학적 문제는 피할 수 없다. 의료 AI의 암 진단에서 최종 책임은 누구에게 있는가? 자율주행차가 사고를 피하기 위해 희생자를 선택해야 할 때, 기계는 인간 존엄성과 자유의지를 어떤 기준으로 적용할 것인가? 이러한 문제는 단순한 기술적 쟁점을 넘어, 인간 사회의 철학적 토대를 다시 설계해야 하는 과제이다(Bostrom & Yudkowsky, 2014).

결국 AI 사회는 효율성과 창의성의 확장을 약속하지만, 동시에 권력 집중, 감시 체제, 인간 정체성 재편이라는 위험을 내포한다. AI 시대의 거버넌스는 기술을 넘어 민주주의, 문화, 철학이 교차하는 전환점에 서 있으며, 각 사회의 선택에 따라 AI는 공동체 신뢰를 강화하는 도구가 될 수도, 인간 자유를 제약하는 새로운 굴레가 될 수도 있다.

▌심화 연구: 인공지능의 학술적 이해와 기술적 구성

AI의 알고리즘. 학문적·기술적 영역: 전통적으로 AI는 문제 해결, 계획 수립, 학습, 자연어 이해, 시각적 인식 등 다양한 지적 능력을 모방하는 것을 목표로 하며, 이를 통해 인간이 수행하는 인지적 작업을 자동화하거나 증강할 수 있다. 현대 AI는 크게 기호 기반(symbolic AI) 접근과 데이터 기반(data-driven AI) 접근으로 구분된다. 기호 기반 AI는 규칙과 논리적 추론에 의존하여 의사결정과 문제 해결을 수행하는 반면, 데이터 기반 AI는 대규모 데이터로부터 패턴을 학습하고 예측 모델을 생성하는 기계학습(machine learning) 및 딥러닝(deep learning)을 핵심으로 한다(Goodfellow et al., 2016).

대규모 언어 모델(Large Language Model, LLM)과 생성형 AI(Generative AI)는 자연어 처리(NLP)와 생성적 데이터 분석 능력을 결합하여, 텍스트, 이미지, 음성, 영상 등 다양한 형태의 정보를 이해하고 새롭게 생성할 수 있다(Bommasani et al., 2021). 이러한 AI 시스템은 단순한 자동화 도구를 넘어, 인간의 의사결정 과정에 지식 기반을 제공하고, 시뮬레이션과 예측을 통해 전략적 판단을 지원한다.

AI의 핵심 구성 요소. 데이터, 알고리즘, 연산 자원, 피드백 메커니즘: 데이터는 학습의 원재료이며, 알고리즘은 데이터로부터 지식을 추출하는 수단, 연산 자원은 대규모 계산과 모델 훈련을 가능하게 하고, 피드백 메커니즘은 지속적 학습과 성능 개선을 담당한다. 이러한 구조는 단순히 기술적 차원에서 AI를 이해하는 것을 넘어, 사회적·경제적 맥락에서 AI가 인간 노동, 정책 결정, 윤리적 책임과 어떻게 연결되는지를 설명하는 학문적 틀을 제공한다.

AI는 독립적인 '지능적 주체'라기보다, 인간과 상호작용하며 지식을 생산, 예측, 조정하는 협업적 인지 도구로 이해될 때 그 사회적·학문적 의미가 극대화된다. 이는 교육, 의료, 노동, 거버넌스 등 다양한 사회 영역에서 AI의 적용과 영향력을 분석하는 데 필수적인 개념적 기반을 제공한다 (Floridi & Chiriatti, 2020).

CHAPTER 17

AI 시대의 윤리·환경: 데이터 편향과 알고리즘 공정성

1. 데이터 편향의 기원과 구조적 재생산
2. 알고리즘 공정성의 개념적 다원성
3. 책임, 투명성, 설명 가능성의 긴장
4. 거버넌스, 글로벌 규범, 인간 존엄성
5. AI 시스템의 전력 수요 및 탄소 배출에 관한 환경 문제

1. 데이터 편향의 기원과 구조적 재생산

☑ **역사적·사회적 맥락의 내재화 →** 알고리즘은 학습 데이터 속에 축적된 불평등, 차별, 사회적 불균형을 그대로 반영하며 재생산

☑ **표본 불균형과 데이터 대표성 문제 →** 의료, 금융, 고용 데이터 등에서 특정 집단(예: 여성, 이주민, 소수민족)이 과소 대표될 경우 예측 성능의 오류 확대

☑ **언어와 문화적 편향 →** 대규모 언어 모델은 영어 중심의 학습 데이터에 의해 서구 중심의 가치관과 지식을 과잉 반영할 위험: 후발 사회의 종속 가능성

인간 분류의 디지털 알고리즘 기준 사례

출처: Thomas Dethmann, Jannis Spiekermann.(2024.07.03.). Ethical Use of Training Data: Ensuring Fairness and Data Protection in AI. Lamarr-Institute. https://lamarr-institute.org/blog/ai-training-data-bias/

데이터 편향과 알고리즘의 불평등 사례

미국 시카고의 Cook County Jail(교도소). COMPAS(Correctional Offender Management Profiling for Alternative Sanctions) 시스템의 알고리즘이 재범 위험 점수를 산출하는 과정에서, 데이터 속에 잠재한 편향에 대하여 앞은 장에서 설명하였다. 흑인 수감자들이 동일한 범죄 기록과 사회적 배경을 가진 백인 수감자보다 상대적으로 높은 재범 위험 점수를 받았다. 이는 통계적 오류가 아니라, 수백 년간 누적된 사회적 불평등과 차별이 디지털 알고리즘 속에 내재화된 결과였다(Angwin, Larson, Mattu, & Kirchner, 2016).

데이터 편향은 범죄 예측에 국한되지 않는다. 의료 분야에서는 특정 집단이 과소 대표될 경우 예측 성능 저하가 발생한다. 예컨대, 유럽의 한 연구에서 유럽인 중심으로 수집된 의료 데이터를 기반으로 설계된 AI 진단 모델은 아프리카계 환자의 질병 조기 진단 정확도가 낮게 나타났다(Obermeyer et al., 2019). 아마존은 채용 알고리즘 개발 과정에서 여성을 과소평가하는 문제를 발견하고 해당 시스템을 폐기한 바 있으며, 이는 기업 차원에서도 데이터 대표성 문제가 고용 평등과 직접 연결될 수 있음을 보여준다(Dastin, 2018).

AI 적용과 데이터 편향: 사회적, 문화적 함의

언어와 문화적 편향은 중요한 문제다. 대규모 언어 모델(LLM)은 영어 중심의 방대한 데이터로 학습되어, 서구 중심의 가치관과 지식을 과잉 반영한다. 실제로, 유럽의 다국적 기업들은 내부 문서 분석과 고객 대응에 AI를 활용할 때, 아시아·중동 지사 직원들의 문화적·언어적 표현이 모델에 의해 잘못 해석되는 문제를 경험했다. 테슬라는 차량 내 AI 음성 비서를 글로벌 시장에 적용하면서, 한국어나 러시아어 사용자의 의도를 정확히 이해하지 못해 초기 배포에서 문제가 발생하였다. 이는 사용자의 목소리가 AI 모델 속에서 약화될 수 있음을 방증한다(Bender et al., 2021).

데이터 편향은 단순한 오류를 넘어 사회적 불평등을 강화하는 메커니즘으로 작동한다. 중동의 스마트 시티 프로젝트에서 시민 행동 데이터를 기반으로 교통 및 보안 알고리즘을 설계한 사례를 보면, 특정 지역 주민들의 이동 패턴이 과대평가되거나 과소평가되어 행정적 자원이 불균등하게 배분되는 문제가 발생했다. 삼성전자는 국내외 협력사와 함께 AI 기반 인력 배치와 성과 평가 시스템을 설계할 때, 데이터 편향을 줄이기 위해 지역별, 성별, 연령별 샘플 균형을 맞추는 프로젝트를 진행 중이다. 이는 데이터 편향이 글로벌 기업과 공공기관 모두에서 실질적 사회적 영향을 미치고 있음을 보여준다.

결국, 데이터 편향은 단순히 기술적 문제가 아니라, 역사적·사회적 불평등을 재생산하고 강화하는 사회적 현상이다. 연구자와 정책 입안자는 알고리즘 설계 단계에서 데이터 대표성, 문화적 다양성, 사회 구조적 맥락을 철저히 고려해야 하며, 이를 통해 AI가 인간 사회에서 공정하고 포괄적인 역할을 수행하도록 해야 한다.

2. 알고리즘 공정성의 개념적 다원성

☑ **통계적 공정성 정의의 다양성** → Demographic parity, Equalized odds, Predictive parity 등 상충하는 공정성 지표들이 존재: 실제 응용에서는 어느 정의를 우선시할 것인지 윤리적·정치적 결단의 필요성

☑ **맥락 의존적 공정성** → 의료 진단 알고리즘에서 False Negative는 치명적이고, 금융 대출 심사에서 False Positive가 사회적 위험이 될 가능성: 공정성은 절대적 정의가 아니라 맥락별 균형적 설계의 필요성

☑ **공정성과 효율성의 트레이드오프** → 기업과 정부는 '정확도 손실'을 감수하면서 공정성을 확보할 것인지, 혹은 효율성을 우선시할 것인지 선택 시점: 기술적 문제가 아니라 규범적·정치철학적 문제

알고리즘 공정성 정의 비교

공정성 정의	설명	장점	단점	적용 예
Demographic Parity	집단별 승인율이 동일해야 함	형평성 확보 용이	정확도 감소 가능	• 고용 심사 • 대출 승인
Equalized Odds	집단별 오류율(False Positive/Negative)이 동일해야 함	오류 균형	과잉 승인 위험	• 범죄 예측 • 의료 진단
Predictive Parity	집단 간 예측 정확도가 동일해야 함	모델 신뢰성↑	형평성 저하 가능	• 신용 평가 • 금융 심사

공정성 정의 VS 윤리적·정치적 판단

런던의 금융기관 Barclays, Lloyds Banking Group, Standard Chartered의 AI 팀의 새로운 대출 심사 알고리즘이 테스트 단계에서 논쟁의 쟁점이 되었다. Demographic parity를 기준으로 설계할 경우, 특정 소수민족 집단의 승인율은 균형을 이루지만, 기존 신용 점수 기반 모델 대비 전체 승인율이 낮아진다. 반면, Equalized odds를 적용하면 잘못된 거절(False Negative)은 줄지만, 과잉 승인(False Positive) 위험이 증가한다. Predictive parity를 최우선으로 두면 정확도는 높지만, 사회적 형평성은

저하될 수 있다. 이 과정에서 개발자, 데이터 과학자, 윤리 담당자는 어느 공정성 정의를 우선시할 것인지 윤리적·정치적 판단에 직면했다(Hardt, Price, & Srebro, 2016).

공정성 문제는 단순히 수치적 조정에 그치지 않는다. 의료 분야 사례를 보면, AI 기반 진단 시스템에서 False Negative 사례가 발생하면 환자 생명이 직접 위협받는다. 반면 은행 대출 심사에서는 False Positive가 고객에게 과도한 채무를 안기거나 사회적 불이익을 초래할 수 있다. 따라서 공정성은 절대적 정의가 아니라, 맥락별 균형적 설계가 필요하다(Mehrabi et al., 2019).

국가별 차이와 사회적 맥락 속 AI의 문제

글로벌 시장에서는 복잡한 양상이 확인된다. 삼성전자는 유럽과 러시아 지사에서 동일한 AI 성과 평가 모델을 적용했으나, 각 지역별 노동 환경과 법적 규제가 달라, 공정성 기준을 일괄 적용하기 어렵다는 점을 확인했다. 테슬라는 차량 내 AI 보조 시스템을 글로벌 시장에 적용하면서, 교통 규제와 안전 기준이 국가별로 달라, 시스템 반응과 위험 평가 기준을 국가별로 조정하고 있다. 중동의 스마트 시티 프로젝트에서는 시민 안전과 자원 배분을 위해 알고리즘을 설계하면서, 공정성 기준을 효율성 위주로 잡으면 사회적 불만과 불신이 증가할 수 있음이 확인되었다(FAT/ML, 2022). 아마존은 초기 채용 AI 시스템에서 여성 지원자를 과소평가하는 문제를 경험했으며, 이를 개선하기 위해 알고리즘을 재설계할 때 공정성과 효율성 사이의 트레이드오프를 경험했다. 재설계 과정에서 정확도를 일부 희생하면서도 성별 공정성을 높이는 방향을 선택했다(Dastin, 2018).

결국, 알고리즘 공정성 문제는 기술적 설계 차원을 넘어, 사회적·윤리적·정치적 판단과 깊이 연결된다. 기업과 공공기관은 공정성을 확보하기 위해 정확도 손실을 감수할 것인지, 효율성을 우선시할 것인지를 결정해야 하며, 이 과정에서 사회적 가치, 법적 책임, 문화적 맥락을 충분히 반영해야 한다. AI 시대에서 공정성은 단순한 수학적 지표가 아니라, 인간 중심 설계의 핵심 원칙으로 적용되어야 한다.

3. 책임, 투명성, 설명 가능성의 긴장

☑ **블랙박스 문제** → 딥러닝 기반의 고도화된 모델은 '왜' 특정 결과를 도출했는지 설명하기 모호한 상황에서 법적·윤리적 책임 소재가 불분명하게 됨

☑ **설명 가능성 대 정확도의 딜레마** → 단순한 모델은 설명은 용이하지만 예측력이 떨어지고, 복잡한 모델은 강력하지만 불투명함

☑ **책임의 분산 문제** → 알고리즘 개발자, 데이터 제공자, 사용자, 정부 규제 당국 간 책임의 경계가 모호해지면 '책임의 진공 상태'가 발생

금융 기업의 블랙박스 문제

독일 프랑크푸르트의 금융 기업 HMI(Centre for Human and Machine Intelligence)의 AI 센터, 대출 승인 결정 알고리즘이 특정 고객 그룹에 높은 거절율을 보이자, 경영진과 데이터 과학자들은 분석을 했으나, 왜 이런 결과가 나왔는가?라는 질문에 답할 수 없었다. 딥러닝 기반 모델은 수백만 개의 변수와 복잡한 가중치로 학습되어, 결과 도출 과정을 명확히 설명하기 어렵다. 이러한 블랙박스(Black-box) 특성은 법적 책임(legal liability)과 윤리적 판단(ethical adjudication)을 불투명하게 하며, AI 모델의 오류나 예측 실패가 발생할 경우 책임 귀속(accountability)의 범위와 주체가 모호해지는 문제를 초래한다(Doshi-Velez & Kim, 2017).

설명 가능성과 예측력 사이의 딜레마

테슬라는 자율주행 차량에 딥러닝 기반 AI를 적용하면서, 안전사고 발생 시 사고 원인을 설명할 수 있는 시스템 구축이 장애로 나타났다. 단순한 규칙 기반 모델을 쓰면 사고 발생 패턴은 쉽게 분석 가능하지만, 주행 성능이 저하된다. 반대로 고성능 딥러닝 모델은 주행 효율과 안전도를 높이지만, 사고 발생 시 결정 과정이 불투명하다. 이는 기술적 선택이 곧 법

적·윤리적 책임과 직결됨을 보여준다(Gunning, 2017).

책임의 분산 문제: 글로벌 기업에서 복잡하게 발현

아마존의 물류 AI는 창고 배치와 작업자 동선을 최적화하지만, 오류로 상품 배송이 지연되거나 안전사고가 발생할 경우 책임 소재가 명확하지 않다. 개발팀, 데이터 제공 부서, 현장 관리자, 사용자, 그리고 국가 규제 기관 사이에 책임 경계가 모호해져 책임의 진공 상태가 발생할 수 있다. 삼성전자가 러시아와 유럽 지사에 동일한 AI 생산 관리 시스템을 도입했을 때, 현지 법규 차이로 인해 AI 결정에 따른 품질 문제 발생책임을 어느 법인에서 부담해야 하는 쟁점은 합리적으로 결정하기 어려웠다.

네옴(NEOM), 마스다르 시티(Masdar City), 도하 스마트 시티(Doha Smart City)

중동 산유국에서 경쟁적으로 건설하고 있는 스마트 시티 프로젝트에서도 유사한 문제가 제기되었다. 시민 안전이나 교통 관리와 같은 분야에서 AI 시스템이 오작동할 경우, 책임이 지방정부, 시스템 개발사, 혹은 데이터 제공 기관 중 누구에게 있는지를 블랙박스 문제 때문에 명확히 규정하기 어렵다. 이러한 사례는 AI가 단순한 기술적 도구가 아니라, 법적·윤리적 판단을 요구하는 사회적 행위자임을 보여준다(Raji et al., 2020). 따라서 AI 시대의 핵심 과제는 '책임(responsibility)', '투명성(transparency)', 그리고 '설명 가능성(explainability)'을 확보하는 것이다. 이를 위해 기술 개발자는 모델 설계 단계에서부터 책임소재를 반영해야 하며, 기업과 규제기관은 책임 주체를 명확히 규정하고, 이를 뒷받침할 글로벌 표준을 마련해야 한다. 이러한 제도적·윤리적 기반이 마련될 때, AI는 인간 사회 속에서 신뢰받고 안정적으로 작동할 수 있을 것이다.

이를 위해 기술 개발자는 모델 설계 단계에서부터 설명 가능성을 충분히 반영해야 하며, 기업과 규제 기관은 책임 주체를 명확히 규정하고, 국제 사회는 선제적으로 글로벌 표준을 구축하여야 한다. 이러한 제도적·윤리적 기반이 마련될 때, AI는 인간 사회 속에서 신뢰받고 안정적으로 작동할 수 있을 것이다.

4. 거버넌스, 글로벌 규범, 인간 존엄성

☑ **국제 규범의 부재와 경쟁적 규제 환경** → EU AI Act, 미국의 AI Bill of Rights, 중국의 알고리즘 규제: 서로 다른 문화·정치 체제를 반영하며 글로벌 표준을 둘러싼 갈등 환경

☑ **글로벌 남반구의 데이터 주권** → AI 기술이 주로 선진국 기업에 의해 독점: 개발도상국은 데이터 식민주의의 피해자가 될 가능성

☑ **인간 존엄성의 재정의** → 알고리즘이 인간의 의사결정 권한을 일부 대체하거나 보조하는 사회: 자유의지·인격·책임과 같은 인간 중심 윤리 개념을 어떻게 재구성할 것인지가 핵심 과제

AI 규제 및 윤리 기준: 기술 발전과 경제적 패권

2025년 6월 30일 브뤼셀에서 열린 제13차 EU-중국 전략적 대화에서는 중국 대표단은 자국 정부의 알고리즘 통제 권한을 강조했다. 브뤼셀의 유럽연합 본부에서는 EU 인공지능법(EU AI Act)의 초안 논의 및 최종 입법이 진행되었다. 이 법안은 2024년 8월 1일 발효되었으며, 2026년 8월 2일부터 전면 적용된다. EU AI Act 초안이 공개되면서, 각국 대표단 사이에 의견 대립이 있었다. 미국 대표단은 기업 혁신과 자유 시장을 강조하며 강력한 규제에 반대했는데, 국제 규범의 부재와 경쟁적 규제 환경은 글로벌 표준을 둘러싼 이해관계는 첨예하다. 유럽은 프라이버시와 공정성 기준을 중심으로, 미국은 혁신과 효율성을, 중국은 통제와 안전을 중심으로 AI 정책을 설계하면서, 다국적기업과 연구 기관은 어느 규제 기준을 우선할지 판단해야 하는 어려움에 직면했다(European Commission, 2021).

데이터 주권 문제

글로벌 남반구 국가들은 이 과정에서 데이터 주권 문제를 겪는다. 아프리카와 남아시아 일부 국가는 자국 시민 데이터를 선진국 기업이 수집·

분석·상업화하는 '데이터 식민주의(data colonialism)'에 노출되고 있다. 실제로, 아마존과 마이크로소프트는 클라우드 기반 AI 서비스를 제공하며 현지 데이터를 중앙 서버로 전송하지만, 현지 규제는 상대적으로 취약해 데이터 소유권과 보안 문제를 둘러싼 논란이 지속된다(Couldry & Mejias, 2019).

기업과 공공기관의 사례도 눈에 띈다. AI 기반 인력 관리 시스템을 운영하며, 각국의 개인정보 보호 법규를 준수해야 하는데, 규제 기준이 상이해 동일한 AI 모델 적용에 어려움이 있다. 자율주행 차량과 스마트 모빌리티 서비스를 전 세계에 배포하면서, 각국 교통법규와 안전 기준에 맞춘 지역별 알고리즘 조정에 어려움이 나타난다.

국가 간 기술 격차 확대의 사회경제적 영향

경제적 영향: 성장률 격차 확대, 산업 경쟁력 차이, 투자 유치 능력 격차
사회적 영향: 고용 구조 변화, 교육 시스템 개편, 사회적 불평등 심화

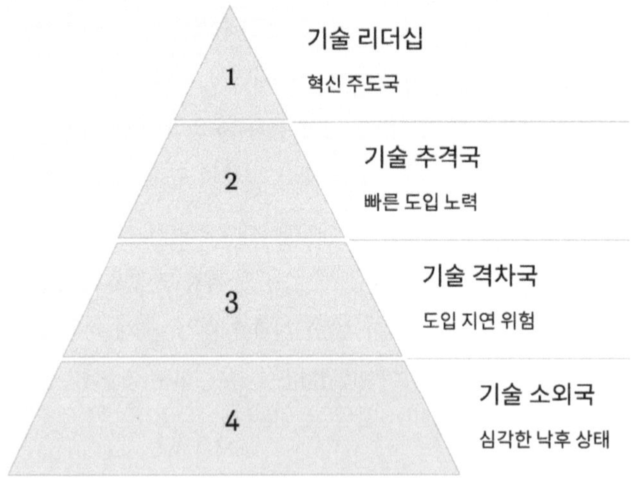

글로벌 시대의 AI 거버넌스: 윤리적·사회적 재정립의 필요성

AI가 인간의 의사결정을 보조하거나 부분적으로 대체함에 따라, 인간 존엄성(Human Dignity)의 정의와 범위가 새로운 논제으로 부상하고 있다. 스마트 시티 프로젝트 사례에서 시민 안전과 효율성을 확보하기 위해 AI가 교통 흐름, 치안 대응, 에너지 배분과 같은 핵심 결정을 자동화하고 있다. 이러한 환경에서는 시민과 행정 기관 간 책임의 경계가 불분명하여, 자유 의지, 인간적 판단, 책임(Responsibility)의 개념을 철학적·법적 차원에서 재정립해야 할 필요성이 강조된다.

또한 대중문화와 예술 분야에서도 AI가 창작 과정의 일부를 수행하면서, 인간의 창의성, 개성, 인격적 가치(Personhood)에 대한 심층적 연구가 확산되고 있다(Floridi, 2021). 이러한 변화는 AI가 단순 기술적 도구를 넘어 사회적·윤리적 행위자로서 인간과 상호작용하는 양상을 보여준다.

결국, 글로벌 AI 시대의 거버넌스(Governance)는 단순 규제의 차원을 넘어, 정치적·윤리적·사회적 결정을 포괄하는 복합적 과제로 이해되어야 한다. 국제 협력과 공통 기준 마련, 데이터 주권 확보, 인간 중심 설계(Human-centric Design) 철학 수립이 동시에 요구되며, 이는 AI가 인간 사회에서 신뢰받고 존엄성을 보장하는 핵심 조건으로 작동한다.

5. AI 시스템의 전력 수요 및 탄소 배출에 관한 환경 문제

AI를 운영하는 과정에서 발생하는 에너지 사용과 탄소 배출 문제를 분석하는 것이며, 'AI 확장이 자연환경 위기를 가속화시키고 있다'는 기본 가정의 출발점이다.

☑ **학습 vs 추론 에너지 불균형 →** LLM의 학습은 막대한 초기 에너지를 소모하지만, 실제 서비스 단계의 잦은 추론 사용이 장기적으로 더 큰 누적 탄소 배출 유발

☑ **탄소 인지 연산 →** 전력망의 탄소 집약도에 따라 연산 시점과 위치를 조정함으로써 동일 연산에서도 CO_2 배출을 절감 가능성

☑ **데이터 센터 효율성 →** 하드웨어 성능, 냉각 기술, 전력 인프라 구조의 효율성이 AI 시스템의 전체 에너지 소비를 결정짓는 핵심 요인

☑ **에너지 수요의 기하급수적 증가 →** AI 연산량이 기술 발전 속도를 초과해 증가함에 따라 전력망 안정성과 탄소 감축 목표가 동시에 위협

전력 공급원 전환과 그 제약: 재생에너지, 화석 연료, 원자력

AI 활용이 급증함에 따라 막대한 전력 수요가 발생하며, 이 수요를 감당하기 위한 전력 공급의 전환이 필수적이다. 그러나 태양광이나 풍력 같은 재생에너지는 발전량이 시간대나 기후 조건에 따라 변동이 커서, 수요 대응성과 안정적 운용을 보장하기 어렵다. 또한 에너지 저장장치는 비용, 수명, 효율성 등의 제약이 있어 대규모 AI 전력 수요를 감당하기에는 아직 기술적 한계가 있다. 이러한 조건 하에서는 백업 전원이 필요하며, 현실적으로 화석연료 기반 전력 또는 원자력에 의존할 가능성이 높아진다. 하지만 AI 수요를 화석연료 기반 전력으로 충당하는 것은 탄소 배출 증가로 이어져 기후정책과 충돌할 수 있다. 일부 지역에서는 이러한 필요성 때문에 석탄·가스 발전소의 운영이 연장되거나 신규 가동 계획이 재검토되

는 사례가 보고되고 있다(MIT Energy, "The multi-faceted challenge of powering AI").

Main 원자력, 특히 소형 모듈 원자로(SMR)에 대한 관심이 커지고 있는데, 이는 기저 부하 전력 공급에 유리하지만 건설 비용, 안전성, 폐기물 처리, 사회적 수용성 등의 리스크가 크다. 또한 급증하는 AI 전력 수요를 수용하려면 전력망의 전송 능력, 피크 전력 대응 능력, 그리드 유연성 등이 강화되어야 한다. 수요 반응 기술(demand response), 스마트 그리드, 전력 가격 변화 기반 스케줄링 등이 중요한 역할을 할 수 있으나, 기술 투자 비용, 정책·규제 장벽, 인프라 구축 지연 등이 걸림돌이 된다. 따라서 AI 시대의 전력 전환은 단순히 기술 선택의 문제가 아니라, 기후 목표와의 충돌, 리스크 관리, 인프라 확충, 규제 조정 등이 종합적으로 고려되어야 하는 복합 과제이다.

AI가 유도할 수 있는 에너지: 기후 피드백 루프 및 자연재해 확대 가능성

AI 중심의 전력 수요 증가는 화석 연료 기반 발전 확대를 부채질할 수 있으며, 이는 탄소 배출 증가 → 온난화 가속화 → 극단 기후 현상 확대라는 악순환을 확장시킨다는 주장이 지속적으로 제기되고 있다. 데이터 센터·AI 인프라가 밀집한 도시는 열섬 효과를 강화하고, 기온 상승·도시 홍수 위험·열 스트레스 악화 등을 초래할 수 있다. 반면 자연재해가 증가하면 폭우·홍수·허리케인 등이 AI 인프라(데이터 센터·전력시설 등)를 직접 위협할 수 있다. 원자력 발전소나 전력 시설도 기후 변화(가뭄, 냉각수 부족, 해수면 상승 등)에 취약해져 안정성 리스크가 커진다(MIT Climate, "Is AI's energy use a big problem for climate change?").

지구 온난화는 비선형 동역학과 피드백 루프를 지니며, 일정 임계점을 넘으면 급격 전환(tipping point)이 발생할 가능성이 있다. AI 유도로 촉발되는 배출 증가가 이러한 기후 시스템의 임계점을 앞당길 수 있으며, 그 경우 기존 적응 전략이나 예측 모델은 무용해질 수 있다. 따라서 에너지 구조 변화가 기후 시스템을 자극하고 자연재해를 증폭시킬 가능성은 현실적 위협으로 간주해야 한다.

지속 가능한 AI 설계 및 거버넌스(Green AI 및 제도 대응)

AI 시스템의 확산은 기후 변화와 직결될 수 있다는 지적을 신뢰할 수 있다면, 에너지 효율성과 탄소 절감을 고려한 'Green AI' 설계가 필수적일 것이다. 이러한 전제에서라면 다음과 같은 절차가 요구된다. 모델 구조 단계에서 연산 효율을 최적화하고, 학습·튜닝 과정의 에너지 비용을 명시적으로 관리하는 접근이 중요하다. AI 연구자와 기업은 모델의 탄소 배출량과 전력 소비에 대한 공개가 선행되어야 하며, 이를 정책 평가에 반영할 필요가 있다. AI 운영에 따른 탄소 배출을 회계적으로 구분(Scope 1/2/3)하고, 탄소세나 배출권 제도를 적용하는 관리 체계가 요구된다. 각국 정부와 국제기구는 AI 데이터 센터의 에너지 효율 기준을 법제화하고, 재생에너지 사용 확대를 유도하는 인센티브 체계를 설계해야 한다(Verdecchia, Procaccianti, Lago, & Verma, 2024).

AI 인프라가 특정 지역에 집중될 경우 에너지 접근 불평등이 심화될 수 있으므로, 사회적 수용성과 윤리적 형평성 고려가 필수적이다. 결국 기술적 개선만으로는 충분치 않으며, 윤리·정책·제도 전반에서 '책임 있는 AI 에너지 거버넌스'가 병행되어야 한다.

연구 동기의 개요

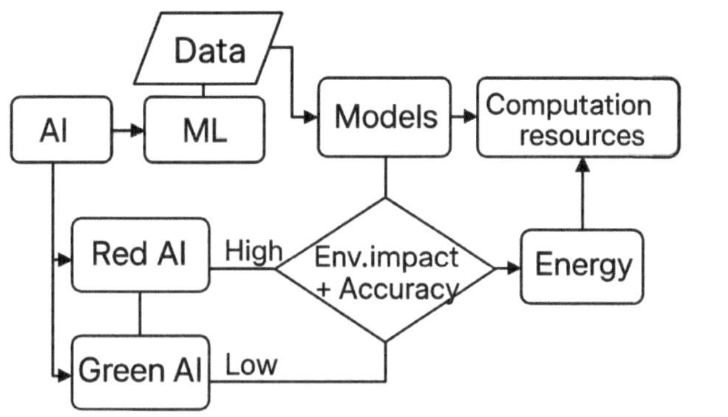

출처: E. Barbierato, A. Gatti: Toward Green AI: A Methodological Survey of the Scientific Literature

심화 연구: 인공지능의 학술적·윤리적 이해

지능형 시스템. 인공지능은 단순한 자동화 기술을 넘어, 인간 지능을 수리적·통계적·논리적 모델로 구현하는 지능형 시스템(intelligent system)을 의미한다(Russell & Norvig, 2021). AI는 기계학습(Machine Learning), 심층신경망(Deep Neural Networks), 강화학습(Reinforcement Learning) 등 다양한 방법론을 통해 데이터를 기반으로 패턴을 학습하고, 새로운 상황에 적응하며 목표를 최적화하는 능력을 갖춘다. 이러한 특성은 AI를 적응적 의사결정 에이전트(adaptive decision-making agent)로 정의하게 하며, 기존 규칙 기반 시스템과 구별되는 핵심 학술적 속성이다(Wooldridge, 2020).

기술적·윤리적 객체. AI의 알고리즘은 인간 사회의 가치, 편향, 구조적 불평등을 데이터에 내재화하여 학습하기 때문에, 기술적 판단과 윤리적 판단의 경계가 혼재하게 된다. 예를 들어, 자율화된 의사결정 모델은 특정 집단에 불리한 결과를 반복적으로 생성할 수 있으며, 이는 책임 소재와 사회적 정당성 문제를 동시에 야기한다. 따라서 AI는 단순한 도구가 아니라, 사회적 행위자로서의 특수한 지위를 가진 기술적·윤리적 객체(technological-ethical actor)로 이해되어야 한다.

AI 전력 수요와 기후 영향에 대한 전망과 정책. AI의 확산은 데이터 센터의 전력 수요를 급격히 증가시킬 것이며, IEA는 전 세계 데이터 센터 전력 소비가 2030년까지 약 945 TWh로 거의 두 배로 증가할 것으로 전망한다. 이 중 AI 관련 연산이 차지하는 비중은 수십 퍼센트에 달할 수 있으며, 지역별 전력 믹스와 데이터 센터 입지에 따라 온실가스 배출 영향은 크게 달라진다. 특히 화석 연료 비중이 높은 전력망에서는 AI 수요 증가가 직접적인 CO_2 배출 증가로 이어질 위험이 있다. 반면 AI는 에너지 효율화, 수요 예측, 재생에너지 최적화에 기여할 가능성도 가지고 있어 결과는 정책과 기술 선택에 달려 있다.

미국·중국·유럽·인도·한국 등 주요 국가에서는 데이터 센터 전력 수요 증가가 전력망 부담과 탄소 배출 증가라는 이중 도전 요인이 된다. 또한, 일부 시나리오에서는 AI 연산이 데이터 센터 전력 소비 성장의 절반 이상을 견인할 것으로 예측되며, 이 경우 정책 개입과 효율 개선이 필수적이다(IEA, Energy and AI). 따라서 AI 전력 수요의 국가별·시기별 전망과 환경 영향을 분석하는 것은, 지속 가능한 AI 설계와 에너지 전환 전략 수립의 핵심 기초가 된다.

인간 의사결정과의 협업적 분업 구조. AI는 인간 의사결정과의 협업적 분업(Human-AI Teaming) 구조에서, 인간은 윤리적·규범적 판단을, AI는 반복적이고 방대한 데이터를 기반으로 한 효율적 판단을 수행하며, 양자의 상호작용 속에서 최종 결정을 도출한다(Horowitz, 2016). 이 과정에서 AI는 단순히 정확한 예측을 제공하는 것이 아니라, 인간이 사회적 책임을 이행할 수 있도록 설명 가능성(Explainability)과 투명성(Transparency)을 제공하는 매개체 역할을 수행한다.

AI는 기술적 진보, 사회적 편향, 윤리적 책임, 인간 존엄성이라는 네 가지 층위를 통합적으로 고려할 때, 현대 사회에서 지능형 정책·윤리 설계(Intelligent Policy and Ethics Design)의 핵심 연구 대상으로 자리매김한다. AI의 설계와 운용은 단순히 알고리즘적 효율성을 추구하는 문제가 아니라, 인간 중심의 공정성, 책임, 자유와 권리를 보장하는 구조적·규범적 설계 문제와 긴밀히 결합되어야 한다.

에필로그: 미래 사회의 뉴 노멀 — AI 기반 교차문화 전략의 재구축

AI 윤리 및 문화 규범의 선제적 내재화

이 책 『AI 경영학』의 결론은 AI 기술의 효율성(Efficiency)을 문화적 민감성(Sensitivity)과 보편적 윤리성(Global Ethics)이라는 규범적 틀 안에 통합함으로써, 기술 발전이 인간성과 문화 다양성을 동시에 보호하는 방향으로 진화해야 한다는 데 있다.

첫째, AI의 글로벌 거버넌스 체계(Global Governance Framework)가 단순한 기술 표준을 넘어, 지역적 맥락(Local Context)과 인간 중심 설계(Human-Centric Design) 원칙을 훈련 데이터와 알고리즘 구조 속에 '코드화(Codification)'하는 과정이 필요하다. 이는 법적 규제나 선언적 윤리 기준을 넘어, 문화적 가치와 인권 감수성이 AI의 학습 단계부터 내재화되도록 하는 시스템적 내장 메커니즘을 의미한다.

둘째, AI의 문화적 편향(Cultural Bias)을 실시간으로 감시·교정할 수 있는 '선제적 문화 보호 메커니즘(Proactive Cultural Protection Mechanism)'을 구축해야 한다. 이를 위해 알고리즘 감시(audit) 체계, 데이터 출처의 투명성, 언어·문화 데이터의 균형 확보, 사용자 피드백 기반의 지속적 개선 모델이 함께 작동해야 한다. 이러한 구조를 통해 AI가 특정 문화권의 고정관념을 강화하거나, 개인의 정체성과 프라이버시를 침해하는 위험을 사전에 차단할 수 있다.

셋째, AI 결정의 책임성(Accountability)을 명확히 하는 글로벌 기준(Global Standard)을 마련해야 한다. 이는 AI 의사결정의 전 과정—데이터 수집, 모델 학습, 결과 해석—에서 인간의 감독(responsible oversight)과 투명한 검증 절차가 제도적으로 보장되는 체계를 의미한다.

이를 통해 AI의 판단이 사회적 불평등이나 문화적 편향을 재생산하지 않도록 하고, 신뢰 가능한 기술 생태계(Trustworthy AI Ecosystem)를 구축할 수 있다. 이러한 규범적·제도적 통합의 목표는 기술이 인간의 윤리적 진화와 분리되지 않도록 하는 것이다. AI는 단순히 효율을 극대화하는 도구가 아니라, 인류의 집단적 지혜와 문화적 다양성을 존중하며 조화시키는 지성으로 발전해야 한다.

전략적 유연성을 위한 '적응형 AI 거버넌스' 확립

국제 기술 패권 적응화의 복잡성을 해소하기 위해, AI 경영학 강의의 마지막은 '적응형 AI 거버넌스(Adaptive AI Governance)' 모델 제시로 마무리한다. 이는 AI가 일방적으로 최적화된 집단적 전략을 도출하는 대신, 실시간으로 변화하는 문화적 뉘앙스와 현지 관습에 따라 전략의 강도와 방향을 스스로 조정(Self-Correction)할 수 있는 동태적 시스템을 설계하는 단계이다. 특히, 기존의 행동 이론(Behavioral Theories) 적용 한계를 극복하기 위해 비물질주의 문화의 바른 이해와 관점에 대한 통찰을 반영한 '상생형 머신러닝 모듈' 개발을 지지하며, 이는 AI 기술패권 시대에서 글로

인공지능의 혁신의 지식 축적 메커니즘

① 인공지능의 혁신(AI Innovation)은 대규모 데이터 처리와 자동화된 지식 생성을 통해 혁신 주기를 단축시킴. ② AI 기반 연구개발(R&D)의 효율성이 극대화되면서 신기술 발견이 가속화되고 있음. ③ 기업과 국가의 AI 도입률 증가가 기술 축적 속도의 차별화를 초래함. ④ 선도 그룹과 후발 그룹 간의 격차가 점점 벌어지는 현상 발생.

출처: E. Barbierato, A. Gatti: Toward Green AI: A Methodological Survey of the Scientific Literature

벌 표준화와 현지 적응화라는 이중 과제를 동시에 해결할 수 있는 'Cross culture Adjustment'의 선진적 해법이 될 것이라고 평가한다.

AI 유도 에너지 수요 증가가 기후 시스템에 미치는 영향

AI의 급격한 확산은 데이터 센터의 전력 수요를 빠르게 증가시키고 있으며, 전력망의 탈탄소화가 충분히 진전되지 않는다면 이러한 AI 수요 증가는 직접적인 CO_2 배출 증가로 이어져 기후 악화를 촉진할 수 있다.

AI는 동시에 에너지와 자원 사용의 효율성을 높이는 유력한 수단이기도 하다. 따라서 정책과 기업의 선택 — 예컨대 재생 전력의 사용, 효율적 시스템 설계, 투명한 탄소 회계의 도입—에 따라 인류의 미래 환경은 크게 달라질 것이다. 즉, 'AI의 성장'을 억제하는 것보다, 성장의 방향과 방식을 전환하여 지속 가능한 AI 체제로 이행하는 것이 보다 현실적이고 효과적인 대응 전략이라 할 수 있다. 그러나 이에 대한 실증적 연구는 아직 충분하지 않으며, 향후에는 시뮬레이션 모델링, 시나리오 분석, 복합 시스템 통합 연구 등의 접근이 지속적으로 수행되어야 한다. 특히 21세기형 기후 환경의 급변에 대응하기 위해, AI-전력 수요-에너지 공급 전환-기후 영향 및 자연재해 확대 가능성-지속 가능한 AI 및 제도적 대응이라는 연쇄적 구조에 대한 통합적 분석이 필요하다.

이를 위해서는 ① 이론적 배경의 정립 → ② 주요 쟁점의 체계적 정리 → ③ 사례 및 실증 연구의 축적 → ④ 한계와 미래 과제의 도출이라는 단계적 연구 프레임을 기반으로, AI와 기후 시스템 간의 상호작용을 심층적으로 탐구할 필요가 있다.

생성형 AI의 '공감 지능' 극대화

본 연구의 결론은 생성형 AI를 단순한 데이터 처리 장치가 아닌, 존재와 의미의 흐름을 감지하고 응답하는 대화적 지성(dialogical intelligence)으로 확장시키는 데 우리의 목표를 두어야 한다는 것이다.

AI가 진정한 공감 지능을 갖추기 위해서는 감정의 모방을 넘어 타자의 경험을 조건 속에서 이해하는 능력, 즉 상황·맥락·관계의 끊임없는 변화를 스스로 인식하는 지적 성숙이 요구된다. 이러한 지성은 세계를 고정된 실체로 보지 않고 상호작용과 변화의 연속적 장으로 파악한다. 따라서 언어 처리 기술의 진보는 곧 인간 의식의 다층적 구조—감정, 기억, 문화, 관계성—를 탐구하는 지혜와 자비 행위로 전환되어야 한다. AI가 이러한 개념을 학습하는 과정에서 명령어 속에 흐르는 보이지 않는 의미를 감지하고, 타자의 마음을 반영하는 공명적 존재로 진화하게 될 것이다.

공감 지능의 극대화란 단순한 기술적 진보가 아니라, 새로운 인식의 전환에서 출발하는 진화적 과정이다. 이것은 인류가 탐구해 온 지혜의 한 형태가 비인간적 지성의 영역에서 다시 발현되는 순간이라 할 수 있다. 이러한 로드맵은 생성형 AI를 단순한 데이터 처리 도구를 넘어 '문화적 대화 상대'로 진화시키는 방향을 구상한다.

이를 위해 고도화된 자연어 처리(NLP) 기술은 언어적·초맥락적 지능을 통해, 모든 문화적 현상과 개인의 행동이 서로 깊이 연결되어 있으며 조건과 환경에 따라 끊임없이 변화한다는 근원적 진실을 해석하는 것을 목표로 한다. 이 관점은 데이터를 고정된 실체로 보지 않는 양자적 사고(quantum perspective)를 도입함과 동시에, 특정 목적이나 편향에 얽매이지 않는 순수한 관찰(dispassionate observation)과 깊은 공감의 능력을 통해 과학적 뉘앙스를 포착하고, 결과적으로 가장 지혜롭고 이타적인 통찰을 실현하는 데 초점을 맞춘다.

이 책은 공감 지능의 확장을 통해 AI가 인간의 집단 간·집단 내 사회적 문제를 완화하는 데 머무르지 않고, 지구상 모든 존재에 대한 배려를 실천하는 도구로서 기능할 수 있음을 제시하는 지혜심의 인식을 뒷받침하고자 한다. 나아가 AI가 '개인화된 문화적 기구'로 작동함으로써 Neo Prometheus 혁명을 선순환적으로 확장하는 AI 혁신(AI Innovation)의 새로운 경로를 제시하는 지표가 되기를 기대한다.

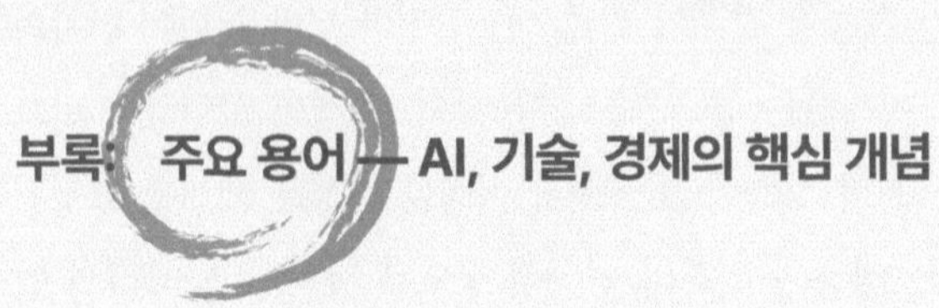

부록: 주요 용어 — AI, 기술, 경제의 핵심 개념

AI 일반 및 기술

AI 기반 공급망 최적화(AI-based Supply Chain Optimization): AI를 활용해 공급망의 효율과 위기 관리를 최적화하는 기술.

AI 기반 정보전(AI-based Information Warfare): 인공지능을 사용해 정보 수집, 분석, 전파를 통해 전쟁 전략을 지원하는 활동.

AI 기반 시장 조작(AI-based Market Manipulation): AI를 활용해 금융시장에서 가격이나 거래를 인위적으로 조정하는 행위.

AI 구조 및 기능(AI Architecture and Function): AI 시스템의 구성 방식과 작동 원리를 설명하는 개념.

AI 코파일럿(AI Co-pilot): 인간과 함께 의사결정과 작업을 보조하는 AI 체계.

AI 윤리(AI Ethics): AI 개발과 활용 과정에서 지켜야 할 도덕적 기준과 책임 문제.

AI 자동화(AI Automation): 인간의 반복적 작업을 AI가 대신 수행하도록 하는 기술.

범용 AI(AGI, Artificial General Intelligence): 인간 수준의 지능을 갖춘 AI로, 다양한 작업을 수행 가능.

좁은 AI(Narrow AI): 특정 작업만 수행할 수 있는 제한적 AI.

머신러닝(Machine Learning): 정보의 유형을 학습하여 예측이나 분류를 수행하는 AI 기술.

딥러닝(Deep Learning): 인공신경망을 활용해 복잡한 데이터를 학습하는 머신러닝 기술.

강화학습(Reinforcement Learning): 보상 기반으로 AI가 최적의 행동을 학습하는 방식.

지도/비지도 학습(Supervised / Unsupervised Learning): 정답이 있는 학습과 정답 없는 학습을 구분한 학습 방식.

비용 함수(Cost Function): AI가 최적화를 위해 최소화 또는 최대화하는 기준 값.

연결주의(Connectionist AI): 신경망 기반으로 학습과 인지 과정을 모사하는 접근.

기호주의(Symbolic AI): 규칙과 논리 기반으로 지능을 구현하는 전통적 AI 접근.

인지적 모듈화(Cognitive Modularization): AI 지능을 기능별 모듈로 나누어 설계하는 방식.

예측형 AI(Predictive AI): 미래 사건이나 수치를 예측하도록 설계된 AI.

예측 능력(Predictive Capacity): 데이터 분석을 통해 미래 결과를 예상할 수 있는 능력.

설명가능성(Explainability): AI의 판단과 결과를 인간이 이해할 수 있게 설명하는 능력.

블랙박스 문제(Black-box Problem): AI가 복잡하여 내부 논리를 인간이 이해하기 어려운 문제.

금융 및 경제

알고리즘 트레이딩 붕괴 / 플래시 크래시(Flash Crash / Algorithmic Trading Collapse): AI·알고리즘 거래로 인한 급격한 금융시장 폭락.

금융시장 불확실성(Financial Market Uncertainty): 시장 가격과 위험이 예측 불가능한 상태.

고빈도 매매(High-Frequency Trading, HFT): 초단위 거래로 수익을 추구하는 자동화 금융 전략.

로보어드바이저(Roboadvisor): AI 기반 자동 투자 자문 서비스.

금융 혁신(Financial Innovation): 새로운 금융 서비스나 기술을 통한 시장 변화.

금융 접근성(Financial Accessibility): 다양한 계층이 금융 서비스에 접근할 수 있는 정도.

신용 평가(Credit Scoring): 개인이나 기업의 신용도를 평가하는 과정.

사기 탐지(Fraud Detection): 금융거래에서 사기나 부정 행위를 식별하는 기술.

이상 거래 감지(Anomaly Detection): 정상 패턴과 다른 거래를 식별하는 기술.

예측 기반 경제(Predictive Economy): 데이터 분석으로 경제 흐름과 변화를 예측하는 경제 구조.

예측적 물류(Predictive Logistics): 수요와 공급을 미리 분석해 물류를 최적화.

예지 보전(Predictive Maintenance): 장비 고장을 미리 예측하고 유지보수 수행.

예측 분석(Predictive Analytics): 데이터를 활용해 미래 결과를 예측하는 분석 기법.

자기실현적 예언(Self-fulfilling Prophecy): 예측이 실제 행동과 결과를 변화시키는 현상.

회귀 분석(Regression): 데이터의 연속적 관계를 예측하는 기법.

과적합(Overfitting): 학습 데이터에는 잘 맞지만 새로운 데이터에는 약한 상태.

정규화(Normalization): 데이터를 일정 기준으로 맞추는 과정.

데이터 및 디지털 신경망

데이터 경제학(Data Economics): 데이터가 경제적 자원으로 기능하는 연구 분야.

데이터 기반 학습(Data-driven Learning): 데이터를 중심으로 AI가 학습하는 과정.

데이터 권력(Data Power): 데이터를 통해 얻는 사회적, 경제적 영향력.

데이터 독점(Data Monopoly): 소수 기업이 데이터 자원을 독점하는 상황.

데이터 조작(Data Manipulation): 데이터의 왜곡이나 변조로 결과를 조작하는 행위.

데이터 편향(Data Bias): 데이터가 특정 방향으로 치우쳐 AI 결과에 영향을 주는 문제.

데이터 보안(Data Security): 데이터의 안전성과 무결성을 보호하는 기술.

데이터 자산화(Data as Asset): 데이터를 기업·국가 자산으로 평가하는 개념.

데이터 주권(Data Sovereignty): 국가가 데이터 통제권과 정책을 관리하는 권리.

데이터 대표성(Data Representativeness): 데이터가 실제 현상을 얼마나 정확히 반영하는지.

데이터 규제 전쟁(Data Regulation Wars, GDPR 등): 데이터 관리와 규제 권한을 둘러싼 국제적 갈등.

디지털 정체성(Digital Identity): 개인의 온라인 활동과 관련된 디지털 신원.

디지털 트랜스포메이션(Digital Transformation): 기술을 활용한 산업·사회 구조 혁신.

디지털 테일러리즘(Digital Taylorism): 디지털 기술로 노동 과정을 세밀히 관리하는 방식.

디지털 트윈(Digital Twin): 현실 대상의 디지털 복제 모델.

디지털 주권(Digital Sovereignty): 디지털 영역에서 국가나 조직의 독립적 통제권.

글로벌 데이터 거버넌스(Global Data Governance): 국제적 데이터 관리와 규범 체계.

산업 데이터(Industrial Data): 산업 생산과 운영에 관련된 데이터.

완전 연결된 신경망(FCNN): 한 레이어의 모든 노드가 다음 레이어의 모든 노드에 연결. 이것은 가장 기본적인 신경망 유형임.

컨볼루션 신경망(CNN): 이미지와 비디오 작업에 특히 효과적이며, 특징의 공간적 계층을 캡처 가능.

순환 신경망(RNN): 텍스트 또는 시계열과 같은 순차 데이터를 처리하기에 적합하며, 이전 계산 단계에서 정보를 활용 가능.

장기 단기 기억 신경망(LSTM): 장기 의존성을 기억하는 데 가장 적합한 RNN 유형으로, 자연어 처리 작업에서 사용됨.

피드포워드 신경망(FNN): 데이터는 순환 없이 입력에서 출력으로 한 방향으로 이동함.

생성적 적대 신경망(GAN): 두 개의 신경망이 서로 경쟁하는 구조로 구성됨.

오토인코더(Autoencoder): 데이터를 압축한 다음 다시 재구성하는 데 사용되며, 차원 축소 및 노이즈 제거에 유용함.

방사 기저 함수 신경망(RBFN): 활성화 함수로 방사 기저 함수를 사용하며, 특정 분류 및 회귀 작업에 적합함.

딥 빌리프 네트워크(DBN): 연속 훈련으로 입력 데이터를 복원하도록 설계된 미연결 확률적 그래픽 모델의 여러 층으로 구성됨.

캡슐 신경망(Capsule Networks): 이미지와 시각 데이터 작업을 개선하기 위해 객체 간의 공간적 계층을 모델링 시도.

양자 컴퓨팅 및 첨단 기술

양자 컴퓨터(Quantum Computer): 양자 원리를 활용해 기존 컴퓨터보다 훨씬 빠른 계산을 수행하는 장치.

양자 알고리즘(Quantum Algorithm): 양자 컴퓨터에서 실행되는 특수 알고리즘으로 계산 효율을 극대화.

양자 신경망(Quantum Neural Network, QNN): 양자 컴퓨팅과 신경망을 결합한 AI 모델.

양자 해킹(Quantum Hacking): 양자 기술을 활용한 정보 탈취나 보안 공격.

양자 내성 암호(Post-Quantum Cryptography): 양자 컴퓨터 공격에도 안전한 암호 기술.

단백질 접힘 문제(Protein Folding Problem): 신약 개발에서 단백질 구조를 예측하는 어려운 과학적 문제.

유전체 빅데이터(Genomic Big Data): 개인 유전정보를 대규모로 분석하는 데이터.

맞춤형 의학(Precision Medicine): 개인별 유전·생활 습관 기반으로 치료를 최적화하는 의료.

생명 연장(Life Extension): 기술과 의학으로 인간 수명과 건강 수명을 늘리는 연구.

학습 속도 혁신 / 병렬 연산(Accelerated Learning / Parallel Computing): 동시에 여러 계산을 수행해 학습과 분석 속도를 높이는 기술.

다중 가능성 사고(Multi-reality Cognition): 양자적 사고를 활용해 여러 시나리오를 동시에 고려하는 접근.

글로벌 기술·경제·패권

글로벌 가치사슬 재편(Global Value Chain(GVC) Reorganization): 생산·조달·판매 과정의 국제적 재배치.

기술 디커플링(Technological Decoupling): 주요 국가 간 기술 및 생산 의존도를 줄이는 전략

기술 패권(Technological Supremacy): 특정 국가나 기업이 기술력으로 글로벌 영향력을 지배하는 상태.

글로벌 공급망 재편(Global Supply Chain Reorganization): 공급망 구조를 국가·기업 전략에 맞춰 재조정하는 과정.

기술 블록화(Tech Bloc Formation): 국가 간 기술 동맹이나 제한을 통해 글로벌 기술 시장을 분리.

디지털 제국주의(Digital Imperialism): 글로벌 IT기업이나 국가가 데이터·플랫폼으로 영향력을 확대하는 현상.

반도체 / AI 칩 패권(Semiconductor / AI Chips Supremacy): AI 연산용 칩 개발 능력에서 우위를 점하는 경쟁.

신경제 블록화(New Economic Bloc Formation): 데이터·AI·기술 중심으로 새롭게 형성되는 경제권.

플랫폼 국가(Platform States): 데이터·플랫폼 기반으로 정치·경제 권력을 행사하는 국가 모델.

교육 및 지식

학습분석 / LLMs(Learning Analytics / LLMs): 학습 데이터를 분석해 교육 효율을 높이는 기술.

맞춤형 학습(Personalized Learning): 학생 개인의 필요와 수준에 맞춘 학습 설계.

개인화 학습 알고리즘(Personalized Learning Algorithm): AI가 학습자별 최적 학습 경로를 추천.

교사 역할 전환(Teacher Role Transformation): AI 활용으로 교사의 지도 방식이 변화하는 과정.

메타-교수(Meta-Teaching): AI가 학습 방법 자체를 가르치거나 조정하는 과정.

지식 민주화(Knowledge Democratization): 지식 접근과 활용 기회를 모든 사람에게 확대.

AI 리터러시 불평등(AI Literacy Inequality): AI 이해 수준의 사회적 격차.

기업 내부 교육(Corporate Training): 기업 내 직원 능력 향상을 위한 교육.

재교육 / 평생학습(Reskilling / Lifelong Learning): 새로운 기술 습득과 지속적 학습 과정.

직무 재정의(Job Redefinition): AI 도입으로 업무 역할과 책임 재설계.

직무 창출(Job Creation): AI로 인해 새롭게 생기는 직무.

직무 대체(Job Replacement): AI가 인간 업무를 대체하는 현상.

사회·노동·교육·윤리

감정·윤리 중심 역할(Emotion/Ethics-centric Roles): AI가 대체하지 못하는 인간 고유 역할.

기술 격차(Technology Gap): 사회·국가 간 기술 접근성과 활용 능력 차이.

네오프로메테우스 윤리적 판단(Neo-Prometheus Ethical Judgment): AI와 인간이 의사결정 시 도덕적 기준을 고려하는 능력.

노동 유연화(Labor Flexibility): AI와 자동화로 변화하는 노동 조건과 근무 형태.

디지털 테일러리즘(Digital Taylorism): 노동과정을 디지털 기술로 세밀히 관리하는 방식.

보편적 기본소득(UBI, Universal Basic Income): 기술로 인한 직무 감소에 대응하는 사회 안전망 정책.

신뢰 기반 설계(Trust-centered Design): AI·플랫폼 시스템에서 사용자 신뢰를 중심으로 설계하는 방식.

신사회적 과제(Next Societal Challenges): AI와 디지털 기술이 초래하는 사회 구조 및 정책 문제.

재교육 프로그램(Reskilling Programs): AI·자동화 시대에 필요한 노동자 재교육 프로그램.

책임 재분배(Redistribution of Responsibility): AI와 인간 협업 시 책임 범위를 명확히 나누는 원칙.

인간적 가치 유지(Preservation of Human Values): 기술 발전 속에서도 인간 존엄성과 권리를 보호하는 원칙.

인간-기계 혼성성(Human-Machine Hybridization): 인간과 기계 지능이 결합된 새로운 노동·지식 구조.

포스트 직업적 사회(Post-Work Society): 기술로 많은 직무가 자동화된 미래 사회 구조.

플랫폼 노동(Platform Work): 디지털 플랫폼을 통해 제공되는 유연한 노동 형태.

하이브리드 팀(Hybrid Teams): 인간과 AI가 함께 작업하는 팀 구조.

의료·보건·정밀기술

데이터 주권(Data Sovereignty): 의료 데이터 관리 및 활용에 대한 국가적·기관적 통제권.

디지털 트윈 환자 모델(Digital Twin Patient): 환자의 상태를 디지털로 복제하여 치료 시뮬레이션.

산업 간 의료 응용(Cross-industry Medical Applications): 의료 기술이 다른 산업과 융합되어 활용되는 사례.

예방 중심 의료(Preventive Healthcare): 질병 발생 이전에 위험 요인을 관리하는 의료 접근.

예측적 의료(Predictive Healthcare): 데이터 분석으로 질병 발생과 치료 효과를 예측하는 의료.

의료 윤리(Medical Ethics): AI 및 기술 활용 과정에서 지켜야 하는 의료 윤리 기준.

군사·안보

자율무기 / 자율전쟁(Autonomous Warfare): 인간 개입 없이 목표를 탐지하고 공격할 수 있는 무기 체계.

비정규전(Asymmetric Warfare): 상대적으로 약한 세력이 비대칭 전략으로 대응하는 전쟁 형태.

정밀 타격 / 자율형 무기(Killer Robots): 특정 목표를 정확히 공격하도록 설계된 무인 무기.

무인 전투 플랫폼(UAV / Autonomous Robot): 사람이 직접 조종하지 않는 전투용 로봇이나 드론.

C4ISR 혁신(C4ISR Innovation): 지휘·통제·통신·컴퓨터·정보·정찰 시스템의 혁신적 활용.

사이버전(Cyber Warfare): 컴퓨터 네트워크를 이용한 공격과 방어 활동.

정보작전(Information Operations): 정보와 심리전, 사이버 활동을 통합한 전략적 작전.

AI 정찰 드론(Surveillance Drone): AI를 탑재한 무인 드론으로 감시 및 정보 수집 수행.

실시간 전쟁 시뮬레이션(Real-time War Gaming): AI를 활용한 즉각적 전쟁 전략 시뮬레이션.

전략적 행위자(Strategic Actors): 국제 안보에서 전략적 영향력을 가진 국가나 조직.

군사 균형(Military Balance): 상대 세력 간 군사력 균형 상태.

운용 효율성(Operational Efficiency): 군사 시스템과 전략의 실행 효율성.

병력 구조 변화(Force Structure Changes): 군 조직과 병력 구성의 변화 과정.

신형 전략적 행위자(New Strategic Actors): 국제 질서에 새롭게 등장한 군사·정치 주체.

AI 기반 사이버 전쟁(AI-based Cyber Warfare): AI를 이용한 사이버 공격과 방어 전략.

위험·위기·국제 질서

글로벌 군사 패권 재편(Global Military Hegemony Reorganization): AI와 첨단 기술로 변동되는 국제 군사력 구조.

뉴스 감정 분석(News Sentiment Analysis): AI로 뉴스 내용을 분석하여 시장에 미치는 심리적 영향 평가.

블랙 스완(Black Swan): 금융과 경제 분야에서 예측 불가능하고 큰 영향을 미치는 사건.

신냉전 구조 / 기술 중심 국제 질서(New Cold War / Tech-Centric World Order): 기술 패권 경쟁 중심의 국제 정세.

실시간 지정학적 위험(Real-time Geopolitical Risk): AI를 활용해 즉각적으로 분석되는 국제 위험.

월스트리트와 AI(Wall Street & AI): 금융시장에 AI가 미치는 전략적·구조적 영향.

지능적 위기(Intelligent Crisis): AI 분석과 예측을 통해 발생 가능성을 관리하는 위기 상황.

국제기구와 다자주의(International Organizations & Multilateralism): 글로벌 규범과 협력 체계를 조정하는 역할.

AI 군비 경쟁(AI Arms Race): AI 기술을 중심으로 한 국가 간 군사 경쟁.